幼儿园组织与管理

（第二版）

主　编　杜燕红　张一楠

副主编　石道伟　唐桂英

YOUERYUAN ZUZHI
YU GUANLI

WUHAN UNIVERSITY PRESS
武汉大学出版社

图书在版编目(CIP)数据

幼儿园组织与管理/杜燕红,张一楠主编.—2版.—武汉:武汉大学出版社,2023.1
ISBN 978-7-307-23329-4

Ⅰ.幼… Ⅱ.①杜… ②张… Ⅲ.幼儿园—组织管理—高等职业教育—教材 Ⅳ.G617

中国版本图书馆 CIP 数据核字(2022)第 179600 号

责任编辑:谢群英　　　责任校对:汪欣怡　　　版式设计:韩闻锦

出版发行:**武汉大学出版社**　　(430072　武昌　珞珈山)
　　　　(电子邮箱:cbs22@whu.edu.cn 网址:www.wdp.com.cn)
印刷:湖北金海印务有限公司
开本:787×1092　1/16　印张:19.5　字数:436　插页:1
版次:2020 年 4 月第 1 版　　2023 年 1 月第 2 版
　　2023 年 1 月第 2 版第 1 次印刷
ISBN 978-7-307-23329-4　　　　定价:59.00 元

前　言

　　自中华人民共和国成立以来，我国学前教育管理体制发生了深刻的变化，逐步建立起政府主导、分级管理、规范发展的管理态势，尤其是《国务院关于当前发展学前教育的若干意见》《中共中央国务院关于学前教育深化改革规范发展的若干意见》的出台发布，党的十九大明确提出办好学前教育，实现"幼有所育"的重要发展方略，均为我国学前教育事业高质量发展指明了方向。幼儿园管理也必将适应新时代学前教育发展的要求，深化改革、完善制度、强化管理、提升质量，促进学前教育普及普惠安全优质发展，满足人民群众对幼有所育的美好期盼。

　　"幼儿园组织与管理"是研究如何围绕幼儿园教育目标实现对幼儿园的高效高质管理的一门学科，是学前教育专业的主要专业基础课，也是幼儿园园长、教师在职培训的必修课程。本教材以现代管理学、教育管理学以及学前教育学的基本理论为指导，研究幼儿园管理现象及其规律，帮助学习者通过对管理职能和幼儿园管理实践活动的学习，对幼儿园管理所包含的管理知识和策略，幼儿园管理中人、财、物和环境四大要素及管理的具体内容有一个全面的把握和认识，提高学习者综合运用所学管理知识的能力，树立正确的管理理念，培养综合素质。本教材旨在为学前教育专业的学生及幼儿园教师、园长提供一种新的思维方法和问题解决手段，培养其管理创新思维和管理创新能力，使其成为懂管理、会管理、有管理意识的专业化师资，从而提升自身的职业竞争力、适应力和专业化水平，实现科学管理，提高保教质量。

　　本教材内容由导论及三个知识模块构成。三个知识模块为管理职能模块、管理对象模块、管理实践模块。管理职能模块从规划、组织、领导、控制等纵向动态的视角呈现出管理的一般过程；管理对象模块从人、事、物、财、信息、时空等横向静态的视角展现出幼儿园保教工作管理的独特性；管理实践模块则聚焦于具体的管理活动和幼儿园管理实践模式探索。管理职能与管理对象纵横交错、动静交替，兼顾一般与特殊，最终直指幼儿园管理实践，三者相互联系、缺一不可，最终保障幼儿园管理目标的达成。据此，本教材共十章内容。每章结构统一，均包含本章提要、学习目标、正文部分、本章小结、知识检测、推荐读物等。另外，与本教材配套的还有中国大学 MOOC 精品在线开放课程《幼儿园组织与管理》，输入**"中国大学 MOOC"**，点击 **https://www.icourse163.org/**，即可查询本门课程，学习者可以在中国大学 MOOC 平台，利用电脑和手机，实现随时随地在线自主学习。

本教材在设计和编写过程中，力求体现如下特点：

第一，目标的时代性、方向性和创新性。在编写过程中，力图反映我国学前教育改革和发展的最新趋势和需求，通过多种方式呈现最新的学前教育管理政策、方针、条例、制度，引导学习者把握时代脉搏，坚持社会主义办园方向，强化"立德树人"的根本任务。

第二，内容体现理论性、系统性与实践性、应用性的统一。教材内容运用一般管理理论指导具体的幼儿园管理实践，理论联系实际，提高幼儿园管理的科学性和规范性。合理序化教学内容，科学设计教学环节。从篇章结构的设计，到具体的章节内容、概念、观点，尽可能符合学前教育管理学学科体系的内在逻辑性和严密系统性，帮助学习者形成完整和准确的知识结构。

第三，强调实践取向。在阐述理论严谨性的基础上，还注重教材的可读性、可操作性。通过知识链接、故事导入、案例分析等，提供更丰富、开放的学习资源，创新线上学习与线下教学相结合的教学方式，帮助学习者更便捷地掌握相关知识技能，做到学以致用。

洛阳师范学院学前教育学院副院长、硕士研究生导师杜燕红教授负责架构本教材整体框架，设计编写提纲及组织协调编写工作，并完成全书的统稿工作。本教材具体章节的编写分工为：杜燕红（导论、第一章、第二章、第四章），石道伟（第三章、第十章），张一楠（第五章、第六章、第七章），唐桂英（第八章、第九章）。

2022 年 3 月，河南省教育厅办公室公布"十四五"首批职业教育河南省规划教材建设名单的通知，本教材入选为"十四五"首批职业教育河南省规划教材。本教材在编写过程中，参阅了大量的相关学科文献，并引用了前人的研究成果，在此一并表示感谢。

杜燕红

2022 年 9 月

目 录

导 论

 本章提要

导论部分要解决"是什么""为什么""怎么学"等问题，即明确为什么要学习这门课程、主要的学习内容、怎么进行学习。

具体的教学要求有：

第一，明确幼儿园组织与管理的相关概念，理解管理的内涵及其管理活动的一般职能。

第二，分析理解幼儿园组织与管理的学习意义，树立管理育人的教育理念。

第三，掌握学习的方法，能够用理论分析幼儿园管理实践问题。

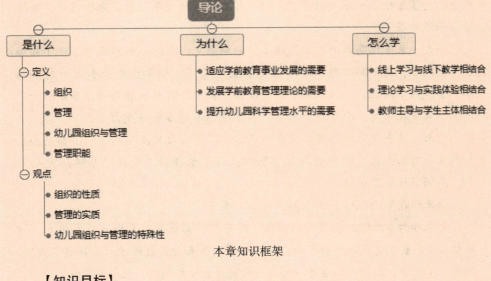

本章知识框架

【知识目标】

1. 什么是组织、管理，幼儿园组织与管理、管理职能？

2. 管理的实质体现在哪几点？

3. 掌握本课程学习内容，建立初步的知识结构。

【能力目标】

1. 举例说明幼儿园组织与管理的特殊性。

2. 结合幼儿园现状说明学习幼儿园组织与管理的意义。

【教学重难点】

1. 教学重点：(1) 组织、管理以及幼儿园组织与管理的含义。

　　　　　　(2) 幼儿园组织与管理的独特性及学习意义。

2. 教学难点：管理的实质及管理职能

【教学学时】

2 课时

三个和尚没水喝

从前有座山，山上有一个破庙。有一天，一个小和尚来到庙里，看见庙里的水缸没水了，就挑来水倒满了水缸，还给观音瓶子里加满了水，干枯的柳枝终于恢复了生机。他每天挑水、念经、敲木鱼，夜里不让老鼠来偷东西，生活过得安稳自在。

不久，来了位高和尚。他渴极了，一到庙里，就把半缸水喝光了。小和尚让他去挑水，高和尚心想一个人去挑水太吃亏了，他要小和尚和他一起去抬水。于是两个人抬着一只水桶去山下取水，抬水的时候水桶必须放在扁担的中央，如果不在中间，两个人就推来推去，谁都不想多出一点力气。

后来，又来了个胖和尚。他也想喝水，但恰好缸里没有水了。小和尚和高和尚让他自己去挑，胖和尚挑来一担水，放下水桶就立刻咕咚咕咚地大喝起来，两桶水被喝了个精光。

后来谁也不去挑水，三个和尚就没水喝了。

大家各念各的经，各敲各的木鱼，观音菩萨面前的净水瓶也没人添水，柳枝枯萎了。夜里老鼠出来偷东西，谁也不管。结果老鼠打翻烛台，燃起了大火。和尚们慌了神，三个和尚这才一起奋力救火，大火扑灭了，他们也觉醒了。

从此三个和尚齐心协力，自然也就有水喝了。

问题思考：

(1) 为什么一个和尚挑水喝，两个和尚抬水喝，三个和尚没有水喝？

（2）三个和尚怎样做才能保证一直有水喝？

（3）在寺庙这样清静无为的场所里，三个和尚面临基本的吃水问题尚需组织与管理，迁移到一般的社会活动，组织与管理就显得更为必要了。那么，什么是组织？什么是管理？什么又是幼儿园组织与管理？

一、幼儿园组织与管理概述

（一）"组织"概述

1. 组织的定义

从词源的角度看，《说文解字》中，"组"和"织"为：組、繼，其中，"组"本义为名词，表示身披绶带祭祀，后引申为动词"编织"，名词为"若干个体构成的一个单元"；"织"本义为动词，意指用丝线纺成布帛，后扩大引申为"织网""编织"。中国古代有"树桑麻，习组织"之说，其中"组织"一词有把丝麻织成布匹之意，演变至今，"组织"的基本释义有"安排分散的人或事物使具有一定系统性或整体""纺织品经纬纱线的结构""机体中由许多形态和功能相同的细胞按一定的方式结合所构成器官的单位""按照一定的宗旨和系统建立起来的集体"等，有梳理、整理各种关系使之成为系统之说。"组织"的英文为"organization"，源于器官（"organ"），因器官是自成系统的具有特定功能的细胞结构，所以该词又演化为专门指人群，运用于社会管理中。

关于组织的定义，不同管理流派有不同的界定。

（1）古典管理学派的"结构论"观点。"结构论"认为，组织是为了达到某些特定目标经由分工与合作及不同层次的权力和责任制度，而构成的人的集合。

这一定义适用于描述初创时期的组织。强调组织具有三个特征：第一，组织必须具有目标。不管是正式组织还是非正式组织，首先要回答"为什么存在"。第二，没有分工合作，不能称作组织，而分工合作受目标的限制。第三，组织要有不同层次的权力与责任、制度，不同部门、不同的人有不同的责任和权力。权力和责任是达成组织目标的必要保证。

（2）"行为论"观点。"行为论"的代表人物、社会系统学派的巴纳德提出：组织是两人或两人以上有意识加以协调的活动或效力系统。"行为论"的定义适用于组织的运行分析。

（3）"系统论"观点。"系统论"认为：组织是开放的社会系统，具有许多相互影响共同工作的子系统，当一个子系统发生变化时，必然影响其他子系统和整个系统的工作。"系统论"的定义适用于组织变革。

综合上述观点，从管理学的角度讲，组织指这样一个社会实体，它具有明确的目标

导向和精心设计的结构与有意识协调的活动系统，同时又同外部环境保持密切的联系。

　　因而，组织的定义为：组织是体现一定社会关系，具有一定结构形式并且不断从外部汲取资源以实现其目标的集合体。从广义上说，组织是由诸多要素按照一定方式相互联系起来的系统。从狭义上说，组织专指人群，运用于社会管理之中，即人们为实现一定目标，相互协作结合而成的集团或团体，如工会组织、服务组织、企业组织、军事组织等。

　　2. 组织的性质

　　组织的性质是由组织本身所决定的。所有组织，无论是社会组织或生物组织通常具有目的性、整体性和开放性。

　　(1) 目的性。

　　是否具有目的性是生命系统和非生命系统的区别。一般来说，物质系统是自然形成的，物质系统的形成和活动是自发的过程，是由客观事物自身的联系和相互作用决定的；而社会组织则是人类社会活动为了一定的目标形成的，社会组织的形成和活动过程则是人的有目的、有意识的活动，是根据人们的意志来进行的。正是这一点，使社会组织与物质系统区别开来。

　　组织是一种控制系统，人类建立的各种社会系统的目标，就是为了组织、协调人类自己的活动，不断调整、控制活动过程，最终实现既定的目标。因此，组织过程的首要工作就是确立组织目标，体现目的性。

　　(2) 整体性。

　　组织作为一个系统，是由若干要素构成的，系统要素之间相互依存的关系就是系统作为一个整体的不可分割性。作为某一社会组织系统也是如此，它的整体性在于各组织成员之间的密切联系、相互配合，如果各成员独自行事，互不联系，则其作为社会组织系统也就只能是形存实亡。

　　系统是由各要素按一定结构组织起来的整体，但是系统又不等于各要素的简单相加。要素一旦被有机地组织起来，就不再作为单个要素而存在，它们构成一个整体，这个整体获得了各个孤立要素所不具备的新性质和新功能。组织的整体性旨在发挥整体大于部分之和的优势。

　　(3) 开放性。

　　系统管理理论学派强调组织是一个开放系统。最早提出开放系统概念的是冯·贝塔朗菲，他认为："生命系统本质上是开放系统。开放系统被定义为与环境交换物质的系统。"①系统学派的代表人物卡斯特接受了这种观点，强调：物理系统和机械系统在它们与其环境的关系中可以被认为是封闭系统。与此相反，生物系统与社会系统则不是封闭的，而是与其环境不断相互作用的。

　　组织的开放性具体指组织具有不断地与外界环境进行物质、能量、信息交换的性质

---

　　① 冯·贝塔朗菲. 一般系统论：基础、发展和应用[M]. 天津：天津大学出版社，1987.

和功能。任何组织作为整体，都不是孤立存在的，它总是处于一定的环境之中，并且同环境相互联系、相互作用着，从而表现出自己的整体性能。组织向环境开放是组织得以发展的前提，也是组织得以稳定存在的条件。

（二）"管理"概述

1. 管理的定义

《说文解字》中"管"是这样的：䇡或琯，其本义是"如篪，六孔，十二月之音，物开地牙"，即"管"是一种长约一尺，有六孔，形似笛子状的乐器。演奏者将气流吹入细管之中，通过控制六孔来奏出和谐之音。随着文字的演化，"管"由名词转化为动词，意义更为丰富，对于气流的控制逐渐引申到对于另一些事物的约束和控制上，于是，就有了"管辖""看管""管制"之意。《说文解字》中"理"是这样的：理，其本义是"加工雕琢玉石"，后"理"逐渐被引申出"整理""治理"多个含义，也就是发现事物的规律，顺应客观规律的发展，使其更加完美。有学者认为"管理"一词来源于"管仲之理"，在《管子》一书中就有现代管理思想的萌芽。

英文的"管理"为"manage"，其词根是拉丁词"manus"，意思是"手"，既意味着主动动手做，又隐含着权力、权限的意思。

"管+理"是一种活动，因而有主体和客体（活动者和对象），"管理"活动是一个主体和客体充分互动的过程。在这个活动中，既要"管"，即如吹"䇡"般，将对象限制在一个狭小的范围之内控制、看管；更要"理"，因为每个对象都有自己的纹理、条理、道理和规律，所以我们必须充分了解对象自身的规律，并根据这些规律对对象进行整理或治理，最终达到一个使我们满意的理想状态或目标。基于此，"管理"是主体（人）通过客体（对象）来实现自己的目的的一种活动。

管理是人类社会最古老、最普遍的现象之一，管理无处不在、无时不在。但人们把管理作为一门学科进行系统的研究，还是近一二百年的事，所以说，管理是个既古老又年轻的概念。

纵观中外管理学家关于管理定义的阐述，可谓见仁见智，有诸多不同见解。比较有代表性的观点有：

最早提出一般管理概念的是法国管理学家法约尔。他认为："管理是所有的人类组织（不论是家庭、企业或政府）都有的一种活动，这种活动由五项要素组成：计划、组织、指挥、协调和控制。管理就是实行计划、组织、指挥、协调和控制。"[1]

美国管理学家孔茨提出："管理就是设计和保持一种良好的环境，使人在群体里高效率地完成既定目标。"[2]

---

① 法约尔. 工业管理和一般管理[M]. 曹永先，译. 北京：团结出版社，1999：7.
② 哈罗德·孔茨，等. 管理学[M]. 北京：经济科学出版社，1998：2.

泰勒认为："管理就是确切地知道要别人去做什么，并使他用最好的方法去干。"①

马克斯·韦伯指出，管理就是协调活动。小詹姆斯·唐纳利也认为："管理就是由一个或更多的人来协调他人活动，以便收到个人单独活动所不能收到的效果而进行的各种活动。"②

西蒙提出"管理就是决策"。

我国学者周三多等人提出"管理是管理者为了有效地实现组织目标、个人发展和社会责任，运用管理职能进行协调的过程"③。有关管理定义的其他观点就不一一而论。

综合上述学者观点，我们认为，管理是指管理者把一个组织所拥有的资源——人力资源、财力资源、物力资源和信息资源等进行有效的计划、组织、领导和控制，使之发挥最大效果，去实现组织目标的活动。

2. 管理的实质

(1)管理是人类社会一种有目的有组织的活动。

自从有了人类社会，就有管理。管理起源于人类社会的共同劳动。人类为了生存需要组成群体形成共同的社会组织，并通过有目的有组织地分工、协作，借助于集体的力量达到成员共同的目标。因此，马克思指出管理是社会共同劳动的产物。管理的本质是对共同劳动的指挥和协调，是对人的管理。

(2)管理对象具有多方位性，管理的本质是协调。

管理活动涉及组织系统的方方面面，包括人、财、物、事、时空、信息等，为使组织系统运转有效，高效率地达到组织的目标，必须对上述对象进行协调、控制、整合。因而，管理的本质是协调，协调贯穿于管理的整个过程。在管理过程中，管理者既要充分把握组织内部的各种资源环境，也要审时度势，不断分析应对新的环境变化，善于利用各种资源，协调各种力量和因素，为组织目标的实现提供保障。

(3)管理的目的是通过管理职能求取最高的效率。

任何领域的管理活动都是为了优质高效地实现管理目标，即追求最佳效率和效果，使组织以尽量少的资源而尽可能多地完成预期的合乎要求的目的。马克思认为，通过管理使受分工制约的各个人的活动产生了一种集体力量或社会力量，这是一种"扩大了的生产力"，产生了 $1+1>2$ 的效果。

(4)管理应以人为核心。

管理是要通过各个受分工制约的不同个人的活动，创造出一种远比各个活动量总和要大的集体力量或社会力量。因此，管理的重点在于建立分工合作的、融洽的人际关系。组织成员之间有着多样的人际关系，管理者需要在其职责范围内协调组织成员的行

① F. 泰勒. 科学管理原理[M]. 韩放，译. 北京：团结出版社，1999：104.

② 小詹姆斯·H. 唐纳利，等. 管理学基础[M]. 李柱流，等，译. 北京：中国人民大学出版社，1982：18.

③ 周三多，等. 管理学——原理与方法[M]. 上海：复旦大学出版社，2010：11.

为，激发和调动组织成员工作的积极性，构建和谐的人际关系，以提高工作效率，共同完成组织目标。

组织与管理关系密切。组织和管理都是为特定的目标服务。组织是把未来实现这个目标所需要的要素加以集中，而管理的目的是使这些要素更加协调地组合在一起，使之更好地为达到目标服务。所以说组织是管理的前提，没有组织，就谈不上管理了。从另一个方面说，组织即管理。没有管理的组织谈不上科学意义上的组织。而没有组织的管理，管理的要素就没有了，就说不上管理了。因此二者是相互促进、相互协调的，也是相互制约、缺一不可的。

3. 管理职能

管理活动不是即时性、短暂的行为，而是一个包含复杂管理环节的管理过程。管理职能是指管理活动自身所具有的职责和功能作用，即管理工作应承担和可能完成的基本任务。它体现了管理实践的基本程序。

最早提出管理职能概念的人是著名管理学家法约尔，他将管理职能概括为计划、组织、指挥、协调和控制五个要素。在此基础上，其他管理学家也有补充和发展，提出的管理职能还有用人、领导、沟通、激励、监督、检查、创新等。我国学者周三多认为一切管理活动的最基本职能是计划、组织、领导、控制、创新①。基于上述观点，结合幼儿园管理实践，我们认为，管理主体应从计划职能、组织职能、领导职能和控制职能四个方面，充分发挥管理职能的作用。

计划职能强调做什么及怎么做，侧重于确定目标、制定战略、编制计划等工作；组织职能强调通过什么来做，即如何实现资源和活动的最佳配置；领导职能关注如何做得更好，强调通过激励组织成员完成组织目标；控制职能关注的是到底做得怎么样，强调确定职责与标准衡量实际工作、评价反馈。

上述各项管理职能都有自己独特的表现形式，均发挥独特的功能和作用，但它们并不是割裂分开的，而是相互联系、相互作用、交叉渗透，在管理实践中，通常是复杂地交织在一起，构成一个有机整体。每一项管理工作一般是从计划开始，经过组织、领导到控制结束，控制的结果可能又导致新的计划，开始新一轮的管理循环，从而不断推进管理工作的进行。管理职能关系见图1。

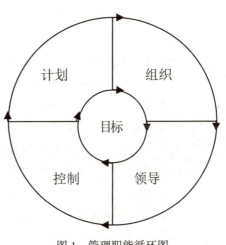

图1　管理职能循环图

①　周三多，等. 管理学——原理与方法[M]. 上海：复旦大学出版社，2010：12.

(三)幼儿园组织与管理概述

1. 幼儿园组织与管理的定义

幼儿园是现代社会中的一个组织系统,对其加以组织和管理是为了更好地实现其育人功能。

幼儿园组织与管理是指幼儿园行政人员和幼儿园管理者遵循国家教育方针、保教工作客观规律,以管理原则为指导,采用科学的管理方式和手段,将幼儿园的人、财、物等资源合理组织,调动各方积极性,优质高效地达成培养目标的活动。

2. 幼儿园组织与管理的研究任务

幼儿园组织与管理是教育管理学的一个分支学科。教育管理学所揭示的教育组织管理的基本原理是幼儿园组织与管理研究的理论基础。

幼儿园组织与管理的研究任务是根据教育事业发展的客观规律、特点和保教工作的客观规律,以现代管理学、教育管理学以及学前教育学的基本理论为指导,研究学前教育管理现象及其规律,实现对幼儿园高效高质管理,最大限度地实现预期教育目标。

孩子们眼中的"幼儿园管理"

幼儿园管理是什么?幼儿园里哪些事情是必须管理的?当我们问孩子"什么是幼儿园管理"的时候,得到了简单丰富却又异常精彩的答案。儿童虽年幼,却总是能用稚嫩的语言直击成人世界问题的核心。

这是一段以儿童视角去展现管理话题的对话。我们发现,当儿童世界和成人世界发生碰撞时,所有的精彩都会在这种碰撞中迸发出来。而这些有趣的对话,也会把成年人重新拉回一个妙趣横生的童年世界……

观点A 管理就是每个人都知道自己该做什么

杨博岩(5岁):什么是管理我也不知道。不过我知道于师傅管着幼儿园的大门,小朋友们是不能一个人离开幼儿园的。爸爸妈妈要刷卡进来才能接我们。还有就是晚上不让小偷进来。

陈虓(5岁):在幼儿园里有老师管小朋友,有老师负责给我们买玩具和书,我们还有个图书馆,我们自己当小管理员。

马涵絮(4岁半):我们幼儿园什么时候都是干干净净的。有老师给教室打扫卫生,小贾阿姨给外面打扫卫生,还擦大滑梯。

刘宇谦(5岁)：老师们得看好小朋友们，如果摔跤了，幼儿园有监控摄像头能看到是怎么摔跤的，下次就得注意了。我还知道保健室的许老师是管检查监控的。

杜安澜(4岁半)：在幼儿园里，管理就是老师管我们，老师自己管自己，因为老师已经是大人了。

刘佳琪(5岁半)：妈妈说她有时候来接我忘带门禁卡了，于师傅没给她开门，要她记下名字，说这是为了保护我们，我觉得于师傅管大门管得很好。

观点B　管理就是得有一个负责人管人管事

颜好兮(4岁半)：管理一定要有一个管理员吧。莉莉老师就是我们幼儿园的管理员，我猜她会给老师们"上课"，也会教老师们"写字"吧？

徐子淇(4岁半)：我感觉管理就是管幼儿园的人，大家都很重要。打扫卫生是于师傅和小贾阿姨管的，做饭是食堂师傅管的，小朋友是老师们管的，园长妈妈得管所有的事情……

观点C　管理就是管好一些重要的事情

郭一力(4岁半)：管理就是保护好我们的幼儿园，保护好小朋友，还得保护好小池塘。

翟一桢(5岁)：管理就是让小朋友们知道什么事情能做，什么事情不能做。

张竣程(6岁)：管理就是看管好幼儿园。比如说于师傅就在做这样的事情，他在保护我们的安全。

关策(6岁)：管理就是制定一些约定去约束我们不去做一些不好的事儿，不让我们再犯更糟糕的错误。

观点D　管理就是要做一些有意义的事情

曹瑞(6岁)：园长妈妈带着老师写了《儿童宣言》，我们都记住了还照着做。这就是在管理。

吴朝宇(5岁半)：管理就是每年的秋天、春天还有冬天，幼儿园老师都会带我们出去玩，比如去奥林匹克森林公园、七彩蝶园什么的。

董万圻(5岁半)：园长妈妈喜欢幼儿园的大树、小草还有花儿，还有小池塘、葡萄架、楼顶、后院……她想让它很美丽，我们看见它们美丽，也就很爱这些地方。这个就是管理。

高艺嘉(6岁)：园长妈妈带着老师们写了《大大的梦想》，每次读我都特别激动，然后我就能不放弃一些事情。我觉得这个也是管理。

观点 E　管理就是教育好爸爸妈妈

潘锦璇(5岁半)：我和爸爸妈妈一起看"园历"，知道爸爸妈妈会来幼儿园参加半日开放，每过一段时间爸爸妈妈都会来幼儿园参加学习。我感觉这个学习很重要，因为他们学完了就更爱我了。

宋承山(5岁半)：以前我爸爸总是忙自己的事情。现在爸爸每天都能陪我玩一会儿再工作，我知道是因为幼儿园告诉过爸爸妈妈，孩子就是需要大人陪的。

许珂(5岁半)：新年庙会的时候，有很多很多家长来参加活动，得需要把他们也管理好，让他们知道需要做什么，这样我们就能玩得更开心啦！

陈昊臻(5岁半)：老师还会给爸爸妈妈上课，爸爸妈妈听完就知道怎么帮我们，更爱我们，我觉得那也是老师在管理爸爸妈妈。

观点 F　管理就是帮助小朋友实现梦想

冯蕾伊(5岁半)：我觉得我们也能管理，因为园长妈妈总能同意我们的想法。本来小池塘已经很漂亮了，但我们想在小池塘上建一座桥，园长妈妈同意了，我们就一起完成了一座彩虹桥，它现在还在小池塘上，我们太高兴了。

王思皓(5岁半)：我觉得我们能按照自己的想法改造幼儿园也是管理。我们在空中花园改造了一个凉亭还有水床，让空中花园变得更好玩了。

齐欣桐(6岁)：我请妈妈和李爷爷来幼儿园给小朋友讲四合院的故事就是管理。因为李爷爷是最懂四合院的人，比老师知道的还多。

名师视角　胡华是这样看待幼儿园管理的：

管理是个复杂的问题，但儿童却能准确把握管理的精髓，让人叹服。他们的视角看似简单，却极为透彻。这段不长的对话直接和间接反映了幼儿园管理中方方面面的问题。话题涉及岗位职责管理、层级管理、家园合作、文化管理等内容。

做好一个幼儿园管理最重要的是有一颗童心。从一个孩子变为一个成年人是件极其简单的事，只需要时间就可以。但要从一个成年人回归为一个孩子则极为困难，需要智慧和勇气。但回归不是倒退，而是攀向了一个人生极致。生活的烦忧在消失，生命的喜乐在呈现。

思考问题：从孩子们和园长的视角里，你发现了幼儿园组织与管理的独特性吗？幼儿园组织与管理与其他管理活动有何异同？

(本案例节选自中华女子学院附属实验幼儿园胡华名师工作室，2015-10-17)

3. 幼儿园组织与管理的独特性

一方面, 幼儿园组织与管理是在教育领域所从事的管理活动, 是整个教育管理的组成部分。另一方面, 幼儿园组织与管理是以育人为中心来实施管理过程的。因而, 幼儿园组织与管理既具有管理活动共同的特点, 也具有特殊性。其独特性表现在:

(1)幼儿园组织与管理活动最终目标在于育人, 这是一种关涉价值的活动, 需要在管理活动中把握国家教育方针和育人目标。幼儿园作为教育机构, 其主要任务和管理活动的宗旨就是依据国家教育方针培养人, 促进学前儿童健康发展。

(2)幼儿园组织与管理内容是保教合一, 教养儿童与指导家长兼顾。因而幼儿园组织与管理要关注的人、财、事、物、信息、时空等内容要体现幼儿园保教结合工作的实际需要。具体来看, 幼儿园保育与教育工作管理包括班级一日活动管理、课程管理与园本教研、膳食管理、安全管理与危机防范等; 幼儿园人力资源与公共关系管理包括教师队伍建设、幼儿园与家长公共关系建构、幼儿园与社区的公共关系建构等; 幼儿园财物信息与时空管理包括财务管理、环境空间管理、设备设施管理、档案信息管理、时间管理等。

(3)幼儿园组织与管理过程强调协调整合。由于幼儿园管理内容繁杂, 管理过程中要综合利用多途径教育资源(政府资源、家长资源、社区资源等)、多种管理手段(激励、沟通等)、多方面影响因素(家庭教育、社会教育的影响等), 注重社会协调与园本管理的统一, 形成教育合力, 实现管理效能的最大化。

(4)幼儿园组织与管理工作的实践模式比其他管理活动复杂。这是由制约教育活动因素的复杂性及学前儿童身心发展特点所决定的。因此, 管理者在教育实践中, 应遵循一定的管理原则, 包括方向性原则、整体性原则、民主管理原则、有效性原则、经济效益与社会效益相结合原则等; 采用多样的管理方法, 如行政方法、经济方法、激励方法、法治方法; 应探索科学、多元、适宜的管理模式, 如"戴明环"模式、目标管理、园本管理模式、"五常法"管理模式、集团化管理模式。

总之, 管理的目的是增效, 实现组织目标。幼儿园组织与管理作为教育管理的组成部分, 既包含管理活动的一般要素, 也具有自身的独特性。作为幼儿园教师和园长, 要树立管理育人的意识和理念, 学习和掌握有关管理的基本知识和技能, 具备一定的管理能力, 对于教育实践工作具有多重意义和价值。

案例分析

浩浩与翔翔是好朋友, 经常一起玩游戏, 有时也会因一些小事而发生争执。这一天, 在幼儿园, 他们为了一件玩具吵了起来。争吵之中, 浩浩在翔翔的腿上抓了一道伤痕, 翔翔不甘示弱也抓伤了浩浩。由于两个孩子没有向老师报告这件事, 老师完全不知情, 直到双方家长来接孩子时才发现各自孩子身上的伤痕，问起原因之后，双方家长就争吵了起来。而老师认为孩子已经交到了家长手中，幼儿又不曾向她报告，故把这件事置身事外，并没有对这件事进行调查和疏导工作，导致双方家长越吵越激烈，谁也不肯让谁。浩浩的家长甚至还恐吓翔翔的家长说："如果我的孩子有什么问题，你的孩子也别想好过！"翔翔的家长感到既害怕又担心就报了警。请从《幼儿园组织与管理》的独特性分析教师的做法是否妥当。作为园长，应有怎样的解决方式和管理思路？

4. 本课程内容概要

本门课程以现代管理学、教育管理学以及学前教育学的基本理论为指导，引导学习者了解管理学的知识，并将管理职能等一般管理理论与幼儿园实际结合起来，帮助学习者通过对管理职能和幼儿园管理实践活动的学习，使学习者对幼儿园管理所包含的管理知识和策略，幼儿园管理中人、财、物和环境等要素及管理的具体内容有一个全面的把握和认识，提高学习者综合运用所学管理知识解决幼儿园实际问题的能力，树立正确的管理理念，提升学习者的职业竞争力、适应力和专业化水平。

课程设计由导论及三个知识模块构成。如图2所示，三个知识模块为管理职能模块、管理对象模块、管理实践模块。管理职能模块从计划、组织、领导、控制等纵向、动态的视角呈现出管理的一般过程；管理对象模块从人、事、物、财、信息、时空等横向静态的视角展现出幼儿园保教工作管理的独特性；管理实践模块则聚焦于具体的管理活动和幼儿园管理实践模式探索。管理职能与管理对象纵横交错、动静交替、兼顾一般与特殊，最终直指幼儿园管理实践。三者相互联系、缺一不可，最终保障幼儿园管理目标的达成。

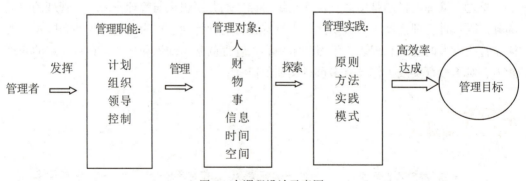

图2　本课程设计示意图

据此，本课程内容框架和建议学时见表1。

表 1　本课程内容框架和建议学时表

问题驱动	知识点	课程内容	建议学时	
			课堂教学	实践教学
学什么？	本课程基本概念、学习框架、学习意义与价值。	课程导论	2	
怎么管？	管理职能： 计划、组织、领导和控制是管理活动自身所具有的职责和功能作用。 管理职能体现共性的管理行为和一般原理。	第一章　计划职能 第二章　组织职能 第三章　领导职能 第四章　控制职能	11	2
管什么？	管理对象： 对幼儿园的事、人、物、财、信息、时间、空间等方面的管理。 幼儿园管理对象有其独特性。	第五章　幼儿园保育工作管理 第六章　幼儿园教育工作管理 第七章　幼儿园人力资源管理 第八章　幼儿园公共关系管理 第九章　幼儿园总务后勤工作管理	14	3
如何实践？	管理实践中可以遵循和采用的原则与方法，以及管理过程和管理实践模式探索。	第十章　幼儿园管理实践的指导与探索	3	1
小计			30	6
合计			36 学时	

二、学习和研究幼儿园组织与管理的意义

(一) 是适应和推进我国新时期学前教育事业健康发展的需要

当前，我国学前教育事业正面临新的发展机遇，处于快速发展时期。2010 年 7 月，《国家中长期教育改革和发展规划纲要》(2010—2020 年) 颁布，首次将"学前教育"专列为一章，提出基本普及学前教育的目标，当年，国务院发布《关于当前发展学前教育的若干意见》(国发〔2010〕41 号)，提出促进学前教育事业科学发展的十条意见。自 2011 年起，我国开始实施三期学前教育行动计划，缓解"入园难""入园贵"问题，推进学前教育事业健康快速发展。尤其是 2018 年 11 月 7 日，《中共中央国务院关于学前教育深化改革规范发展的若干意见》印发，这是中华人民共和国成立以来以中共中央、国务院名义出台的第一个面向学前教育的重要文件，具有里程碑意义。《若干意见》明确提出

"四个坚持"的基本原则，其中之一即："坚持规范管理。遵循幼儿身心发展规律，实施科学保教，健全治理体系，堵住监管漏洞，完善学前教育法律法规，实现依法依规办园治园，促进幼儿健康快乐成长。"①

　　2010 年以来，我国政府出台了几十个学前教育政策法规条例，涉及园所建设、人员配备标准及队伍建设、教育投入、家长工作、督导评估等规范管理。因而，通过学习幼儿园组织与管理，可以帮助我们掌握基本管理理论，联系新时期学前教育事业改革和发展中遇到的新要求、新问题，厘清发展方向和管理思路，积极探索应对策略，从而促进我国学前教育事业可持续健康发展。

知识链接

2010 年以来发布的关于学前教育政策意见、法规条例

　　2010 年　中共中央、国务院印发《国家中长期教育改革和发展规划纲要（2010—2020 年）》，确定了学前教育的三个发展目标。《国务院关于当前发展学前教育的若干意见》颁布。卫计委发布《托儿所幼儿园卫生保健管理办法》。

　　2011 年　财政部、教育部印发《关于加大财政投入支持学前教育发展的通知》。教育部出台《关于规范幼儿园保育教育工作防止和纠正"小学化"现象的通知》。教育部、财政部发布《关于实施幼儿教师国家级培训计划的通知》。全国教育工作会议决定启动实施学前教育三年行动计划。教育部办公厅发布《关于成立教育部学前教育三年行动计划推进工作领导小组的通知》。国家发展改革委、教育部、财政部关于印发《幼儿园收费管理暂行办法》的通知。

　　2012 年　教育部印发《幼儿园教师专业标准（试行）》《学前教育督导评估暂行办法》《3—6 岁儿童学习与发展指南》。卫计委印发《托儿所幼儿园卫生保健工作规范》，教育部、中央编办、财政部、人力资源社会保障部出台《关于加强幼儿园教师队伍建设的意见》，教育部发布《关于建立中小学幼儿园家长委员会的指导意见》，教育部办公厅发布实施《"国培计划"课程标准（试行）》的通知。

　　2013 年　教育部印发《幼儿园教职工配备标准（暂行）》。

　　2014 年　教育部发布《关于实施第二期学前教育三年行动计划的意见》。教育部办公厅印发《中小学幼儿园应急疏散演练指南》的通知。

　　2015 年　教育部颁布《幼儿园园长专业标准》。

————————————————

　　① 中共中央国务院. 中共中央国务院关于学前教育深化改革规范发展的若干意见[EB/OL]. http://www.gov.cn/zhengce/2018-11/15/content_5340776.htm.

2016年　教育部颁布新修订的《幼儿园工作规程》。《国务院办公厅关于加快中西部教育发展的指导意见》提出要积极发展农村学前教育。《托儿所、幼儿园建筑设计规范》开始施行。教育部发布关于贯彻执行《幼儿园建设标准》的通知。

2017年　教育部发布《关于实施第三期学前教育行动计划的意见》。教育部颁布《幼儿园办园行为督导评估办法》。学前教育立法进入全国人大立法视野。教育部办公厅印发《中小学幼儿园教师培训课程指导标准》的通知。

2018年　《中共中央国务院关于学前教育深化改革规范发展的若干意见》发布。教育部印发《新时代幼儿园教师职业行为十项准则》《幼儿园教师违反职业道德行为处理办法》的通知。教育部办公厅发布《关于开展幼儿园"小学化"专项治理工作》的通知。

2019年　教育部、住房和城乡建设部印发《幼儿园标准设计样图》的通知。教育部印发《幼儿园责任督学挂牌督导办法》的通知。

2020年　中共中央、国务院印发《深化新时代教育评价改革总体方案》。

2021年　教育部发布《关于大力推进幼儿园与小学科学衔接的指导意见》。教育部等九部门印发《"十四五"学前教育发展提升行动计划》的通知。

2022年　教育部印发《幼儿园保育教育质量评估指南》的通知。

（资料来源：教育部网站 http://www.moe.gov.cn／）

（二）是丰富和发展新时代学前教育管理理论的需要

幼儿园组织与管理是研究学前教育管理现象及其规律的一门学科，是教育管理学的一个分支学科。新时期，我国学前教育事业面临新的发展机遇和挑战，需要管理理论予以回应和指导，探索管理规律，更好地指导幼儿园管理实践。

改革开放40多年来，我国学前教育事业已取得长足发展，在学前教育实践探索过程中，科学管理意识不断增强，在管理体制方面积累了丰富的经验，形成了一定的管理模式和理论。2019年2月，中共中央、国务院印发《中国教育现代化2035》，提出"建立更为完善的学前教育管理体制、办园体制和投入体制"，面向2035年教育现代化新征程，我国学前教育发展将会面临更多的挑战与问题，有必要学习和研究幼儿园组织与管理。

（三）是提升幼儿园科学管理水平和保教质量的需要

党的十八大以来，我国学前教育实现了跨越式发展，确立了"办好学前教育""幼有所育"的基本方略，建立起公办和民办相结合的学前教育公共服务体系。2021年我国教育事业统计主要结果显示，我国现有幼儿园29.48万所，在园幼儿4805.21万人，学前教育毛入园率达88.1%。其中，普惠性幼儿园在园幼儿4218.20万人，普惠性幼儿园覆

盖率达到 87.78%。学前教育专任教师共有 319.10 万人，专科及以上学历者占比87.8%。但在发展过程中也存在一些问题，诸如：幼儿园科学管理水平有待提高，办园行为亟待规范；部分幼儿园小学化"现象严重，虐童事件"频发；民办幼儿园安全隐患大且质量无保障，缺乏规范管理；幼儿园教师素质有待提高，队伍建设仍须加强等。为进一步推进我国学前教育普及普惠安全优质发展，教育部等九部门印发了《"十四五"学前教育发展提升行动计划》的通知，明确提出"强化公益普惠、坚持巩固提高、推进科学保教、提升治理能力"的基本原则。基于新时代背景的新要求，需加强幼儿园组织与管理的学习和研究，不断提高保教质量和管理效能，推动学前教育高水平高质量普及，更好地促进学前儿童健康成长。

首先，要以科学的管理理论为指导，提升幼儿园保教质量，促进幼儿身心健康发展。幼儿园管理实践中，要认真落实立德树人根本任务，遵循学前教育规律，牢牢把握学前教育正确发展方向，完善学前教育体制机制，推进学前教育普及普惠安全优质发展，促进幼儿身心健康和谐发展，满足人民群众对幼有所育的美好期盼，为培养德智体美劳全面发展的社会主义建设者和接班人奠定坚实基础。

其次，要树立管理育人理念，提升教师专业化水平。不管是管理者还是一般教职员工都是学前教育管理活动中最具有能动性的核心力量，是制约一所学前教育机构管理效能和办园质量最关键的因素。通过学习幼儿园组织与管理，可以使学前教育机构从业人员深刻理解和领会我国学前教育的性质、目标和任务，明确学前教育管理职能、原则和方法，了解学前教育管理理论和模式，不断提高政策水平和管理素质，提升专业素养，树立管理育人的理念，成为学前教育机构管理活动的行家里手，从而能够很好地参与管理过程，体现主人翁价值。同时，通过学习幼儿园组织与管理，能够对那些有志于自主创业办园的人士起到专业引领作用，帮助他们更好地把握管理理论，熟悉管理实务，实现园所管理运行的科学化、制度化，保障管理效益。

三、学习和研究幼儿园组织与管理的方法

(一)线上学习与线下教学相结合

学习者可以在中国大学 MOOC 平台自主学习本书主编主持的精品在线开放课程《幼儿园组织与管理》。中国大学 MOOC 是"好的大学，没有围墙"，学习者利用电脑和手机，均可以实现随时随地在线自主学习。使用手机端进入课程平台，需要下载中国大学 MOOC 的 App；使用电脑端进入课程平台，只需在搜索框中输入"中国大学 MOOC"，点击 https://www.icourse163.org/，即可查询本门课程。二者都需要在平台注册登录，登录方式有：网易账号、爱课程账号或第三方软件注册登录。登录后，切记要设置个人资料，不要使用昵称，改为"学校+学号+姓名"的方式，便于学期末查找自己的网上学习成绩。同时，请记住自己的账号和密码。

基于中国大学 MOOC，教师可以探索教学方法改革，采用混合式教学模式，实现翻转课堂。线上有思维导图的课程设计、学习导引及学习小结，营造问题情境，借助于线上的学习课件、视频、资源库、案例分析等资源，学习者可以先行学习和思考，之后有单元测验和考试作为学习效果的检测和评价。线下有精讲答疑、课堂讨论，全面地把握和认识幼儿园管理知识和策略，树立正确的管理理念，实现线上线下无缝对接、有机结合。

（二）理论学习与实践体验相结合

"幼儿园组织与管理"是一门兼具理论探讨和实践应用的课程。学习管理职能等知识一方面是掌握管理理论，遵循管理规律，另一方面是以此指导幼儿园管理实践，培养学习者运用知识分析解决实际问题的能力。所以，在学习的过程中，要注重理论和实践相结合。学习者要准确理解管理学方面的相关概念、观点、规律，同时，可以基于案例教学、参观幼儿园、教育调查等形式，关注管理实践中的真实问题，学会从一定的理论视角剖析问题，提出有理论依据和指导的管理策略，从而提高自身科学管理素养和水平。

案例分析

案例教学：　家长对老师的误会

园长正在办公室里，一位家长敲门而入，开门见山地责问园长："园长，你们园老师怎么回事，罚我儿子半天不能玩！这么小的孩子不玩，那还能干啥？亏你们园还是一级一类园呢！"园长一听，愣了，园里可从来没发生过这样的事情，这其中是不是有误会呢？见家长正在火头上，园长递给她一杯水，请她坐下，让她先消消气把事情原委说清楚。家长告诉园长："昨天，我接孩子回家，问孩子，今天玩得怎么样，孩子说：'老师罚我半天不准玩。'园长，我孩子也就三岁多一点，哪能半天不玩呢？"园长说："我先了解情况，一定给您一个满意的答复。"于是，园长找到了小二班王老师询问此事。王老师着急地向何园长解释："园长，是这样的，明明昨天淘气，我就对他说：'明明，你再淘气的话，老师可让你半天不准玩。'但我只是让他安静地待了一分钟，并没有真正让他半天不准玩。"保育员也向园长证实情况属实。园长听明白了，原来是小班孩子时间观念差，不能正确理解教师的话，所以表达出来就引起了家长对老师的误会。园长将事情的真相告诉了家长，并且向家长道歉。家长反而不好意思了，一直说："看来得去学学儿童心理学，谢谢园长！"事后，园长找来王老师，没有批评她，而是与她一道探讨教育的技巧，并建议她第二天主动向家长道歉。

分析与思考：

这个案例涉及幼儿园园长工作、教师工作、家长工作的开展。案例中的园长在解决问题时的表现是比较妥当的。

一方面，园长对待家长的态度和行为得当。当家长怒气冲冲地对教师工作发泄不满时，园长没有与家长针锋相对，避免了矛盾激化；也没有推卸责任，对家长爱理不理；而是先稳住局面，弄清情况，进而消除误会，并主动道歉。可见，园长对幼儿园的性质和任务认识得非常清楚，能够真正地把家长当作幼儿园教育的合作伙伴，积极主动地成为家长和教师沟通的桥梁。家长是幼儿园工作的合作者、监督者和评价者。家长到幼儿园不只是听幼儿园的要求、了解幼儿在园的表现，还有权利对幼儿园工作发表意见、提出建议。园长和教师应虚心地接受家长的批评，听取家长的意见。同时，作为公益性教育机构，保教好幼儿、科学指导家长是幼儿园的任务，其中保教好幼儿是基础和主导，但家长毕竟不是专业的教育人员，并不完全了解幼儿的心理发展规律、特点及在教育上相应的措施，教育观念可能不正确，当家长在保教工作方面有疑惑、要求时，有时不太冷静，过于急躁、片面，提出的意见、要求可能不太合理时，园长和教师应理解包容家长，等待家长冷静下来，向家长摆事实讲道理，介绍国家的教育方针，引导他们树立正确的教育观念，还可以有意识地为他们讲授相关的育儿知识等。如果家长提出的意见、要求合理可行，园长和教师就应积极地采纳，实施有效的改进措施。

另一方面，园长对教师的态度和行为正确。当家长反映教师工作的不足之处时，园长不是武断地否定教师，而是尊重、信任教师，深入实际，调查了解，给教师解释说明的机会，维护了教师的自尊心，使事情真相大白，同时又从中及时发现了教养工作中存在的问题。人是社会中的一员，生活在团体或组织中，都有被尊重、被承认的需要，这会直接影响人在团体组织中的工作积极性。满足教师被尊重、被理解的需要，充分调动教师的工作积极性是幼儿园管理者必须重视的一个方面。

（资料来源：http://www.jsedu.net.cn/html/mb/zl/mb_6015.html）

（三）教师主导与学生主体相结合

中国大学 MOOC 平台为改革传统的课堂教学"满堂灌"的现象提供契机，教师的主导作用体现在提供学习资源、明确学习目标和要求、课后答疑等，要强调学生主体的积极主动参与，学习组织方式兼顾集体教学、小组学习和个体学习。教学过程中，教师可以针对幼儿园管理过程中某一真实问题，引导学生以主题形式进行探究学习，小组成员合作查询制作相关资料、汇报交流，辅以读书会，充分发挥学生的学习积极性。学生参与平台的课程学习情况，后台有记录，线上学习成绩由后台生成，避免"一卷定成绩"的传统考核方式，充分协调处理好评价的甄别功能与激励导向功能、教师评价与学习者互评、结果评价与过程评价、以学习成绩为核心的单元评价与凸显综合能力的多元评价等多方面的关系。

 本章小结

1. 组织是体现一定社会关系，具有一定结构形式并且不断从外部汲取资源以实现其目标的集合体，具有目的性、整体性和开放性。管理指管理者把一个组织所拥有的资源——人力资源、财力资源、物力资源和信息资源等进行有效的计划、组织、领导和控制，使之发挥最大效果，去实现组织目标的活动。二者都为特定的目标服务。组织是管理的前提，没有组织，就谈不上管理了，而没有管理的组织谈不上科学意义上的组织。二者相互促进，相互协调，相互制约。

管理职能指管理活动自身所具有的职责和功能作用，即管理工作应承担和可能完成的基本任务。它体现了管理实践的基本程序。

幼儿园组织与管理指幼儿园行政人员和幼儿园管理者遵循国家教育方针、保教工作客观规律，以管理原则为指导，采用科学的管理方式和手段，将幼儿园的人、财、物等资源合理组织，调动各方积极性，优质高效地达成培养目标的活动。幼儿园组织与管理既具有管理活动共同的特点，也具有特殊性。

2. 本课程包括三大知识模块，即管理职能模块，包括计划、组织、领导和控制；幼儿园管理对象模块，涵盖幼儿园人、财、事、物、信息、时间、空间等，这是我们学习的重点；幼儿园管理实践模块，包括幼儿园管理原则、方法和模式等。

3. 通过学习幼儿园组织与管理可以促进学前教育事业健康发展，丰富学前教育管理理论，推动保教质量提升。在学习和研究过程中，需坚持线上与线下结合、理论与实践结合、教师主导与学生主体结合。

思 考 题

1. 什么是组织？什么是管理？二者有何关系？
2. 管理活动的实质体现在哪些方面？
3. 观摩一所幼儿园，找寻幼儿园组织与管理独特性的体现，并分析理解这些特性对幼儿园组织与管理有何启示。
4. 案例分析：各地发文三令五申严禁幼儿园教育"小学化"，一些幼儿园为招揽生源，仍安排大量小学化内容。
(1)试从幼儿园组织与管理的意义这一角度分析你对这种现象的看法。

（2）从幼儿园组织与管理的特性这一角度提出管理思路：你若是教师该怎么做？你若是园长该怎么做？

5. 联系当前学前教育发展形势及幼儿园管理现状，举例说明和论述学习《幼儿园组织与管理》的意义。

推荐读物

1. 网络资源：中国大学 MOOC《幼儿园组织与管理》精品在线开放课程
2. 视频资源：观看电影《看上去很美》《再见了，我们的幼儿园》
3. 文献资源：

（1）王海英. 新中国 70 年我国学前教育管理变革的回顾与反思［J］. 南京师大学报（社会科学版），2019（4）：40-52.

（2）范明丽，洪秀敏. 我国学前教育管理体制改革的历程与方向——改革开放 40 周年回眸与展望［J］. 学前教育研究，2019（1）：22-32.

（3）袁秋红. 改革开放 40 年我国学前教育办学体制改革的历程与方向［J］. 河北师范大学学报，2018（11）：119-125.

（4）虞永平，张斌. 改革开放 40 年我国学前教育的成就与展望［J］. 中国教育学刊，2018（12）：18-26.

参考文献

1. 冯·贝塔朗菲. 一般系统论：基础、发展和应用［M］. 天津：天津大学出版社，1987.

2. 法约尔. 工业管理和一般管理［M］. 曹永先，译. 北京：团结出版社，1999：7.

3. 哈罗德·孔茨，等. 管理学［M］. 北京：经济科学出版社，1998：2.

4. F. 泰勒. 科学管理原理［M］. 韩放，译. 北京：团结出版社，1999：104.

5. 小詹姆斯·H. 唐纳利，等. 管理学基础［M］. 李柱流，等，译. 北京：中国人民大学出版社，1982：18.

6. 周三多，等. 管理学——原理与方法［M］. 上海：复旦大学出版社，2010：11.

7. 中共中央国务院. 中共中央国务院关于学前教育深化改革规范发展的若干意见［EB/OL］. http://www.gov.cn/zhengce/2018-11/15/content_5340776.htm.

第一章　计划职能

本章提要

管理职能是管理活动自身所具有的职责和功能，即管理工作需承担和完成的基本任务。具体体现在计划职能、组织职能、领导职能和控制职能。

计划是管理的第一要素，所以，我们首先学习计划职能。

具体的教学要求有：

第一，学习计划职能的基本概述，理解计划的属性、内容和种类等。

第二，掌握计划职能在幼儿园组织与管理中的运用，做好幼儿园计划和实施。

第三，初步把握幼儿园战略规划。

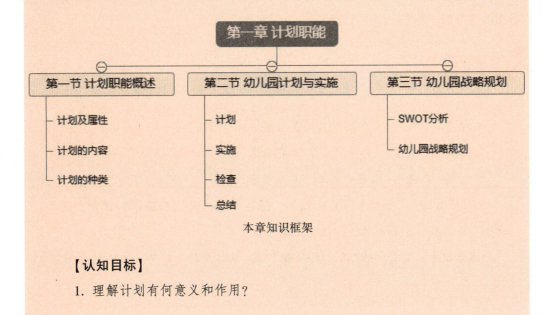

本章知识框架

【认知目标】

1. 理解计划有何意义和作用？

2. 明确从哪些方面做计划，计划有哪些种类。

【能力目标】

1. 如何使用 SWOT 分析法做好幼儿园战略规划？

2. 如何编制幼儿园各类计划，有何要求？

3. 如何实施幼儿园计划？

【教学重难点】

1. 教学重点：(1)计划职能基本概述

(2)幼儿园计划和实施

2. 教学难点：幼儿园战略规划

【教学学时】

3 课时

第一节 计划职能概述

计划职能指管理者为组织的未来确立目标和提出达到这一目标的方法、步骤的管理活动。计划是管理的第一要素，组织的其他一切工作都是围绕如何实现计划所确定的远景蓝图而展开的。

《六韬·三疑》：凡谋之道，周密为宝。

《论语·卫灵公》：人无近忧，必有远虑。

《礼记·中庸》：凡事豫则立，不豫则废。

《孙子兵法》：夫未战而庙算胜者，得算多也；未战而庙算不胜者，得算少也。多算胜，少算不胜，而况于无算乎！

问题思考：名言中的"谋""虑""豫""算"具体指什么？为什么要强调"谋""虑""豫""算"？

一、计划及其属性

古今中外，很多哲人和管理学家都强调做事有计划的意义和作用。美国管理学家哈罗德·孔茨说："计划工作是一座桥梁，它把我们所处的这岸和我们要去的对岸连接起来，以克服这一天堑。"①并指出：虽然计划不能完全准确地预测将来，但如果没有计划，组织的工作往往陷入盲目，或者碰运气。古人所说的"谋""虑""豫""算"也都是在强调计划的重要性。

(一)什么是计划

在汉语中，"计划"一词既可以当作名词来使用，也可以当作动词使用。从名词意义上说，计划是用文字或指标表述的，组织部门或成员在未来一段时间内，关于行动方向、内容、工作安排的管理文件或方案，这是一种静态的理解。比如，我们在教育教学活动过程中设计好的各项工作、活动方案，包括幼儿园一日工作计划、"六一"儿童节活动计划、春游计划等。

从动词意义上说，计划是为了实现目标所进行的包括许多环节的管理活动过程。这项工作包括：环境调查、科学预测，在时间和空间上进一步分解任务和目标，选择任务和目标实现方式，目标进度制定等确定行动纲领和方案的全过程。从计划职能看，我们更多的是从动态的角度界定"计划"的概念，计划是组织中各种活动有条不紊进行的保证。当然，静态的"计划"与动态的"计划"也是有联系的，通过一系列周密的运筹安排，最终才能形成一个书面方案，静态的计划是动态的计划制定过程的产物。

学前教育机构计划是围绕其育人的核心目标任务展开的，是对幼儿园保教工作的内容、步骤、方式方法及资源配置等方面的通盘安排和谋划。因而，计划职能是幼儿园组织与管理的起始点和基础。尤其是在学前教育事业快速发展的时代，学前教育机构需高瞻远瞩地制定发展目标和战略，对幼儿园各项工作进行严密的规划和部署。

(二)计划的属性

计划是管理的第一要素，组织的其他一切工作都是围绕如何实现计划所确定的远景蓝图而展开的。计划之所以能发挥如此作用，在于计划具有如下属性。

1. 目的性

正如马克思所描述的："蜜蜂建造蜂房的本领使人间的许多建筑师感到惭愧。但最蹩脚的建筑师从一开始就比最灵巧的蜜蜂高明的地方，是他在用蜂蜡建筑蜂房以前已经在自己的头脑中把它建成了。"比之其他动物，计划性、目的性是人类主观能动性的表

---

① 哈罗德·孔茨，海因茨·韦里克. 管理学(第九版)[M]. 郝国华，等，译. 北京：经济科学出版社，1993：66.

现之一，是人类适应和改造世界，推动人类文明不断进步的根本所在。幼儿园组织与管理的任何活动都应有目的性、计划性，不能像猪八戒踩西瓜皮一样，滑到哪里是哪里，盲目工作。

2. 纲领性

管理职能中，计划是最基本的，因为计划工作是为事物未来的发展规定方向和进程，在未来的各种行为过程中作出抉择，所以，计划重点要解决两个问题体现其纲领性：一是目标的确定。确定目标是计划的关键。二是进程和时序。即先做什么，后做什么，这是计划的准则。大家所熟知的《田忌赛马》的故事充分体现出计划的纲领性，即：做事要先谋后战。谋略在先，有了纲领性的指导，事半功倍，焉有不胜之理。

3. 普遍性

计划无时不在、无处不在。人们常说：百年寿限不准有，百年计划不可无；吃不穷，穿不穷，不会打算一世穷；闲时无计划，忙时多费力。因而，小到我们每一个人每日的学习、活动、工作流程，大到治理国家的发展规划，都需要计划，具有普遍性。

4. 效率性

计划使人们的行为不断趋向目标，倘若没有计划，一切行动都是毫无目的的盲动。通过计划，保障组织内每个个体、每个环节工作围绕目标，做正确的事情、正确地做事情，保证效率。

5. 前瞻性

计划就是为实现幼儿园工作任务和目标，而对园所工作的内容、规划、步骤、方式方法以及资源配置等方面所做的通盘安排和谋划。它既要分析当前的现有条件，更要确认未来要解决的问题。计划就是要未雨绸缪，在现状与所要达到的未来目标间架设桥梁，前瞻性地把握组织发展的方向。

诸葛亮的"隆中策"是我国最早的成功计划的案例之一。这个"策"即充分体现了计划的前瞻性。诸葛亮所做"隆中策"并非主观臆断，而是在调查研究，准确、及时、充分地掌握信息，能够知天下事、知天下人的基础上，才能作出前瞻判断和预测。

隆中策

隆中策的第一步是确定组织目标：兴汉室，图中原，统一天下。

隆中策的第二步是制定分步实施方案，即确定分步计划的阶段目标：第一，先取荆州为家，形成"三分天下"之势；第二，再取西川建立基业，壮大实力，以成鼎足之状；第三，"待天下有变，则命一上将将荆州之兵以向宛、洛，将军身率益州之众以出秦川"，"大业可成，汉室可兴矣"。

隆中策的第三步是确定实现目标的指导方针："北让曹操占天时，南让孙权占地利，将军可占人和。"内修政理，外结孙权，西和诸戎，南抚彝、越，等待良机。并进一步对敌、我、友、天、地、人做了极为细致透彻的分析，论证了为什么应当有这样的指导方针。

(三)计划在幼儿园的作用

幼儿园作为一个教育机构，其典型特征就是有目的、有计划、有组织。因此，计划在幼儿园保教活动中的作用体现在方方面面。

1. 有利于实现幼儿园组织目标。

2. 有利于合理利用幼儿园各项资源。包括教职员工、家长、社会各方面的资源。

3. 有利于管理、协调、控制幼儿园保教工作。比如制定一日保教工作流程。

4. 有利于提高幼儿园保教质量。达成预定的教育目标，实现教育任务。

二、计划的内容

一般来说，计划的内容涵盖"5W1H"，具体指 What，Why，When，Where，Who，How。即做什么、为什么做、什么时候做、在哪里做、谁来做、如何做。

1. 做什么？

"做什么"就是要明确园所计划的任务和要求，明确每一阶段和步骤的中心任务、工作重点。幼儿园保教活动千头万绪，任何一个教育活动都需要精心计划，明确做什么，确立工作重点和中心任务。

2. 为什么做？

"为什么做"就是要明确园所计划的目标、宗旨、战略。教育教学活动是一种有目的、有计划、有组织的育人活动，计划的目标、宗旨、意图越清楚，保教人员领会越深刻，主动意识与创新意识才会越强烈，越有利于提高工作效率。

3. 何时做？

"何时做"就是要规定园所计划中各项工作的时间、进程安排，以便对过程进行有效的控制，对园内各种资源进行总体平衡。尤其是幼儿园的保教工作，其阶段性非常突出，必须要明确幼儿园年度工作计划、学期工作计划、月计划、周计划、日计划等。

4. 在哪里做？

"在哪里做"就是要规定园所计划中各项工作的实施地点或场所，以便周密考虑计划实施的环境条件和制约因素。幼儿园保教工作涉及家庭、社会和幼儿园方方面面，加之幼儿身心发展的不成熟性，制定计划需周全考虑实施场所和限制条件。

5. 谁去做？

"谁去做"就是要将园所计划中含有的各项工作落实到部门和具体的个人，规定由哪个部门负责执行、监督，明确不同层级管理人员的工作职责，如果需要家长配合，也需明确责任。

6. 怎么做？

"怎么做"就是要提出实现园所目标的途径、方法、措施，规定相应的政策、规章制度、标准、考核和控制的指标，合理配置资源，保证各项工作互相协调、互相配合，均按要求到位，以保障组织目标的实现。

按照上述计划的内容，结合幼儿园实际，就可以做出各类幼儿园工作计划。

三、计划的种类

学前教育机构工作计划种类较多，可以按照不同的角度进行分类，不同的分类方法有助于我们全面地了解计划的各个种类。在实践中，由于某些管理者认识不到计划的多样性，因而在编制计划过程中常常忽视某些重要的内容，从而降低了计划的有效性。

(一)根据指导的范围，幼儿园计划分为园务工作计划、部门与班级工作计划、个人工作计划

1. 园务工作计划

园务工作计划是园长在每学年或学期开始前，对整个园所工作所要达到的目标、工作重点、工作要求的统筹规划，对全园各部门、各班级工作起到指导作用。

园务计划的内容包括：(1)园所基本情况分析；(2)本阶段工作总目标和任务；(3)各方面工作的具体要求和措施，也即幼儿园常规工作的要求和措施，包括卫生保健、教育教学、总务后勤、保教人员培训、家长工作、教改科研等；(4)工作日程安排或逐月重大工作项目安排。

幼儿园园务工作计划的格式呈现如表1-1所示：

表1-1 ××幼儿园××学年××学期园务计划　　　　　　时间：

学期总目标	工作类别	各项工作分目标	工作措施	完成日期	负责人
×　×　× ×　×　×	卫生保健				
	教育教学				
	总务后勤				
	人员培训				
	家长工作				
	教改科研				
	……				

2. 部门与班级工作计划

部门与班级工作计划由部门或班级负责人主持制定，针对本部门或班级某阶段内工作目标、工作内容、工作措施作出比较详细的规划和安排。部门或班级计划要围绕园务工作计划提出的工作目标和任务而展开，是对园务计划目标的分解和具体化，对各部门工作甚至各个岗位工作作出较为详细的安排。

3. 个人工作计划

个人工作计划是幼儿园教职工根据幼儿园的整体规划和部门、班级计划，针对自己的工作岗位职责，为实现组织的工作目标而制定的某阶段内个人的详细工作安排。

（二）根据计划的时间，幼儿园计划可分为发展规划、学年计划、学期计划、月计划、周计划、日计划

按计划的期限或时间，可以将计划划分为短期计划、中期计划和长期计划。

长期计划通常是对学前教育机构在较长时期内的发展方向和方针绘制长期发展蓝图。中期计划通常是对长远规划和目标的分阶段目标设想。短期计划通常具体规定了部门在目前到未来各个较短时期阶段，特别是最近时段内，应从事何种活动，从事该活动应达到何种要求，为组织成员在近期内行动提供依据。下面对各种计划进行分析。

1. 发展规划

发展规划属于幼儿园长期计划，是对园所工作的一种长远设想，一般是确定幼儿园3~5 年以上的发展规划。

2. 学年计划

学年计划是以学年为时间单位而制订的工作计划，属于中期计划，是长期计划的具体体现。班级负责人在制定本班级学年计划时要充分考虑不同年龄班级幼儿发展特点，明确关键的发展任务。

3. 学期计划

学期计划是学年计划的具体化，学期计划以及更加细化的月计划、周计划等都属于短期计划，强调具体的运营和操作。在制定学期计划时，一方面要依据学年发展目标，另一方面要考虑季节特点、幼儿园阶段性工作重点等安排幼儿园具体活动。

4. 月计划

月计划是以学期计划所制定的工作目标为准绳，在每月加以落实。制定月计划时要突出每月工作重点。

5. 周计划

周计划的制订将围绕月计划的工作重点加以展开。周计划是幼儿园教师最常制定的计划种类之一，也是体现幼儿园课程结构和特色的窗口。因周计划的内容需要体现幼儿园的课程、一日活动安排、保教活动等，所以不同幼儿园，比如实施主题课程的幼儿园与实施五大领域活动的幼儿园，在周计划的制订过程中，差异比较显著。

我们以某幼儿园小班周计划(见表 1-2)为例来看周计划的格式。从这份周计划上，我们可以看到幼儿园一周班级活动主题、活动安排、一日活动结构、家长工作等。

表 1-2 某幼儿园周计划活动安排表

班级：小班　　　　　　　　　周次：第 15 周(　月　日— 　月　日)

本周主题			小朋友的节日			
星　　期		一	二	三	四	五
上午活动	晨间锻炼	羊角球、平衡木、纸球	侧滚翻(垫子和拱门、平衡木)	扔飞碟、甩尾巴、夹球跳	大型滑滑梯	走平衡、开飞机、滚大球
	晨间谈话	快要过节了，我们如何来庆祝	常规教育	"六一"是谁的节日	我最棒	自己的事情自己做
	教学活动	谈话活动：小朋友的节日	美术活动：节日的布置	歌曲活动："六一"儿童节	数学活动：小熊看戏	体育活动：好玩的皮球
	区域活动 内容	生活区：用线绕奶瓶　　美工区：做彩条　　建构区：搭公园 益智区：熟悉 5 以内数的点数				
	区域活动 准备	各种颜色的毛线，彩色的条纹纸，各种玩具，幼儿画册				
	区域活动 指导重点	学习有规律的绕毛线；用剪刀沿线条慢慢地剪开；按数取物				
下午活动	户外体育活动	游戏：小蜗牛	捡纸团	滚球钻山洞	游戏：丢手绢	小兔跳彩圈
	游戏活动	数学游戏：比长短	智力游戏：比眼力	数学游戏：拼图	自由绘画	本周小结
生活活动	让幼儿学习整理自己衣物。	周观察重点	注意观察幼儿的卫生习惯。帮助幼儿纠正不良的行为习惯。		家长工作	请家长共同布置我们的教室，提前庆祝六一。

6. 日计划

日计划着重从科学安排幼儿园一日生活作息的角度，将周计划的活动加以落实。我们以某幼儿园大班日计划(见表 1-3)为例，可以看出日计划反映出幼儿园的作息时间、活动内容、组织形式、要求等，对一日活动安排有明确的指导。

表1-3　某幼儿园大班日计划安排表

作息时间	活动内容	组织形式	操作提示
7:30~9:00	来园接待 运动	预设与生成 个别、小组 或集体 混班、混龄	1. 热情迎接幼儿，接待家长。 2. 通过观察与询问，了解幼儿身体状况及情绪状态，加强对患病儿和体弱儿的关注。 3. 在预设的体育活动中，集体与分散应交替进行。 4. 教师给予幼儿充分地选择运动器具、玩具的自由，鼓励幼儿创造性的玩法。 5. 在运动前、中、后，指导幼儿及时穿脱衣服，提醒适量喝水，帮助擦汗等。 6. 每周五为户外区域大活动。
9:00~10:00	生活(盥洗与点心) 游戏(区角游戏)/各室	预设与生成 分组与个别	1. 为幼儿创设开放性的活动空间，满足幼儿游戏的需要。 2. 幼儿自主选择活动内容，教师以观察为主，根据幼儿需要及时调整活动材料。 3. 幼儿吃点心前的准备：如厕、用肥皂洗手。 4. 幼儿有序、自助地去生活区吃点心。
10:00~10:35	学习活动	以预设为主 分组或集体	1. 依据学期、周计划和幼儿的兴趣需要预设主题。 2. 尽可能将教师预设的活动和幼儿生成的活动有机结合。 3. 尊重幼儿的个体差异，强调个别探索、小组合作的学习形式。 4. 帮助幼儿用感知、实践、交流等方式进行综合学习，积累感性经验。
10:35~11:00	自由活动	生成为主 个别、小组	1. 让幼儿轻松、自然地进入活动。 2. 给幼儿自主选择的机会，适当与儿童文学结合，培养幼儿的阅读兴趣。 3. 鼓励幼儿大胆表达自己的想法。
11:00~12:00	生活活动 (盥洗、午餐 散步、安静游 戏等)	预设与生成 集体与个别	1. 提醒幼儿正确洗手的方法，做好餐前准备。 2. 营造宽松、温馨的氛围，帮助幼儿养成良好的进餐习惯。 3. 关注患病、体弱等特殊幼儿的进餐情况。 4. 午餐后，组织幼儿到户外散步。 5. 散步时，在幼儿轻松、自由的氛围中，捕捉有价值的信息。 6. 雨天时，可开展安静的自由活动，忌剧烈运动和大声喊叫。

续表

作息时间	活动内容	组织形式	操作提示
12:00~14:40	生活活动 （午睡、起床整理、盥洗与吃点心）	预设与生成 集体与个别	1. 创设家庭式温馨的环境，让幼儿安静入睡。 2. 午睡前后，培养幼儿的生活自理能力。 3. 关注患病、体弱等特殊幼儿的睡眠情况。 4. 培养幼儿各项生活自理能力。 5. 帮助幼儿养成良好的如厕与洗手习惯。 6. 为幼儿提供适宜的环境与适时的帮助。
14:40~15:30	区角活动/学习活动	预设与生成 分组或个别	1. 依据幼儿兴趣及预设主题活动延伸需要创设的区域环境。 2. 尽可能将教师预设的活动和幼儿生成的活动有机结合。 3. 强调个别探索、小组合作的学习形式，及时丰富与调整材料投入。 4. 注重观察，记录幼儿活动内容、状态和行为，以便分析研究，为预设性活动积累素材，为支持幼儿的自发生成活动提供依据。
15:30~16:00	户外活动 （体育游戏、散步等）	预设与生成 个别、小组或集体	1. 组织幼儿进行传统体育游戏活动，注意动静交替。 2. 留意观察幼儿超越自身能力的活动和行为，及时帮助幼儿调节与控制。 3. 根据天气变化，适当组织幼儿散步与安静游戏，避免活动过量。
16:00~16:10	离园准备 （谈话与整理）	以预设为主 分组或集体	1. 创设轻松愉悦的氛围，引导幼儿整理自己须带回家的物品并帮助幼儿整理着装。 2. 在谈话活动中，引导幼儿自由交流，给予正面的评价和鼓励。 3. 在与家长交流沟通的同时，关注活动室内外幼儿的安全。

7. 教育活动计划

教育活动计划是教师组织某一教育活动所设计的具体方案，包括领域活动、游戏活动等，它是最为具体的教育计划，也是一线教师最常设计和制订的计划，从而有效落实日计划中的各项活动。

上述计划制定是以时间为维度，目标逐步分解、具体化和层层落实的过程。

长期发展规划和中期的学年计划指向未来的发展方向，是学期计划、月计划、周计划等短期计划制定的依据，短期计划则是中、长期计划的具体化。中长期计划因其不可预测、不可控因素较多，不便于落实，需要通过目标的分解，将长远目标转化为短期、可控的目标，实现所规划的任务。在园所管理过程中，应将几种计划结合起来，从长远着眼，从近处着手；大处着眼、小处着手，逐步分解组织愿景，将远大的目标落到实处。

（三）根据具体内容，幼儿园计划可分为常规活动计划和专题活动计划

1. 常规活动计划

幼儿园许多工作是常规性的，这些工作计划包括集体教学活动计划、游戏活动计划、区域活动计划、主题活动计划、总务工作计划、卫生保健工作计划等。通常是周而复始的，每年都要落实和贯彻的工作。尽管以上工作内容每年要求都不尽相同，每年都有一定的创新之处，但一般来说整个学期内的工作流程大体相同。

2. 专题活动计划

幼儿园专题活动计划指向的是解决某类问题，包括节庆活动计划、家长工作计划、培训计划、科研计划、特殊儿童矫正计划、招生计划等。专题活动计划既可以单独拟订，也可以对常规计划进行补充，将特殊安排纳入常规工作计划之中。

（四）根据工作职能，幼儿园计划可分为业务计划、财物计划和人事计划

1. 业务计划

业务计划主要包括保育工作安排、课程教学任务安排、膳食卫生工作安排、园务活动安排等保教工作内容。

2. 财物计划与人事计划

财物计划与人事计划则是为业务计划服务的，是围绕业务计划而展开的。财务计划研究如何从资本提供和利用上促进业务活动的有效进行，如建立新的融资渠道或采用新的融资方式，促进整个机构的扩大发展；人事计划研究如何为业务规模维持或扩展提供人力资源保障，如为保证组织发展提高教职工素质，准备必要的干部力量或组织人事培训等。

第二节　幼儿园计划编制与实施

一、幼儿园工作计划的编制

计划的拟订、编制是一个过程，为了保证计划的合理性，确保组织决策的落实，计划编制过程中应采用科学的方法。

虽然计划有多种类型，形式也多种多样，但管理人员在编制计划时，实质上都遵循相似的逻辑和步骤。

（一）制定计划的依据

1. 全面系统考虑社会因素

社会政治、经济、科技、文化及教育的变革都会对学前教育提出严峻的挑战，也为学前教育带来发展机遇，需要幼儿园管理者将幼儿园放在社会的大环境中去思考其生存和发展，从幼儿园可持续发展的战略高度制定幼儿园的发展规划和工作计划。

我们可以借鉴 PEST 分析模型，把握影响幼儿园发展的外部环境因素。

PEST 分析法是外部环境战略分析的基本工具，即通过政治（Politics）、经济（Economy）、社会（Society）和技术（Technology）这四个方面的因素分析，总体上把握宏观环境，并评价这些因素对组织目标和战略制定的影响。

（1）政治/法律的（Political）：指政府稳定性、政府对教育的重视程度、教育政策、法规等对幼儿园的影响；

（2）经济的（Economic）：指 GDP 趋势、可支配收入、货币供给、失业率、办园成本等对幼儿园的影响；

（3）社会的（Social）：指人口统计、收入分配、生活方式演变、工作期望水平、教育水平、消费者态度等对幼儿园的影响；

（4）技术的（Technological）：指政府对研究的投入、政府对技术的重视、新技术开发、知识产权与保护等对幼儿园的影响。

幼儿园作为一个行业组织，其在制定计划时，也需宏观了解社会的政治、经济、文化、科技、人口变迁等方面的变化，确立幼儿园总体规划和未来发展方向。比如当下互联网时代、三孩政策的实施、农村城镇化进程的发展等，对学前教育的发展都有很大影响。

幼儿园还需了解上级的教育政策与法律法规，这是制定幼儿园工作计划方案的主要依据。目前，幼儿园管理者就应熟知《中共中央国务院关于学前教育深化改革规范发展的若干意见》《幼儿园保育教育质量评估指南》《3—6 岁儿童学习与发展指南》《"十四五"学前教育发展提升行动计划》《幼儿园工作规程》等政策与纲领性文件，以确保园所管理及办园的正确方向。

2. 以一定的理论为指导

幼儿园管理需要遵循辩证唯物主义认识论和方法论、管理科学、教育理论、儿童发展理论等，提升计划的前瞻性、科学性和专业性。

3. 从本园发展实际出发

幼儿园工作目标、措施的制定以及方案的设计都需从幼儿园实际情况出发，充分考虑幼儿园原有工作基础，地域状况，幼儿园的人力、物力、财力等实际条件，提出可操作性的措施，才能保证工作目标的落实。

(二)计划编制的步骤

1. 估量机会

对机会的估量要在实际的计划工作开始前就着手进行,它虽不是计划的组成部分,但却是计划工作的真正起点。在该阶段,需要对未来可能出现的变化和机会进行初步分析;看清楚自己的优劣势,了解自己利用机会的能力;分析不确定因素可能的影响;勾勒出未来发展图景。

2. 确定目标

确定目标是管理决策工作的主要任务。目标是一个组织、群体或个体在一定时期内进行各种活动所追求的最终目的、预期结果,所要达到的标准、规格或状态。目标是期望的成果,为学前教育机构和各部门成员指明了方向,描绘了未来发展蓝图,也可以作为评量实际工作绩效的标准。因此在评估机会的基础上,应首先确立学前教育机构整体目标。在这个环节,要明晰目标,并制定相关战略、政策、规程、程序、预算任务等,指出工作重点。

幼儿园的目标是一个多层次的体系,从宏观到具体,就像宝塔一样,所以叫作目标塔(如图 1-1 所示)。

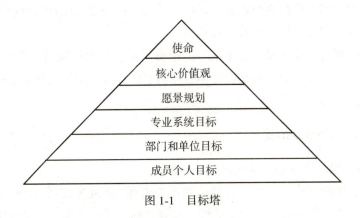

图 1-1　目标塔

3. 确定前提条件

前提条件是有关实现计划的假设条件。确定前提条件的重要性在于,不仅可以使计划工作更有效,而且在于,教职员工越是充分理解和同意该计划实现的前提条件,则计划工作就越发协调。

4. 拟订可供选择的方案

一个行动方案,通常是用文字或图表表达出的计划书,是目标、策略、程序、措施、资源等要素的综合体。该环节工作需要发挥管理者的创造性,既能大胆设想,又能细致推敲,使方案尽可能严密、可行。拟定备选方案应考虑到:方案与幼儿园目标的相关程度、可预测到的投入与效益之比、教职员工的接受程度、家长的接受程度、时间因素等。

5. 评价和选择各种备选方案

评价实质上是一种价值判断，它是在前提和目标的基础上，权衡各种因素，比较各个方案利弊，对方案进行的分析、判断过程。选择则是在评价基础上的抉择，对备选方案的比较和选定实际上就是一个方案决策的过程，即管理者对将要采取的行动进行思考和作出决断的过程。著名管理学家西蒙认为"管理就是决策"，可见决策是计划工作的核心部分。从幼儿园管理实际看，办园资源的有限性与提高办园质量与管理效益之间始终是一对矛盾，那么，如何将有限的办园资源发挥最好的效益，达到令人满意的结果，是决策和"拍板"的基本准则，需要管理者充分的调查分析，发挥管理者的明智决策力。

6. 制订辅助计划

辅助计划是总计划下的分计划，目的是支持和保证决策方案的全面落实。如在学前教育机构改革发展整体方案下，进一步制订其师资队伍建设计划、教育教学改革计划、家长工作计划等。

7. 编制预算

在确定好计划后，应把计划转变为预算。这样一方面可以使计划指标更明晰，另一方面也更易于对计划的执行进行控制。定性的计划，往往在可比性、可控性和奖惩方面较为困难，而定量的计划通常更具有约束力。

上述就是计划过程所遵循的一个基本的逻辑。不管是大的项目，还是很小的工作，一般来说，只要是制订计划，通常会遵循这样的逻辑步骤。了解计划的步骤，有助于我们掌握计划职能内容的构成。

(三)编制幼儿园计划的要求

1. 计划要体现适宜性和挑战性相结合的原则

制订计划首要的是确定目标。目标的确定要遵循"最近发展区"的理论，既要基于现实，体现适宜性，更要有一定的挑战性，起到目标的导向作用、激励作用。

2. 计划要体现整合性和平衡性相结合的原则

计划是对今后工作进行的一种规划，必须简洁高效。制订者要理清思路，对做什么，为什么做，该怎么做，谁来做等问题有基本的把握，并便于督促检查或交流借鉴，对于一些有交叉、重复的计划，可以加以整合，克服形式主义、教条主义，不能为计划而计划，简单堆砌，或模仿抄袭他园或他人的计划，失去了制订计划的意义。

3. 计划制订要体现针对性和层次性相结合的原则

幼儿园计划包括不同种类和层次，由不同人负责制订和执行，但不管是哪一类计划，都应具体可操作，能够帮助执行者在计划的指引下，有目的有步骤地实施。如园务计划中，家长工作方面，确立了"提高家长科学育儿的能力"的活动目标，其措施可以包括发放宣传资料、进行《3—6岁儿童学习与发展指南》专题讲座、组织幼儿园半日活动观摩、开展家长沙龙等；而班级工作计划中，家长工作的内容和措施应该更结合本班家长诉求，更加具体可操作、有针对性。

4. 计划要体现稳定性和灵活性相结合的原则

不管是中长期计划，还是短期计划，均不能朝令夕改，让人摸不着头脑，失去计划的效能，应该保持一定的稳定性。但已制订好的计划在执行过程中也具有一定的灵活性。当原有的条件不能保障计划的顺利完成，或者原有目标制定得不尽完善时，都可以修订已有的计划。

二、幼儿园计划实施过程中的管理

衡量幼儿园工作不能仅看计划的制订，还要考察其计划的实施情况，幼儿园计划实施的环节包括执行、检查和总结。这三个环节，尤其是计划的执行是实现目标的关键。

（一）计划的执行

"执行"可能是中国最常用的管理词汇之一，政府官员、社会组织领导者、企业家、经理人等在谈到战略规划和计划实施时，总是再三强调"执行"。执行之所以重要，在于它是连接目标和结果间的桥梁，是贯穿整个管理周期全过程的中心环节。所谓"知易行难"，一个再好的计划，没有实施、没有行动也只是纸上谈兵。对于学前教育机构管理同样如此，因而要加强计划实施过程中的管理，确保机构整体目标的达成。执行的依据来自计划，计划的执行确保行动方案落到实处，通过执行而显现出工作成果。

在执行阶段，学前教育机构管理者需要做好如下工作：组织、协调和控制，以及指导、激励和教育工作。

1. 组织、协调和控制

（1）组织指健全组织机构和工作规范，明确组织内人员的职、责、权关系，按照计划所确定的职责分工，部署工作进程，采取有力措施，使计划得以有序分层、保质保量落实到部门和具体的个人。

任何计划，没有合理有效的组织机构和工作规范作保障，就不可能得到圆满落实。因此，管理者在执行环节，应明确分工部署，并采取有力措施，使计划按时、按层次、切实落实到各部门和各成员身上，使工作事事有人做，人人有事做。同时，在计划执行中，要求成员要按照工作规程、行为准则约束自己的行动，保证计划顺利实施。

（2）协调包括两方面：资源的科学合理分配以及人员关系的协同。负责人应按照计划提出的任务目标，将人、财、物及其他管理资源进行合理分配和妥善安排，做到人尽其才、物尽其用。要对各项工作及人员的活动进行调节，使之步调一致、互相促进、互相配合，将内耗降到最低程度，使有限的资源创造出更高的价值。如某学前教育机构因地制宜，利用乡土资源，开发户外游戏场地，从儿童原有生活和经验出发，既节约了资金，又彰显了特色；反之，还有某幼儿园为了追求"排场"和"奢华"，花几十万修建一个大门，造成教育资源的浪费，很不值得。

计划虽然对各项工作都进行了详细安排，但由于各个部门、人员任务、利益、环境、以及能力、性格等不同，在落实计划的过程中可能会出现冲突和矛盾，这就会降低工作效率，甚至阻碍机构整体目标的实现。因此，管理者还要在执行过程中，关注协调问题，减少矛盾、化解冲突、降低内耗、提升管理绩效，更好地实现组织机构整体目标。

（3）控制就是使幼儿园各项工作围绕目标运转的基本管理活动，确保计划的有效性。在执行计划的过程中，由于多种因素的影响会使计划执行出现偏差，控制就要依据所制定的工作目标或指标体系，对多个部门、各类人员的工作及其效果进行检查评定，判断其是否符合要求，衡量执行效果，采取措施纠偏。

2. 指导、激励和教育

通过指导，可以使执行者进一步明确任务目标，不断改进工作方法，保证计划的顺利实行。指导可以和激励、教育相结合，从而调动全体员工的积极性，增强员工的责任感。

（1）建立激励机制。激励是管理的重要机制，应贯穿于管理全过程之中，尤其在执行环节。激励机制可以激发教职员工工作的主动性、积极性和创造性，可以促使计划工作高效完成。因此，作为管理者，应根据组织和成员的特点，加强对激励机制建立和运作的研究，采取适合的激励方法，以此来培养和谐的人际关系，调动员工积极性。在本环节中特别要注意激励的公平性、层次性，坚持物质激励和精神激励相统一，自我激励和组织激励相统一。

（2）加强教育指导。由于计划的制订通常带有一定前瞻性，所以计划在执行过程中难免出现不同程度的困难，如教职员工经常会出现畏难情绪，逃避工作、患得患失。如果不进行必要的教育指导，就会严重影响工作任务的完成。即使教职员工没有出现上述情况，但如果不组织常规教育，其工作热情不会持久。因此，管理者应及时、经常开展教育指导工作，鼓舞员工士气、提高工作热情、改进工作方法、强化责任意识，保证计划的顺利实行。

（二）对计划执行的检查

检查在管理过程中起着承上启下的作用，是计划执行阶段的必然延伸，更是总结阶段的前提和依据。通过检查可以掌握工作进展情况，及时发现问题、解决问题、推广经验，保障各项工作顺利进行。因此，在管理过程中，不可忽视检查环节，因为其对于检验决策、获取反馈，从而调整计划、指导日后工作具有举足轻重的作用，更可以督促教职员工的工作，提升其责任感，促进组织目标的达成。

1. 检查的类型

检查按照不同的标准可以划分为不同的类型。

(1)按照时间来划分，有不定期检查和定期检查。不定期检查指在平日计划实行阶段内进行的随时检查，具有及时、灵活的特点，有助于及时发现问题、解决问题。定期检查指阶段性的集中检查，如期初、期中、期末检查等。学前教育机构工作具有阶段性，因此这类检查方式可以较系统地对计划执行阶段的工作进程和工作质量进行分析，为后期工作开展提供指导。

(2)按照检查内容划分，有全面检查和专题检查。全面检查是一种常规性检查方式，有益于全方位掌握计划落实情况；专题检查是针对工作中的某个方面进行的检查，可以较为细致地了解某个突出的重点问题。

(3)按照执行主体划分，有领导检查、员工互查和自我检查。在当前学前教育机构管理中，后两种检查方式越来越受到重视，它们和自上而下的管理结合，可以起到自我调控和自我管理的作用。

学前教育机构管理者应根据工作实际需要采取相适应的检查方法，或多种检查类型综合运用，多方面了解情况，掌握大局，对执行过程进行全面而有效的管理。

2. 有效检查的注意事项

(1)明确检查目的。管理者应意识到检查本身不是目的，而是一种管理手段，目的在于指导促进工作，及早发现偏差，采取措施予以纠正，保证计划目标的实现，而不是通过检查对教职工进行管、卡、压。同时，还应帮助指导教职工正确地对待检查，形成一种对检查的共识，让教职员工认识到检查的目的。只有当机构中每个成员都看到检查的必要性与合理性，把检查当作获取信息、改进工作、完善自我的重要手段时，检查才可能有效开展下去。

(2)确立合理的检查标准。检查要以目标为依据，以计划规定的要求为标准和尺度，有目的、有计划、有步骤地进行。特别要防止标准的主观化，否则检查标准不统一，难以协调教职员工的思想和行为，从而造成工作步调上的混乱。当然在确立检查标准时，应注意其系统性和可操作性，既要全面监督计划的落实，又要使检查可以落到实处。

(3)检查形式多样化。管理者在进行检查计划落实的过程中，应综合运用多种检查形式，获得准确、可靠、全面的信息。信息必须反映当前的情况，及时有效。管理者可以通过实地观察、听取汇报、查阅工作记录、笔记等资料，获取足够的信息。同时，检查的形式应多样化。比如定期检查与经常性检查、全面检查与单项或专题检查、领导检查、群众检查和自我检查等。管理者可以根据工作的实际需要，采取多种检查方式，多方面了解情况，掌握全局。

(4)结果与过程并重。检查既要注重结果，又要重视工作过程，将二者结合起来加以考察分析。只检查结果，并以此作为评定计划落实或工作绩效高低的依据，并不能深入了解内在问题，因此还需要检查工作过程，这样更有利于调动教职员工的积极性，也更加有利于计划的有效落实。

(5)检查与指导相结合。检查工作不仅仅在于评定等级、甄别优劣，更重要的是发现问题、总结经验，并通过指导工作，推动工作的顺利落实。常用的指导方式有：面向全面的指导性报告；树立榜样，总结经验；因人而异，具体指导。

针对检查过程中发现的共性的、普遍性的问题，可以召开会议，对问题进行讨论和分析，并提出改进方案和指导性建议。若在检查工作中发现一些工作的亮点，应及时总结经验并树立榜样，给教职员工的工作指明方向。如某幼儿园在检查保育员工作时，发现有一位保育员不仅保育工作完成得出色，而且能把日常生活中的细节融于教育之中，保教结合得很恰当。于是幼儿园及时组织全体保育员观摩其典型工作环节。通过观摩和集体学习，全体保育员明确了其工作职责，全园保教工作的质量也有所提高。

管理者针对个别教职员工的工作情况和实际问题，给予有针对性的具体指导。如某幼儿园在检查实习生工作时，发现有个别班实习生缺勤现象比较严重，那么该园管理者应及时和实习生所属学校进行联络，并通过切实改善实习生生活环境和进行思想疏导工作，减轻其思想包袱，使其积极投入到实习工作中去，较好地完成实习任务。

(三)对计划执行的总结

总结是管理过程中的最后一个环节，是对工作的全面回顾，即对计划、执行和检查作出总结与分析，并对工作的过程及其结果作出质和量的评价。总结的目的在于分析工作的经验和教训，探索工作规律，为下一周期的管理过程提供有价值的信息资源，因而起着承上启下、积累经验、增强工作的预见性与自觉性、促进管理水平提高的作用。

1. 总结的类型

总结的形式多种多样。从内容方面，总结可以划分为全面工作总结与单项或专题工作总结；从部门方面，可以划分为全园总结、部门总结、班组总结和个人总结；从时间方面，有中长期计划总结、短期计划总结，中长期计划总结一般为三年工作总结、年度总结，短期计划总结则有季度、月总结等。

通常总结和计划相对应，有计划则应和总结相呼应，幼儿园工作应通过适时进行周期性计划和总结，推动管理过程不断运转，促进幼儿园管理科学化。

2. 总结的注意事项

(1)以计划为依据。总结应以目标、计划为依据，对照工作结果，在掌握充分的事实材料和数据的基础上进行全面系统的总结，判定工作成绩与不足，总结经验和教训，做到客观公正。根据计划的目标进行总结，对已完成的工作和成绩，予以肯定，以此鼓舞教职员工士气；对尚未落实的工作，应进行原因分析，以便确立新的工作对策。总结要以计划为依据，主要是为了保证其不偏离学前教育机构总目标，避免浮夸风气和弄虚作假的不正之风。

(2)以教职员工为主体。总结并非学前教育机构管理者的独角戏，而应动员全体教职员工参与总结工作之中。通过总结，教职员工可了解计划执行的整个情况，看到取得的成绩和存在的问题；结合总结，可以开展评比活动，交流经验，树立榜样，从而使教职员工能积极反思其工作，进一步调动各方面的积极性，以利再战，最终促进机构整体管理绩效的达成。

(3)以检查为基础。总结工作应当以检查环节所获得的信息为基础，向教职员工发布相关信息。这样就可以避免遗漏一些重要问题，使总结脱离"假、大、空"的教条，从而使优良经验得以延续，教训得以吸取。

(4)以研讨为重点。以往管理中，通常认为总结就是吸取经验教训，其实这在实际工作中是远远不够的。只有对已出现的问题或可能出现的问题进行深入分析和研讨，由教职员工通过自己的研究提出可行性措施，才能有效防范问题的发生。因此，管理者要加强研讨的力度，形成研究的氛围，调动教职员工集体的智慧和力量，才能使总结工作真正促进组织工作绩效的提升。

(5)以探寻规律为目的。总结需要对过去的成绩和问题进行评价，但这不是其最终目的。幼儿园管理者应将总结工作视为探索规律和提高自身管理水平的过程。因此，总结时，应注意研究工作中的经验和教训，分析查找原因，将管理实践中获得的感性认识上升到理性认识，将实践中证实的规律性经验充实完善到常规管理工作中，使之制度化、规范化，促进质量不断提高。特别要纠正总结工作中记流水账、单纯罗列，只是以收到总结文稿为目的的现象，要注意引导教职员工从成绩和问题中寻找规律，并用规律性认识指导今后的工作，为下一阶段工作指明方向。

第三节　幼儿园的战略规划

美国著名管理学家乔尔·罗斯说："没有战略的企业，就像一艘没有舵的船一样，只会在原地打转，又像个流浪汉一样无家可归。"幼儿园作为一个育人机构，也需要规划管理，否则，必然导致幼儿园管理的忙乱、盲目、盲从。

一、SWOT 分析法

(一)SWOT 分析的含义

SWOT 分析最早是由美国旧金山大学的管理学教授韦里克在 20 世纪 80 年代初提出来的。SWOT 分析即态势分析，就是将与研究对象密切相关的各种主要内部优势、劣势和外部的机会和威胁等，通过调查列举出来，并依照矩阵形式排列，然后用系统分析的思想，把各种因素相互匹配起来加以分析，从中得出一系列相应的结论，而结论通常带有一定的决策性。

SWOT 分析中的 S 代表 Strength（优势），W 代表 Weakness（弱势），O 代表 Opportunity（机会），T 代表 Threat（威胁）。我们可以用一个矩阵图来说明四者。其中，S 和 W 反映一个组织的内部环境，O 和 T 则反映的是组织的外部环境（如图 1-2 所示）。

内部环境

优势 Strengths	劣势 Weakness
机会 Opportunities	威胁 Threats

外部环境

图 1-2 　SWOT 分析矩阵示意图

SWOT 分析法是幼儿园战略规划可以使用的工具之一。它是可以用来确定幼儿园自身的竞争优势、竞争劣势、机会和威胁，从而将幼儿园的战略与其内部资源、外部环境有机地结合起来的一种科学的分析方法。

具体到幼儿园，优劣势分析主要着眼于幼儿园自身的实力及其与竞争对手的比较；机会和威胁分析将注意力放在外部环境的变化及对幼儿园的可能影响上。在分析时，应把所有的内部因素（即优劣势）和外部因素（机会和威胁）集中在一起，进行评估。

(二)SWOT 分析的步骤及策略选择

1. SWOT 分析的步骤

利用 SWOT 对组织机构进行分析，具体步骤见图 1-3，图 1-4。

星巴克是大家所熟知的美国一家连锁咖啡公司，咨询公司利用 SWOT 对其发展进行调查分析，形成如表 1-4 所示的 SWOT 矩阵：

分析环境因素	构造SWOT矩阵	制定行动计划
运用各种调查研究方法，分析组织所处的各种环境因素，即外部环境因素和内部能力因素。	将调查得出的各种因素根据轻重缓急或影响程度等排序，构造SWOT矩阵。	在完成环境因素分析和SWOT矩阵的构造后，便可以制定出相应的行动计划。

图1-3 SWOT分析步骤

表1-4 星巴克SWOT矩阵

优势(S)：星巴克公司是一个盈利能力很强的组织，通过提供声誉良好的产品和服务，已经成长为一个全球性的咖啡品牌，在40个主要国家已经有了大约9000个咖啡店，被评为《财富》最佳雇主100强公司之一。星巴克重视员工，被认为是一个值得尊敬的雇主，该组织具有很强的道德价值观念和道德使命，致力于做行业的佼佼者。	劣势(W)：随着时间的推移，星巴克创新仍有受到动摇的可能，对于美国市场的依存度过高，超过四分之三的咖啡店都开在国内市场。该组织依赖于一个主要的竞争优势，即零售咖啡，可能使它们在进入其他相关领域的时候行动缓慢。
机会(O)：星巴克非常善于利用机遇，在咖啡店里提供新的产品和服务，与惠普共同创建了CD刻录服务，顾客可以制作他们自己的音乐CD。星巴克有机会扩大其全球业务、新的咖啡市场，具有发展潜力。	威胁(T)：未来是否会出现新品种饮料或休闲活动从而取代咖啡？面对咖啡原料和乳制品成本上升的局面，许多竞争对手纷纷进入市场或复制品牌，从而构成潜在威胁。

（资料来源：https://wiki.mbalib.com/wiki/SWOT%E5%88%86%E6%9E%90%E6%A8%A1%E5%9E%8B）

2. SWOT分析之后的策略选择

通过上述SWOT分析步骤，罗列组织内部的优势和劣势，以及外部的机会和威胁，并将优势与劣势、机会与威胁相互组合，就可以形成SO、ST、WO和WT四种策略（如图1-4所

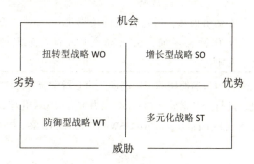

图1-4 SWOT分析战略图

示），管理者对 SO、ST、WO 和 WT 策略分别进行甄别和选择，可以帮助确定组织目前应采取的具体战略与方针。

（1）SO 策略，即利用优势，把握机会。外部有机会，内部有优势，就要充分发挥内部优势，抓住机遇。

（2）ST 策略，即利用优势，克服威胁。外部有威胁，内部有优势，所以要利用内部的优势回避或减轻外部威胁的影响，最终将威胁转化为机遇。

（3）WO 策略，即减少劣势，把握机会。存在一些外部机会，但有一些内部的劣势妨碍着它利用这些外部机会。因此，要利用外部资源来弥补内部劣势。

（4）WT 策略，即减少劣势，克服威胁。外部有威胁，内部有劣势。因此，要减少内部劣势的同时回避外部环境威胁，即不正面迎接威胁，最终置之死地而后生。

上述策略中，WT 对策是一种最为悲观的对策，是处在最困难的情况下不得不采取的对策，所采取的更多是防御型战略；WO 对策和 ST 对策是一种苦乐参半的对策，是处在一般情况下采取的对策，可以选择扭转型或多元化战略；而 SO 对策是一种最理想的对策，是处在最为顺畅的情况下十分乐于采取的对策，属于增长型战略。

某公司员工满意度SWOT分析及决策

	优势 S 认同并遵守公司制度，热爱学习，力求上进，员工心地无私	劣势 W 薪酬待遇在行业中偏低，加班较多，导致员工疲惫，企业文化建设薄弱
机会 O 组织结构正在调整，股份制改造和上市机会	SO 战略 成立人力资源部，强化人力资源管理，后备干部的选拔、培养	WO 战略 聘请管理顾问，大力推进企业文化建设，建立科学合理的绩效考核与薪酬制度
威胁 T 技术人才和熟练工流失，人员素质低	ST 战略 成立培训部，通过持续的培训提升员工素质，引入高素质人才	WT 战略 高薪挽留部分人才

改进措施：（1）改变公司目前使用的工资制度，建立科学合理的绩效考核与薪酬制度；（2）建立内部培训制度，进行全员素质教育；（3）大力推进组织文化建设。

（资料来源：https://wiki.mbalib.com/wiki/SWOT%E5%88%86%E6%9E%90%E6%A8%A1%E5%9E%8B）

二、幼儿园战略规划

(一)幼儿园战略规划的定义

幼儿园战略规划指通过幼儿园教职员工的共同努力，系统地分析幼儿园的原有基础及所处的环境，指向未来发展的愿景，确定幼儿园的发展方向和教育目标而作出的有关全局的筹划或谋略。

为深化学前教育改革，园长的首要任务就是要总揽全局、把握方向，与教职员工共同谋划幼儿园的发展战略。园长要与时俱进、求新求变，优化配置内外部各种资源与条件，带领教师谋求属于自己的一片蓝天，实现特色发展，打造一个高品质、高竞争力的幼儿园。

(二)幼儿园 SWOT 分析

幼儿园领导和教职员工应明确如何运用 SWOT 分析，对幼儿园进行战略规划，将幼儿园管理的优势 S、劣势 W、机会 O 与威胁 T 分别叙述，最后整理成幼儿园内外部资源 SWOT 分析表，从而作为幼儿园规划与决策的根据，能够充分发挥自身的优势，认识到自己的劣势与存在的威胁，抓住机会，使得幼儿园呈现出有计划、有方向、有目标的发展态势。

1. S(优势)分析

即分析幼儿园的优势有哪些。例如地理环境是否便利，师资配备是否优良，园本课程开发程度如何，办学声誉如何，社会认可程度如何。可以说，幼儿园的优势是幼儿园赖以生存的基础，也是幼儿园拥有竞争力的保障。

2. W(劣势)分析

即分析幼儿园管理存在哪些劣势。例如：收费较高、办园经验不足、政策法规陌生、师资流动较大、或是资金不足、课程"小学化"、幼儿园伙食有待改善、发展后劲不足等都是分析的要点。

3. O(机会)分析

即分析幼儿园发展的机会体现在哪里。例如学前教育政策的保障，家长经济能力的提高对优质教育的需求，三孩政策的实施显示幼儿园尚有较大发展空间等。

4. T(威胁)分析

即分析不利于幼儿园发展的因素。这个问题可能更多存在于民办园。比如编制、待遇问题造成教师流动较大，师资专业能力不足；同行竞争激烈，受生源问题困扰；办园理念受到社会、家长的影响较大等。

(三)幼儿园战略规划的策略选择

根据上述对幼儿园内外部资源与环境的 SWOT 的分析，园长及其团队再进行策略配对就分别得到 SO 策略、ST 策略、WO 策略与 WT 策略。

1. SO 策略，即利用优势，把握机会

具体策略有：将幼儿园自身的特色、品质通过当前学前教育政策的支持进一步优化与精进，或者通过"国培计划""省培计划"品牌基地提升办学声誉、促进园所幼儿教师专业发展；亦可通过与高校的深入合作，实现理论工作者与实践工作者的双向滋养等。

2. ST 策略，即利用优势，克服威胁

具体策略有：通过教育品质与社会声誉的提升，建立区域性幼儿资料库，稳定幼儿来源；追求特色，错位发展，加强园际沟通与交流，缓和同行业间不健康竞争等。

3. WO 策略，即减少劣势，把握机会

具体策略有：通过改善落实教师福利政策，依据法律切实承担在职教师的各项保险费用，解决教师的社会保障问题；打造园所文化，增强教师归属感，降低教师流动率；或可以改进教师在职进修计划，提升幼儿教师的专业素养，不断强化幼儿园的软实力等。

4. WT 策略，即减少劣势，克服威胁

具体策略有：通过强化教师招聘工作，甄选有潜力的优秀师资；定期举办家长会，加强社会对幼儿园文化、教育理念、课程与教学的了解，展示幼儿的发展与进步，降低幼儿的流失；加强与高校、其他园所的沟通，关注社会趋势，积极面对挑战等。

总之，随着时代的进步、信息社会的发展，幼儿园管理不能仅仅满足于当前取得的成就，园长既要有洞察分析现状的能力，更要从整体和长远的利益出发，关注外部环境、政策法规、人口经济、社会文化等影响，对于幼儿园的优势、劣势、机会与威胁有清晰的认识，用系统、发展的观点确定工作计划及目标，以保证教育决策的科学与高效。

 本章小结

计划职能之所以重要，在于计划具有目的性、纲领性、效率性、前瞻性和普遍性。幼儿园作为一个教育机构，其典型特征就是有目的、有计划、有组织，需把握好"5W1H"，以此制订计划内容。幼儿园计划从不同角度看有不同种类。计划编制再周密，若不能实施，则为纸上谈兵，所以，幼儿园在计划实施过程中需要把握计划的执行、检查和总结等环节。计划是管理过程的出发点，计划的制订包括以下工作内容：客观估量机会、客观分析前提条件、拟订可供选择方案、评价和选择适宜方案，制定辅助计划和做好预算等。执行是管理过程的关键环节，执行可以使工作目标落到实处，在该环节应注意组织、协调和激励、教育工作，切实保障计划的实现，并提升教职员工工作热情。检查在管理过程中起着承上启下的作用，在该环节要注意明确检查目的，确立合理的检查标准，检查形式要多样化，检查结果须与过程并重，检查与指导相结合。总结有提升组织绩效和管理者水平的积极作用，因此要注意以计划为依据、以教职工为主体、以检查为基础、以研讨为重点、以探寻规律为目的，防止片面歌功颂德，使总结环节失去其真正价值而流于形式。

　　SWOT 分析法是幼儿园战略规划可以使用的工具之一。可以帮助幼儿园确定自身的竞争优势、竞争劣势、机会和威胁，从而规划适宜的发展战略。

思考题

　　1. 什么是计划职能？计划有何属性？

　　2. 计划的种类有哪些？

　　3. 请举例说明计划执行阶段应注意哪些问题。

　　4. 请根据计划程序制订一份幼儿园学期工作计划。

　　5. 请任意选择一种幼儿园计划加以分析。

　　6. 对一所幼儿园进行调查分析，尝试运用 SWOT 对幼儿园进行战略规划分析。

推荐读物

　　1. 网络资源：中国大学 MOOC"幼儿园组织与管理"精品在线开放课程。

　　2. 文献资源：

　　(1)杜长娥，徐钧. 破解幼儿园园长的 50 个管理难题[M]. 北京：中国轻工业出版社，2019：3.

　　(2)苏婧，等. 为远航助力：园长政策把握及规划、计划制定能力的提升[M]. 北京：北京师范大学出版社，2017：4.

　　(3)刘凌. 深圳实验幼儿园 SWOT 分析报告[EB/OL]. http://blog.sina.com.cn/s/blog_b5184a890101dxaa.html.

　　(4)柳茹. 幼儿园园长工作指南[M]. 北京：北京师范大学出版社，2017：2.

　　(5)陈秋珠，余一夫. 基于 SWOT 模型的农村地区学前教育发展问题研究[J]. 陕西学前师范学院学报，2019，35(6)：13-20.

参考文献

　　1. 哈罗德·孔茨，海因茨·韦里克. 管理学(第九版)[M]. 郝国华，等，译. 北京：经济科学出版社，1993：66.

　　2. 杜燕红. 学前教育管理学[M]. 郑州：郑州大学出版社，2012：7.

第二章　组织职能

 本章提要

　　计划制定后，就需要通过分工与合作，实现资源最佳配置，组织职能就是通过建立、维护并不断改进组织结构以实现有效的分工、合作的过程。

　　幼儿园作为一种规范组织，其组织建设对于完成学前保教任务、提高工作绩效具有基础性意义。具体的教学要求有：

　　第一，了解幼儿园组织结构形态、设计幼儿园组织结构的依据和所遵循的原则。

　　第二，明确幼儿园组织文化的内涵、要素，理解怎么构建幼儿园组织文化？分析幼儿园组织文化的案例，理解幼儿园组织文化建设的意义。

　　第三，掌握幼儿园规章制度的类型，明确幼儿园规章制度制定和实施的原则。

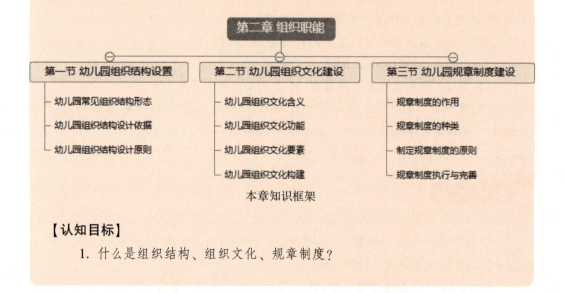

本章知识框架

【认知目标】

　　1. 什么是组织结构、组织文化、规章制度？

2. 设计幼儿园组织结构的原则是什么？

3. 幼儿园组织文化内涵及其建设要点是什么？

4. 幼儿园规章制度制定和实施的要求是什么？

【能力目标】

1. 分析幼儿园组织文化建设案例，说明幼儿园组织文化建设的意义。

2. 对于一个新的幼儿园，试分析在设计其结构形态时要考虑哪些要素？

3. 如何发挥规章制度在幼儿园发展中的作用？

【教学重难点】

1. 教学重点：(1)设计幼儿园组织结构形态的依据和原则

             (2)组织文化的内涵及建设

             (3)幼儿园规章制度制定和实施

2. 教学难点：组织文化的内涵及建设

【教学学时】

4 课时

第一节　幼儿园组织结构设置

组织职能就是通过建立、维护并不断改进组织结构以实现有效的分工、合作的过程。

在导论部分，我们讲过，"组织"是一种实体，其由人组成，有着共同目标与功能、有分工与协作、有不同层次的权利与责任制度。为确保这一集合体正常运行，就需要发挥组织职能作用，通过设计和维持组织内部的结构和相互之间的关系，使组织中的各个部门和各个成员为实现组织的目标而有效地协调工作。包含如何确定组织结构、进行人员配备；如何进行组织设计、组织整合；如何进行工作分工、部门划分、管理幅度和管理层次的确定，以及职权分配等一系列管理活动。

大雁南飞的启示

寒露雁南飞。每到秋季，为过冬避寒雁群开启南飞之程，在高空飞行过程中，它们成群结队，保持"人"字形队形，平均每小时可以飞行 70 至 90 公里，每次迁徙需要飞行几千公里，成为自然界的奇观。曾有学者总结雁群成功南飞的秘密，其飞行原理对组织管理带来很多启示，管理学上称之为"雁行理论"。

1. 结队成形，同向共振

我们知道"孤雁难飞，孤掌难鸣"，为什么"孤雁难成行"呢？有人对大雁飞行现象研究后发现，雁群有序排列成 V（人）字形向着南方飞行，当每一只大雁展翅拍打时，会产生一股微弱的上升气流，减少后边大雁的空气阻力，由于集体飞行所产生的气流作用，集体飞行比每只雁单飞时，至少增加 71% 的飞行能力。因而，雁子结队飞行，与拥有共同愿景和目标的同伴在一起，集聚群体的力量形成团队，同心协力能更加快速、更加容易达到目的地。

2. 轮流领头，合作担责

雁群飞行时，领头雁所承受的空气阻力最大，所以，领头雁是最费力的。当领队的大雁疲倦了，它会退到侧翼，另一只大雁则会接替飞在队形的最前端，担当领头雁的职责。因而，长距离的飞行需要雁群的团结合作，轮流担当重任；一个机构的有效运行也需要团队合作、共担责任。

3. 叫声鼓动，激励支持

雁群飞行时会发出鸣叫，起着互相照顾、呼唤、起飞和停歇等信号作用，使雁群在飞行过程中能够始终保持速度、继续前行。组织的运行也需要团队成员间的加油鼓劲、相互推动、给予支持。只有不断地通过"鸣叫"进行信心传导、大家互为激励才能增强团队成员前进的"动力源"，才能保持士气，拥有高昂的斗志努力"向前飞"。

4. 互帮互助，相互扶持

飞行过程中，若有雁子生病或受伤，雁群队伍中会有其他雁子飞下来协助保护生病或受伤的雁子，直到它康复或者病亡为止。然后，它们会组成自己的队伍继续飞行，努力追赶前面的雁群。由此反映出，团队间互助友善的关系是无敌的，团队的力量是无穷的。因而，组织管理需要构建良好的融洽关系，每个人都要相互扶持，遇到困难，互帮互助，才能不让任何同伴掉队，体现出团队成员情义无间、永不放弃的意识和精神。

问题思考：雁群成功南飞有哪些经验？对于机构的组织建设、组织文化有哪些启示？

一、幼儿园组织结构形态

美国当代著名管理学家德鲁克曾说："没有机构就没有管理，没有管理就没有机构。"幼儿园组织是教育幼儿的社会活动的载体，是发挥管理职能，实现管理目标的工具。由此，组织工作是幼儿园管理的一项重要职能。

(一)组织结构的含义及意义

1. 组织结构的含义

组织结构是组织中划分、组合和协调人们的活动和任务的一种正式的框架。组织结构体现了组织各部分的排列顺序、空间位置、聚集状态、联系方式和相互关系。组织中的各要素经过排列组合，可以形成各种有序而稳定的结构，以发挥各因素的效能。

无论是自然界还是社会领域，事物的结构一定程度上决定了其功能。石墨和金刚石是碳元素的两种结构不同的单质，也即金刚石和石墨的化学成分都是碳，称之为"同素异形体"，它们虽具有相同的"质"，但"形"或"性"有天壤之别，金刚石是目前最硬的物质，而石墨却是最软的物质之一，两者功能的不同就是缘于两者结构的差异。

为确保幼儿园组织达成目标，就需按照特定原则对幼儿园组织加以设计，使得相关资源有机组合，以特定组织结构运行和管理。

2. 设置幼儿园组织结构的意义

幼儿园是为达到一定的育人目标而共同活动的社会组织。幼儿园组织结构是指为了实现既定的教育目标，按一定规则和程序而设置的多层次岗位及其有相应人员隶属关系的权责角色结构。

幼儿园组织结构设置是否合理，对于其生存与发展起着至关重要的作用。其一，幼儿园组织结构的设置形成有机结合的活动功能系统，既能维系这种人群集合体的内部关系，又与外部特定机构与社会系统相连接。其二，合理设置幼儿园组织结构为教职员工创造一种默契配合的工作环境，保证成员之间分工明确、职责清晰，分工协作地进行有效的工作，减少矛盾与摩擦，避免无休止的协调，保证保育、教育、总务、外联等各部门工作的正常运转。其三，幼儿园组织结构设置要动态反映时代、社会环境等变化对学前教育提出的新要求，创设合理灵活的组织结构，有效集聚人力、物力、财力等资源，协调好组织各部门之间、成员之间、工作之间的关系，保障组织管理过程的通畅进行，提高工作效能，顺利实现教育目标。

(二)幼儿园常见组织结构

社会组织的功能不同，结构形态也相异，逐渐会形成一些较典型的组织结构形式。

幼儿园的组织结构形态会因幼儿园的不同类型(公办、民办)、规模(大型、中型、小型)等因素而异。大型、中型和小型幼儿园的划分标准是相对的，无绝对标准。一般来说,幼儿园班级在 5 个班以下者(含 5 个班)视为小型幼儿园;有 6~11 个班的为中型幼儿园;班级在 12 个班以上者,即小、中、大各年龄班平均为 4 个班的为大型幼儿园。

1. 大型幼儿园的组织结构形式(如图 2-1 所示)

(1)大型公办幼儿园的组织形式。

一般来说,大型公办幼儿园的组织可以分出行政组织与非行政组织两类,两者有一定联系。

行政组织的核心人物是园长,由其主持园务委员会,讨论如何贯彻有关教育方针政策,坚持社会主义办园方向,研究决定机构重大问题,是决策指挥层。依托其工作性质和职能分工,幼儿园一般下设保健组、保教组、总务组来贯彻指挥层的决策,从各方面开展保教工作。幼儿园最基层的单位是班级,班级教师在相应管理部门领导下担当具体工作职责,落实保教任务,完成工作目标。

非行政组织即党团基层组织和群众组织。党团基层组织要教育成员发挥其先进模范作用,团结全员职工努力实现工作任务。群众组织包括工会、教代会等,对行政工作起着监督作用,并积极配合行政组织开展各项活动,发挥民主管理、民主监督和信息反馈作用。

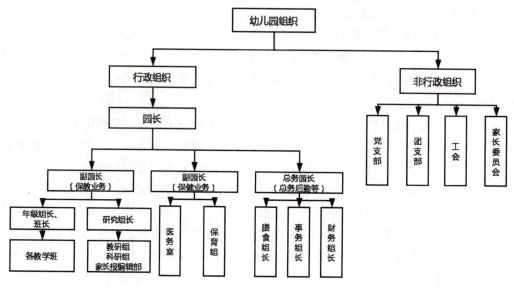

图 2-1 大型公办幼儿园组织结构图

(2)大型民办幼儿园的组织形式(如图 2-2 所示)。

大型民办幼儿园中,一方面,董事会为最高领导决策层,另一方面,也需根据保障幼儿园保教工作的需要,设置相应的组织结构。

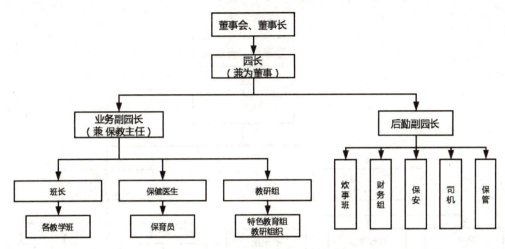

图 2-2　大型民办幼儿园组织结构图

2. 中型幼儿园的组织结构形式(如图 2-3 所示)

(1)中型公办幼儿园的组织形式。

中型公办幼儿园的组织也可以设行政组织与非行政组织，与大型幼儿园相比，三个层次相同，只是岗位要少一些。

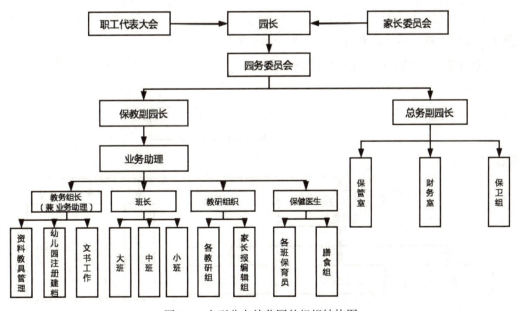

图 2-3　中型公办幼儿园的组织结构图

（2）中型民办幼儿园的组织形式（如图2-4所示）。

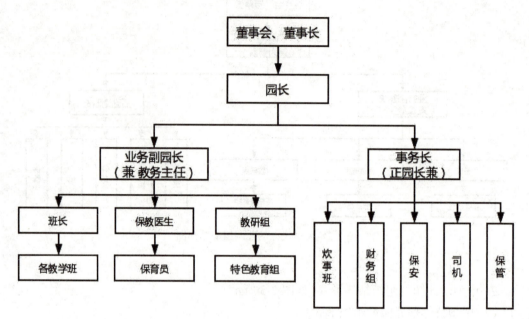

图2-4　中型民办幼儿园的组织结构图

3. 小型幼儿园的组织结构形式（如图2-5所示）

小型幼儿园区别于中大型幼儿园的显著特点是：机构设置简单化、人员兼职化和精简化。管理比较灵活，但有时不够专业化和规范化。

（1）小型公办幼儿园的组织结构形式。

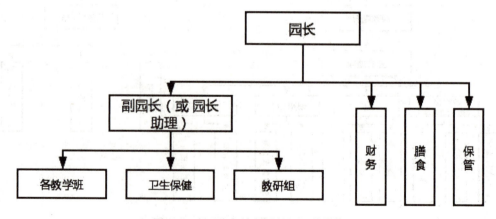

图2-5　小型公办幼儿园的组织结构图

（2）小型民办幼儿园的组织结构形式（如图2-6所示）。

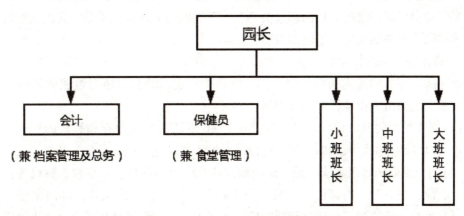

图2-6 小型民办幼儿园的组织结构图

小型民办幼儿园组织形式简单，一些幼儿园有家族化的特点，人员兼职较多，管理水平有限。

二、幼儿园组织结构的设计依据

（一）组织设计的任务

一个组织内，其矛盾就在于管理对象的复杂性与个人能力的有限性，加之外部环境复杂多变、内部事物纷繁复杂，所以，就需要一群人来管理，明确分工、责任、权力等关系。组织设计是对一个组织的结构及其内部关系进行创构的系统设计。

组织设计的基本任务就是"理事安人"，最大化地发挥管理者群体作用，有效地管理复杂多变的对象。

1. 组织设计的具体任务

（1）工作划分。落实组织目标规定的任务，明确所需要的活动并加以分类。

（2）建立部门。在组织职能中，管理者应对实现组织目标所必需的职能和活动进行分组，这个过程被称为部门化。部门是组织设计的直接结果，是组织内主管人员为完成规定的任务有权管理的一个特殊的领域，是同类职位的集合。在幼儿园，为实现保教活动目标，就需要将单一幼儿园分成保教工作、总务工作等；集团化的幼儿园采取董事会管理，下设总园长、监事会、家委会等。

（3）决定管理跨度。管理跨度是领导者直接指挥下级的数目。影响管理跨度的因素有领导者的管理能力、员工素质、任务类型等。

（4）确定职权关系，授予各级管理者完成任务所需的职务、权力和责任，即授权，因为名不正，则言不顺；言不顺，则事难成。

（5）通过组织的运行不断修改和完善组织结构。明确组织中的纵横职权关系，包括直线部门和参谋部门之间的横向职权关系、上下级间的纵向职权关系，为组织结构中的纵横协调制定有关的规定，不断加以磨合。

2. 幼儿园组织的任务

幼儿园组织如同其他社会组织一样，也是按一定目的和程序而组成的较稳定的体系，其要完成的组织设计任务一般包括：

（1）确立组织的共同目标。幼儿园是对3—6岁幼儿实施保育和教育的机构，其机构设置，以及所有组织人员的工作均应以幼儿健康成长这一组织目标为基准。

（2）划分纵向的等级系统。幼儿园应确定幼儿园中指挥权、人事权、财权等权力的层级、职位，划分对应的责任。一般，幼儿园会设置园长、副园长、部门主任、班组长，以及每个岗位的职工，建立较严密的上下级关系，上级管理指导下级、下级服从接受上级的管理。

（3）划分横向的部门班级。幼儿园常见的组织中，横向的部门有教研组、各年级组、总务组、保健组等，各部门之间是平行地按专业部门划分的，它们的工作各有侧重，又彼此关联，通过分工协作，完成保教任务。

（4）设置明确的活动规则。为保证各层级、各部门人员的高效互动，幼儿园组织需有明确的活动规则，包括规章制度、权力的运用和监督、沟通网络与相关程序等，它们是支撑幼儿园组织的核心部分，决定着幼儿园组织功能的发挥程度。

幼儿园组织设计的结果体现在：组织结构图（部门）、部门职能说明书、岗位结构图、岗位职责说明书、岗位工作标准、业务流程、管理标准等方面。

（二）幼儿园组织结构的设计依据

1. 教育法规和政策依据

幼儿园在组织设计时，需要"依法治教"。也就是说要按照国家颁发的有关学前教育发展的政策法规来设计、完善幼儿园组织。目前，幼儿园需遵循的相关教育法规和政策有《幼儿园工作规程》《幼儿园保育教育质量评估指南》《幼儿园园长专业标准（试行）》《幼儿园教师专业标准（试行）》《幼儿园教职工配备标准（暂行）》《托儿所幼儿园卫生保健管理办法》《托儿所幼儿园卫生保健工作规范》等。

在幼儿园组织设计中，需考虑如下方面：

（1）幼儿园规模和班级设置

我国大多数幼儿园按照年龄编班，即小、中、大班，同年龄并列的几个教学班设年级组。按照《幼儿园工作规程》第十一条规定：幼儿园规模应当有利于幼儿身心健康，便于管理，一般不超过360人。幼儿园每班幼儿人数一般为：小班（3周岁至4周岁）25人，中班（4周岁至5周岁）30人，大班（5周岁至6周岁）35人，混合班30人；寄宿制幼儿园每班人数酌减。

（2）教职工配备要求

2013 年 1 月 8 日，教育部出台《幼儿园教职工配备标准（暂行）》，提出全日制幼儿园每班配备 2 名专任教师和 1 名保育员，或配备 3 名专任教师，全园保教人员与幼儿比为 1：7~1：9；半日制幼儿园每班配备 2 名专任教师，有条件的可配备 1 名保育员，全园保教人员与幼儿比为 1：11~1：13；寄宿制幼儿园至少应在全日制幼儿园基础上每班增配 1 名专任教师和 1 名保育员；招收特殊需要儿童的幼儿园应根据特殊需要儿童的数量、类型及残疾程度，配备相应的特殊教育教师，并增加保教人员的配备数量。

园长：6 个班以下的幼儿园设 1 名，6~9 个班的幼儿园不超过 2 名，10 个班及以上的幼儿园可设 3 名。

卫生保健人员：根据《托儿所幼儿园卫生保健工作规范》配备要求，按照收托 150 名儿童至少设 1 名专职卫生保健人员的比例配备卫生保健人员，收托 150 名以下儿童的可配备兼职卫生保健人员。

炊事人员：幼儿园应根据餐点提供的实际需要和就餐幼儿人数配备适宜的炊事人员。每日三餐一点的幼儿园每 40~45 名幼儿配 1 名；少于三餐一点的幼儿园酌减；在园幼儿人数少于 40 名的供餐幼儿园（班）应配备 1 名专职炊事员。

（3）行政与非行政组织设计要求

《幼儿园工作规程》明确提出：幼儿园应当建立园务委员会。园务委员会由园长、副园长、党组织负责人和保教、卫生保健、财会等方面工作人员的代表以及幼儿家长代表组成。园长任园务委员会主任。

《幼儿园保育教育质量评估指南》中，首个评估关键指标就是"党建工作"。幼儿园要健全党组织对幼儿园工作领导的制度机制，落实幼儿园党的组织和党的工作全覆盖。幼儿园应当为工会、共青团等其他组织开展工作创造有利条件，充分发挥其在幼儿园工作中的作用。幼儿园应当建立教职工大会制度或者教职工代表大会制度，依法加强民主管理和监督。幼儿园应当成立家长委员会。

2. 幼儿园自身实际

幼儿园组织结构设计要考虑园所内部环境和工作需要。例如，要从园所规模大小、服务时间长短等组织任务目标情况来确定机构的设置，同时还要从幼儿园所处环境位置、自然地理条件以及园所拥有的物质、资金、人员状况等方面的具体条件出发，考虑机构的设置与建设。幼儿园所有制性质、开设类型、开设地域、人员素质等状况的不同都有可能导致幼儿园组织结构的差异。

（1）机构性质。一些小型的私立幼儿园受制于各种因素，其层级及人员设置比较简化，甚至会有园长兼任某班教师、会计兼任保健医等情况；一些集团化的民办幼儿园注重外在宣传、招生工作，专门设置外宣、企划、招生等部门；一些有品质的公办幼儿园，注重教育科研、师资培训等工作，专门设置教科研室、师训室等管理部门。

（2）幼儿园服务的内容及时间。全日制与寄宿制幼儿园的人员配备有所不同，有的园所仅为半日活动的形式，在人员配备上又有不同，在提供餐点等服务方面各园所需人员各异。

（3）园所定位。一般性幼儿园与示范性或实验性幼儿园通常在人员需求方面是不同的。

幼儿园组织机构的设置和建立需要最大限度地发挥人力资源作用，提高组织的效能。要根据幼儿园担负的任务目标，因园制宜，精兵简政，还要随社会生活条件的变化和对幼儿教育需要与要求的不同情况，对组织机构做出相应调整，使之趋于完善，并不断发展。

3. 处理好几方面关系

（1）管理幅度与管理层次

①管理层次。管理层次是指组织内部从最高一级管理组织到最低一级管理组织的组织等级。一个组织由最高层到基层工作人员间的管理层次越多，越倾向于高耸，管理层次较少的组织相对是扁平型的。

马克斯·韦伯认为："组织是一个经过理性设计的科层结构。"在这一结构中每一个职位的权力和责任是预先设计好的，个体一旦被安排到某个职位，就能拥其权、履其责。各种职务之间是自上而下的命令关系和自下而上的服从关系。其提出的科层制是社会组织中最常见的、最基本的结构模式，又被称之为锥型、高耸型组织结构，如图 2-7 所示。其优点是结构简单、权力集中、指挥统一、等级严格、责任明确。其缺点是过于理性化、等级森严、沟通不畅；没有充分考虑组织的复杂性、多样性，缺乏弹性；过于强化分工，不利于取得整体利益。

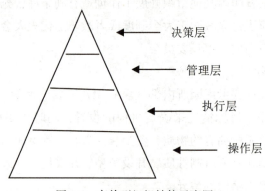

图 2-7　高耸型组织结构示意图

一般来说，幼儿园常见的组织设计就是根据个人能力的大小安排其地位和任务，建立一套合理的层级，做到才职相称，以发挥各层级的能量，保证结构的稳定性和管理的有效性。

扁平式组织就是改变组织自下而上、高耸垂直的结构，减少管理层次，增加管理幅度而建立起的一种紧凑的横向组织，从而使组织变得灵活、敏捷，富有柔性、创造性。其优点是由于管理层级较少，信息的沟通和传递速度较快，信息的失真度比较低；上级对下级的控制不太呆板，有利于发挥下属的积极性和创造性。其缺点是过大的管理幅度增加了主管对下属的监督和协调控制难度，下属也缺少了更多提升的机会。

②管理幅度。管理幅度是指一个领导者直接指挥下级的数目。当直接指挥的下级数目呈算术级数增长时，主管领导人需要协调的关系呈几何级数增长。

③组织规模、管理幅度与管理层次之间的关系。在管理幅度给定的条件下，管理层次与组织规模大小成正比；在组织规模给定的条件下，管理层次与管理幅度成反比。管理幅度不是越大越好，也不是越小越好。一般来讲，上层管理幅度 4~8 人为宜，下层管理幅度 8~15 人为宜。

（2）正式组织与非正式组织

正式组织具有目的性、正规性、稳定性的基本特征，是根据一定社会组织的目标和章程而建立起来的目标系统，它是实现组织目标的载体。正式组织有明确的上下级关系，对成员有强制性和权威性，成员间也有协作关系。

非正式组织具有自发性、内聚性、不稳定性的基本特征。非正式组织是指在一般的正式组织内部，由于部分成员的性格相投，爱好兴趣相近，在交往过程中形成比一般同事更密切的朋友关系，并形成特别的小团体。小团体内有自然而然形成的权威或核心人物，也有一些约定俗成的共性行为方式。

对于非正式组织，管理者不能采取简单的禁止或取缔态度。一方面，必须正视非正式组织存在的客观必然性和必要性，允许乃至鼓励非正式组织的存在，为非正式组织的形成提供条件，并努力使之与正式组织相吻合；另一方面，需要通过建立、宣传正确的组织文化，以影响与改变非正式组织的行为规范，引导非正式组织作出积极的贡献。

三、幼儿园组织结构的设计原则

结合幼儿园的实际，幼儿园组织结构的设计一般要遵循如下基本原则。

（一）围绕目标、因事设岗原则

设计幼儿园组织结构是为了实现一定的保教任务目标。因此，在进行组织设计时，首先必须满足实现组织的任务目标的要求，要具体分析为达成组织目标，幼儿园应办的"事"是什么、有多少，将组织的任务目标分解为具体目标和工作内容，由此决定组织机构的设置、职务与人员的安排。要坚持以"事"为中心，因"事"设职、设岗，围绕幼儿园的目标和任务进行组织建设，"事事有人做"，并保证让有能力的人有机会去做他们真正胜任的工作，以提高组织效能。

(二)合理结构原则

一个管理者直接指挥和协调的下级人员是有限度的，超过一定的数量，就不可能进行有效的管理，就必然要求划分管理层次，减少每一级的管理跨度和宽度。但管理层次的增多，也会造成人力物力的增加，产生上下联系渠道延长及信息传递复杂化并降低速度的问题。所以，组织设计要建立适宜的结构体系，达到宽度适当、层次合理，设岗要实、用人要精，从而做到指挥灵、信息通，提高管理效率。

具体到幼儿园，在设置岗位时要根据幼儿园的规模、性质、实际需要，确定适当的管理层级和跨度，选择合适的人才，机构精简、人员精干，以较少的人员、较少的层次、较少的时间达到管理的高效率。比如：一个幼儿园有 20 个班级，其日常的业务管理仅有一位副园长负责，其教育活动计划的检查一项工作量就是每周几十份，那么，其管理必定是粗放、笼统的，难以有效，这样，就需增设副园长助理，提高其工作实效。

同时，还要求每个人都必须明确其岗位、任务、职责、权限，上下级关系明确，工作的程序和渠道通畅。为此，幼儿园可以明确岗位说明书，包括位置、岗位性质、职责要求、任职资格等，为员工选聘、培训、考核、制定薪酬提供依据。

(三)分工协作原则

在把握总体目标任务的基础上，需要按照分工协作的要求设置必要的各个工作部门，安排各项工作。各级各类部门与人员既有各自的任务目标，担负相应的职责，又要明了相互间的关系，相互协调配合，共同实现组织的总目标。

据此，幼儿园需做到分工协作。幼儿园的教育、总务、行政等各部门是在整体规划下的分工与协作。分工的目的是提高专业化程度和工作效率，协作的目的是解决冲突、实现组织目标。分工与协作是相辅相成的。以幼儿园一日生活作息制度的安排来讲，不能凭教师个人意愿，要符合幼儿的年龄特点、幼儿园保教任务等，需教师、保育员、炊事人员分工协作，保证一日活动计划的落实。

(四)责任权力一致原则

责权关系的设计和实施是发挥组织职能的关键。要从提高效率出发，定岗、定员、定编，并确定职责，使组织中各部门、各岗位职责清楚，责任分明。权力是完成工作任务的保障。为了真正负起责任，组织应赋予各部门、各岗位相应的权力和利益，做到在一定的职务或岗位上，有一定的权力，负一定的责任，并得到一定的利益，权责对等，相对稳定，做到职责权力有机统一。为此，领导要勇于将部分事情的决定权由高层转移到较低的层级。领导＝决策＋授权，指的就是领导要善于决策，善于授权。领导管理的艺术就在于如何选好授权者，提高员工的自主性、积极性和能动性。

具体到幼儿园，管理者要委以责任，分权给各责任层级。各岗位的确定和任务的分配要符合满负荷要求，要明确各自的责任和应尽的义务。同时，还要适当授权，授权实际上是授"责"，权力必须与责任相适应，体现责权一致原则。幼儿园园长要赋予各部门、各岗位以相应的权限，确保每个岗位层次的人都能各尽其责，使他们有条件对自己所做的事负责，杜绝有责无权、或有权无责现象，前者使责任形同虚设，束缚管理人员的积极性；后者会导致滥用权力。并且，授权要保持相对稳定性，不要因人而异。

（五）统一指挥、统一意志原则

　　法约尔管理的十四项原则中，提出一个下级只能有一个直接上级；一个下级只能接受一个上级指挥，即是强调统一领导、统一指挥原则。一个组织应既做到分级负责、分层管理，又要做到只有一个指挥中心，能集中一致，服从指挥和调度，协调步调，使组织整体的战斗力增强。避免多头领导，"政出多门"，否则必然造成命令混乱，使组织产生内耗，甚至瓦解。

　　幼儿园应通过建立良好的指挥系统和适宜的运行机制，使组织严密合理，指挥线路清晰，联系渠道畅通，做到既分工负责、分层管理，又集中统一指挥、统一意志，从容调度、协调步调，使组织成为战斗力强的有机整体，通过集体的协调努力，优质高效地实现组织的预定目标。

第二节　幼儿园组织文化建设

一、幼儿园组织文化的含义及功能

　　文化是一个组织的灵魂，对组织的生存与发展起着至关重要的作用。因而，组织文化建设是组织职能的重要工作之一。

（一）组织文化与幼儿园组织文化

1. 组织文化

　　组织文化的定义可谓是众说纷纭，一般认为：组织文化是组织在一定的社会政治、经济、文化背景条件下，在生产与工作实践过程中创造或逐步形成的，为组织成员普遍认可和遵守的具有本组织特色的价值观念、行为准则、团体意识、工作态度和思维模式的总和。

　　人们对组织文化存在一些共同的认识，即组织文化是一种客观存在，是一种历史现象；其核心是组织的价值观；组织文化以人为本，是一种软性文化；组织文化是一种管理文化，也是一种全新的管理模式。

2. 幼儿园组织文化

幼儿园是社会组织中的一部分，具备一般社会组织的特征，但由于幼儿园是以育人为本的社会组织，它又区别于其他生产性或事业性的社会组织，构成了有独特内涵、特征、功能的幼儿园组织文化（如图 2-8 所示）。

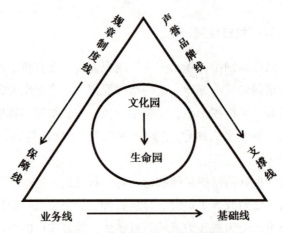

图 2-8 幼儿园组织文化示意图

幼儿园组织文化是一所幼儿园在长期的办园过程中积淀的并为其全体成员所认同和遵循的价值观念体系、行为规范和物化环境风貌的整合和结晶。

(二) 幼儿园组织文化的特征

1. 人文性

组织文化是以人为本的文化，要把组织的成长发展与个人的成长发展结合起来，着力于以文化因素挖掘教职员工的潜力，尊重和重视教职员工，提供实现个人价值的机会。

2. 独特性

每个组织都在特定的环境中生存与发展，所面临的历史阶段、发展程度，以及本身固有的文件积淀都不相同，所以，幼儿园应该因地制宜，构建适合自己管理的组织文化，不能简单照搬。

3. 教育性

幼儿园作为教育机构，其组织文化应体现教育性。即以正确的教育思想为指导，形成积极向上的教育氛围和求真务实的教育态度，促进幼儿健康发展，积极发挥对社区的教育辐射作用。

4. 动态性

组织文化一旦形成，具有在一定时期内的相对稳定性，但还要随着组织发展以及生存环境的变化而改变，表现出强大的吸收力、包容力、消化力，形成动态开放的系统，推动组织螺旋式上升。

5. 历史性

幼儿园是在一定的时空条件下产生、生存与发展，幼儿园组织文化因而是历史的产物，是一定时代下社会政治、经济、文化的折射，必定带有历史的烙印。同时，幼儿园组织文化形成之后，也在改造着所处的环境与文化。

(三)幼儿园组织文化的功能

1. 导向功能(导向力)

通过组织文化对个人和组织的行为和活动起到引导作用。幼儿园组织文化的导向作用主要体现在两个方面：

第一，教育哲学和价值观念的指导。教育哲学决定了幼儿园的思维方式和处理问题的法则，指导幼儿园管理者进行正确的决策；幼儿园共同的价值观念决定了幼儿园的价值取向，使员工形成共识，并为他们所认定的价值目标去行动。

第二，幼儿园目标的指引。幼儿园的目标代表着幼儿园发展的方向，指引员工从事教育活动。

2. 凝聚功能(凝聚力)

幼儿园组织文化以人为本，尊重人的感情，能够在幼儿园中形成团结友爱、相互信任的和睦气氛，强化团体意识，形成强大的凝聚力和向心力。共同的价值观念形成了共同的目标和理想，教职员工把幼儿园看成一个命运共同体，"园兴我荣、园衰我耻"成为每个教职员工的发自内心的真挚感情，"爱园如家"也会变成他们的实际行动。

3. 约束功能(约束力)

幼儿园组织文化的约束力主要是通过完善管理制度和道德规范来实现的。制度是幼儿园的内部法规，幼儿园全体成员都需遵守和执行，从而形成约束力。同时，幼儿园组织文化会使幼儿园形成一定的道德规范，若违背，就会受到舆论的谴责，这种约束力产生于员工的内心，具有非强迫性。

4. 激励功能(激励力)

自我价值的实现是人的最高精神需求，如果每个幼儿园形成共同的价值观念，每个员工就会感到自己存在和行为的价值，这种满足必将形成强大的激励。另外，幼儿园的精神和形象对教职员工也具有极大的鼓舞作用，特别是幼儿园的组织文化在社会上产生影响时，会使员工产生强烈的自豪感和荣誉感。

5. 辐射功能(辐射力)

幼儿园组织文化不仅在本园发挥作用，也能通过各种渠道，比如传播媒体、家长、公共关系活动对社会和其他幼儿园有辐射作用。

二、幼儿园组织文化的结构要素

关于组织文化要素的不同学说

＊三因素说，如图 2-9 所示。从系统论观点看，组织文化层次结构有三层：表层文化、中介文化和深层文化。

图 2-9　组织文化三因素说示意图

＊四因素说，如图 2-10 所示。组织文化包括从物质文化层(表层)到行为文化层(浅层)、制度文化层(中层)最后再到精神文化层(深层)的完整体系。

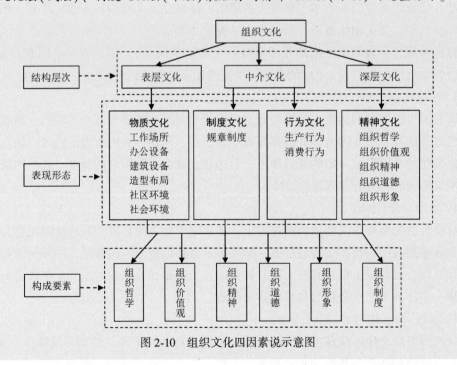

图 2-10　组织文化四因素说示意图

*五因素说：《企业文化》一书的作者迪尔和肯尼迪，把企业文化整个理论系统概述为 5 个要素，即企业环境、价值观、英雄人物、习俗礼仪和文化网络。此理论对于幼儿园组织文化建设也有一定借鉴作用。

*七因素说：托马斯·彼得斯和罗伯特·沃特曼在《追求卓越》一书中指出组织文化至少包括 7 种要素，即经营战略、组织结构、管理体制、工作作风、工作人员、技术能力和共同价值。这 7 种要素称之为"麦肯锡 7S 模型"（如图 2-11 所示）。

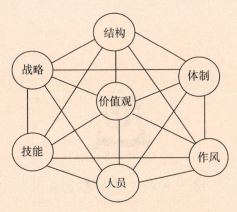

图 2-11 麦肯锡 7S 模型示意图

依据上述关于组织文化要素的理论，结合幼儿园实际，一般认为幼儿园组织文化由物质文化、行为文化、制度文化和精神文化等要素构成。其结构如图 2-12 所示：

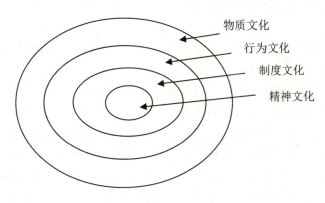

图 2-12 幼儿园组织文化结构示意图

（一）幼儿园物质文化

幼儿园物质文化是幼儿园组织文化抽象内容的外在物质显现，是人们最先能接触到的、最直观的文化体现，包括幼儿园的文化设备、设施等。

1. 幼儿园标志

幼儿园标志是代表幼儿园形象的具体器物，能直接使人联想到幼儿园，是形成组织文化的载体。幼儿园要根据自身的特点，设计园名、园徽、园歌、园服等，他们可以直接向公众和社会传达幼儿园的办园宗旨和价值追求，形成直观的印象，也可以让幼儿园的全体教职工及幼儿通过拥有共同的名字、标志、服装而进一步形成共同的价值观和组织精神。

图 2-13　北京师范大学实验幼儿园园徽

　　园徽上半部分——图案部分的整体轮廓为抽象化的卡通"木铎"形象，既透出百年来作为北师大附属实幼的厚重园史，又带有幼儿园孩子活泼可爱的特点与时代感，造型在孩子无拘无束的遐想中被赋予丰富的形象，与幼儿园的教育理念相吻合。

　　从整体视觉的角度分析，园徽整体图案大气、稳重，结构简单并富有立体感，具有国际化标识的视觉冲击力。

　　木铎的螺旋形线条还传达出幼儿园依托北师大，从最初一个蒙养园发展到今日一个庞大的机构，并以锐意改革、积极进取的精神走向世界、走向未来。

　　从中国传统文化的角度分析，融合了祥云和太极图的线条元素，静态与动感兼具，太极是中国文化的精髓，象征圆满和谐，精妙完美。传达了幼儿园在北师大及各级领导的关怀下在办园理念、管理模式、师资力量上都日渐走在行业前列。同时借用中国传统文化中"和"的思想寓意，表达了幼儿园致力于为幼儿的发展创造和谐的环境(包括师幼和谐、家园和谐)。

　　园徽下半部分——文字部分由英文字母、小脚印、阿拉伯数字、中英文园名组成。

旧版园徽的英文名缩写为"E. K-BNU"，新版园徽将它直译为"BNU-K"（是"北京师范大学——幼儿园"的第一个英文字母的缩写）。中间的横杠用小脚印代替，既代表幼儿园的发展足迹又富有童趣。

旧版园徽标注的建园时间是1949年，新版改为1915年。

旧版园徽没有附中英文园名，新版则用启功书写幼儿园全称——"北京师范大学实验幼儿园"，英文标注的用意是为了与国际接轨，彰显专业化和国际化品质。

园徽的下半部分与上半部分图案浑然一体，刚劲中透着清秀。

2. 幼儿园物质环境

幼儿园物质环境包括活泼、富有童趣的建筑风格，整洁、明亮、舒适的室内外环境，适合幼儿探索的区角设置和玩教具，配置先进、适用的设施设备等。

(二)幼儿园行为文化

幼儿园行为文化是幼儿园组织文化在教职员工行为中的显现，也是人们可以直接感受到的，包括幼儿园全体成员的管理行为、工作行为、教育行为、交往行为、分配行为等，这些行为会造成幼儿园的社会形象和声誉。具体体现在如下方面：

(1)管理者尊重员工，科学分工及合理的工资、福利待遇，鼓励员工在自己的岗位上发挥积极作用。

(2)教职员工有正确的教育理念和教育行为，高超的专业能力，很好地完成本职工作，促进幼儿健康成长，并为家长和社会提供服务。

(3)幼儿园经常组织或鼓励教师参加各类培训和学历提升，组织参加园内外业务交流、教学技能竞赛、文体活动等。

(4)幼儿园仪式是行为文化的载体。幼儿园组织文化可以结合幼儿园实际，组织各种仪式纪念活动，比如升旗、毕业、表彰、体育节、游艺活动、节庆活动等，传递幼儿园的组织精神和价值观念，让教职员工、幼儿和家长受到文化的熏陶和感染。

(三)幼儿园制度文化

幼儿园制度文化是由幼儿园所制定的制度，即由此形成的组织形态和员工的行为模式构成的外显文化。它是体现组织文化特色的各种规章制度、道德规范和员工行为准则的综合，主要包括分工协作关系的组织结构、管理制度、工作制度、分配制度等。

制度或规范是对于组织内的人或事进行管理的有效方式，它能使每个环节相互配合，使整个组织处于一种有序、和谐的运作状态，使组织效率最大化。合理的制度会使幼儿园各部门、各层次、各方面人员做到有章可循、有法可依，逐步形成明确的工作职责和良好的行为习惯，形成良好的人际关系和组织氛围，乃至形成正确的幼儿园管理观念和价值观念。

幼儿园制度文化体现在：

（1）员工对待制度的态度。好的制度文化下的员工会将制度管理看作能提高工作效率的有效途径，而不是当作限制员工行为的枷锁。

（2）科学严谨地制定制度。员工应参与制度的制定，要全面、科学、切实可操作。

（3）有效地执行制度。制度的效力最终体现在制度的执行上，要公正、合理地运用和执行制度，注意把制度这种"硬性管理"方式和其他"软性管理"方式有机结合起来，通过精神和文化的力量，从深层次规范组织行为。

（四）幼儿园精神文化

幼儿园精神文化是组织文化的核心，是幼儿园在长期的工作实践中形成的一种组织意识和文化观念，它是幼儿园发展的推动力，激励幼儿园全体成员为实现幼儿园的发展目标而努力，从而形成凝聚力。它包括全体成员认同的管理哲学、价值观念、组织精神和道德观念等。具体体现在：

1. 一致的管理哲学

幼儿园管理哲学是幼儿园教育和管理活动的方法论原则，其根本问题是幼儿园中人与物、人与人、人与教育规律的关系等问题，能够帮助幼儿园管理者和全体员工形成正确的工作理念，开展适宜的管理和教育活动。

2. 共同的价值观念

组织价值观是组织判断事物并指导行为的基本信念、总体观点。包括组织存在的意义和目的、组织中规章制度的必要性、组织中各层级和各部门以及成员的关系等。组织价值观有不同层次，优秀的组织往往会不断更新组织信念，追求更崇高的目标、更高尚的社会责任和更卓越的目标。幼儿园的价值观是幼儿园全体成员应共同具有的价值准则，只有建立正确的价值观，才有正确的教育目标和行为。

 案例分享

上海青浦区佳佳幼儿园"三实"文化

　　上海青浦区佳佳幼儿园"三实"文化，成为全体员工建立正确教育目标和规范自己行为的标准。

　　朴实——教育的本质理应是朴实无华的、有一定规律的。

真实——教育实践来自生活，回归真实才是最有生命力的，幼儿需要在真实的体验中学习成长。

扎实——教育工作所追求的应是扎扎实实的日积月累，以实实在在的生活和教育行为促进幼儿成长。

3. 独特的组织精神

组织精神是幼儿园的灵魂。一般是通过精心培植并逐渐形成的全体成员共同的思想境界、价值取向和主导意识，它蕴涵着对本组织形象、地位、风气的理解，折射出组织的整体素质和精神风貌，凝聚组织成员共同信念和精神源泉。幼儿园的组织精神通常用一些既富于哲理，又简洁明快的语言予以表达，便于员工铭记在心，时刻激励自己，也便于对外宣传，容易在人们脑海里形成印象，在社会上形成个性鲜明的组织形象。如：北京北海幼儿园的组织精神："倾心于孩子的今天，着眼于孩子的明天；一切为了孩子，为了孩子的一切。"

4. 普遍的道德约束

幼儿园的组织道德是约束员工行为的重要手段，它包括教师职业道德和幼儿园具体的道德标准。幼儿园可以结合实际，建立本园特有的行为规范，包括对待幼儿——教育对象的规范；对待家长——服务对象的规范；对待教师集体的规范、对待自己的规范。

三、幼儿园组织文化的构建

（一）幼儿园组织文化构建的影响因素

1. 影响幼儿园组织文化构建的内部因素

（1）创始人。幼儿园组织文化的形成常常与创始人的价值观、人格特质、经营哲学、领导方式等有着直接的关系。

（2）园长。园长的领导风格会对组织文化产生非常大的影响。

（3）幼儿园教职工。每个人在成为幼儿园的一员以前，大多形成了自己的人生观、价值观、教育观，个人的观念与组织的核心精神是否一致相融，直接影响到教职工能否形成统一的组织精神。另外，教职工在幼儿园中的地位以及与上下左右之间的关系也是重要的影响因素。那些认同幼儿园组织文化的员工，如果其影响力大，以及人际关系好，就可以带动一批员工形成共同的组织精神。

（4）幼儿园的特征。幼儿园的规模和复杂性会直接影响组织文化。另外，将报酬和绩效直接挂钩的幼儿园容易形成追求成功的幼儿园；开放和自由的组织容易形成参与和创造性的文化。

2. 影响幼儿园组织文化构建的外部因素

（1）政治法律环境。国家制定的有关法规和政策通常都包含教育和文化事业方面的规定，对于幼儿园组织文化的建设有促进或制约作用。比如：对留守儿童、流动儿童的关注，使一些幼儿园提出"平民教育"的组织文化。

（2）经济环境。幼儿园需要及时了解国家及当地的经济发展速度、经济结构、人民收入水平及增长、市场体制及市场需求等，在定位自己幼儿园和建设组织文化时顺应经济发展的现状和趋势。如农村幼儿园的组织文化就要立足于乡土文化资源利用、乡土课程开发、利用废旧物品自制玩具等。

（3）民族文化。民族文化是一个国家在长期历史发展过程中逐步形成的，有强大的渗透力。幼儿园组织文化植根于民族文化的土壤中，其经营哲学、价值观念、行为规范，无不打上民族文化的烙印。如孝亲文化的传承、礼仪教育等。

（4）行业特征。每个行业的社会导向、竞争环境、市场需求、社会期望等特征对组织文化的建设都有影响作用。幼儿园要明确，其最具有市场竞争力的要素就是人才培养和保教质量，这样才能建设成功的组织文化，形成良好的社会声誉和形象，进而推动整个幼教行业的发展。

南京市鼓楼幼儿园组织文化

【办学定位】教学科研并重、内外交流广泛、教育改革领先的现代化幼儿园

南京市鼓楼幼儿园由我国著名教育家、心理学家陈鹤琴先生于1923年创办，是中国历史上第一个幼儿教育实验研究基地。陈鹤琴先生对探寻中国化的幼儿教育作出了卓越的贡献，在中国教育史上留下了光辉的篇章。

作为南京市课程改革基地、江苏省陈鹤琴教育思想研究基地、全国科研兴校示范基地，鼓楼幼儿园有责任、也有义务积极投身教育改革，在全市、全省、全国起示范引领作用。

【学校使命】探索适合中国国情的、科学化、大众化的幼儿教育道路

陈先生提倡的"探索适合中国国情的、科学化、大众化的幼儿教育道路"，是鼓楼幼儿园办园、治学的宗旨；陈鹤琴先生的教育思想，是鼓楼幼儿园开展教育科学实践的理论依据。

【核心理念】活教育

作为中国历史上第一个幼儿教育实验研究中心，陈鹤琴先生从中国国情出发，积极学习和引进西方进步主义的教育思想，改革传统教育，并系统地提出了"活教育"的思想，探寻出"单元教学"的课程结构。"活教育"是陈鹤琴幼儿园课程思想的精髓，是我园的核心理念，是我们一贯的主张与追求。

我们要以"单元教学"为根基，通过开展"单元教育课程"的建构研究，以"活"为魂，强调"做"与"实践"，注重"鲜活"的内容选择，注重尝试以"激活"体验，注重情趣化、灵活式的学习方式，实现"活教育"三大纲领"做人，做中国人，做现代中国人""大自然，大社会，都是活教材""做中学，做中教，做中求进步"的追求。

【校训】一切为儿童

《幼儿园教育指导纲要》指出："幼儿园教育应尊重幼儿的人格和权利，尊重幼儿身心发展的规律和学习特点""幼儿园教育是为所有在园幼儿的健康成长服务的，要为每一个儿童，包括有特殊需要的儿童提供积极的支持和帮助"。

幼儿园的一切工作都是为了儿童，"为了儿童的发展""为了每一个孩子的发展"是我们教育工作的永恒主题。在鼓楼幼儿园80周年诞辰活动中，陈鹤琴子女将陈先生书写的"一切为儿童"手迹赠送我园，就是希望我们牢记陈老的嘱托，为孩子的发展服务，为孩子的终身发展奠定基础。

【教育理念】三大纲领

目标论：做人，做中国人，做现代中国人。

课程论：大自然、大社会，都是活教材。

方法论：做中学，做中教，做中求进步。

【人才理念】敬业、乐业、专业、创业

陈鹤琴先生在《怎样做人民的幼稚园教师》一文中提到"为了迎接新时代的到来，为了适应新时代的需要，教师们的学习是非常重要的"，"做学问要学习、学习、再学习"。他认为，幼儿园的教师要具备"敬业、乐业、专业、创业"的精神，才能"活教书、教活书"。

幼儿教师作为一个教学专业人员，要经历一个由不成熟到相对成熟的发展历程。教师的专业发展空间是无限的，成熟只是相对的，发展才是绝对的。所以，教师要不断学习，才能提升专业水平，成为与时代并进的教师。

【行为准则】爱心播撒，真心关爱

《鼓楼幼儿园教师誓词》

鼓楼岗上，琴声悠扬，扬子江畔，源远流长，

悠悠史话，鼓幼之光，育人无数，桃李芬芳。

悠悠史话，鼓幼之光，

育人无数，桃李芬芳。

活，鹤琴精华，挖掘继承先师传统，

做，师幼同行，发扬创新先师思想，

学，师幼相长，凝聚开创鼓幼辉煌。

一切为了孩子，爱心播撒桃李芬芳。

为了孩子的一切，与时俱进，坚持开放，

为了一切孩子，真心关爱，鼓幼传承中华希望。

鼓幼人，让我们携手托起明天的太阳，

鼓幼人，让我们同心谱写鼓幼崭新的篇章，

鼓幼人，让我们用自己的努力构建和谐社会奉献我们的青春，贡献我们终生的力量。

（二）幼儿园组织文化构建的步骤

1. 创建阶段

幼儿园的创始人根据幼儿园的形成和运作提出一些基本构想，包括：建立一所什么样的幼儿园；幼儿园的目标和发展蓝图是什么；幼儿园对教职员工的要求是什么；宏观的管理制度怎样制定；如何甄选员工，组成教学、管理团队等。

2. 群体认同阶段

在组织文化运作一段时间后，组织内成员逐渐接受并自觉将组织的各项理念付诸实践的过程。管理者要了解成员的原有价值观、工作动机和工作态度，帮助每一个成员适应新的组织及文化，逐步认同组织的价值和精神，积极将组织文化内化表现为组织行为。

3. 共同价值观形成和普遍化阶段

幼儿园成员在对组织精神和价值观有了初步认同后，管理者要通过制度管理、在职培训、各种集体活动、升职加薪、表彰、奖励等办法鼓励员工融入幼儿园集体，使他们从内心认同幼儿园的组织精神和价值观，并在改造自己原有价值观和精神的基础上，形成与幼儿园一致的共同价值观和精神。

幼儿园文化建设是一项复杂的系统工程，是推进幼儿园基业长青、生生不息的底蕴。

组织文化建设的七大工程

1. 审计工程

审计工程，就是要发动全体员工，对组织发展历史过程中形成的文化给予定格分析，对机构所具备的无形资产进行深入思考和全面总结，要充分论证本机构的优势在哪里，劣势在哪里。根据时代的变革，在新的发展机遇下，应丰富哪些内容？丰富的方式、手段和渠道应该怎样确立？这一做法类似于医生在下处方前的诊断，所以称之为文化审计。审计工程完成之后，依据对上述问题的分析形成一个研究报告。

2. 提炼整合工程

提炼整合工程，就是把组织文化从理念、行为到外显形象都做一个系统整合。经过系统筛选后，用科学的概念给予冠名，并加以提炼整合，形成一个逻辑体系，在此基础上构建一套文化理念去指导组织未来的发展。

3. 意志化工程

意志化工程，就是组织文化体系形成后，运用各种手段和方法，对教职员工进行深入教育宣传，在实践中加以具体指导，形成员工的自觉意志，不能停留在表面上、停留于文件上，或挂在墙上就止步不前。该项工程应达到入耳——听得进去、入脑——启发思考、入心——记得住并去体验、入血液——转化成DNA，举手投足都体现着组织文化。

4. 物化工程

物化工程，就是文化体系形成后调整各项制度、体制和机制，包括奖惩机制和晋升分配机制等，使组织的硬件、方法制度、日常管理和组织文化体系高度一致。

5. 形象工程

形象工程，就是通过服装系统、礼仪系统、标识系统、办公系统等把组织文化外展给社会，确立其在社会公众心目中的形象。内化于心、固化于制、外化于行，这样的文化建设才是完备的。

6. 典型培育工程

典型培育工程，是指从培养典型入手，以点代面，推动组织整体文化的提升。若将组织文化应用于各个活动环节之中，其难度不言而喻，通过培养典型，可以发挥榜样示范带动作用，有利于组织文化的渗透和建设。

7. 测量评估工程

　　测量评估工程，就是使组织文化量化，使其与质量分析相结合，纳入年终评价体系，成为对教职员工、对班组、对组织机构整体工作绩效的评价要素。通过评估工程能够使组织文化深入贯彻，不至于流于形式，也能够获得反馈信息，促进组织文化的完善和发展。

（三）幼儿园组织文化构建的策略

　　1. 树立园长威信

　　园长是幼儿园组织文化建设的灵魂，其价值观、人格特征、品德修养、行为方式和习惯对全体教职员工产生很大的影响，对建设组织文化有至关重要的作用。

　　树立园长威信直接关系到幼儿园组织文化建设，是每个园长重要的管理行为。拥有幼儿园的最高权力本身就会对员工有"威力"，但威信不仅出于员工对权力的尊敬与服从，更在于园长的学识、道德品质、人格魅力等非权力性因素。为此，园长应树立正确的价值观和教育观，时刻展现出对幼教事业的热爱之情和对科学育儿的严谨、执着的态度，创造宽容、和谐、开放的管理氛围，潜移默化地感染员工、家长和幼儿。

　　2. 设立愿景

　　愿景是人们为之奋斗所向往的、最终希望达到的图景，愿景概括了未来目标、使命及核心价值，是哲学中最核心的内容。愿景由组织内部的成员所制定，借由团队讨论，获得组织一致的共识，形成大家愿意全力以赴的未来方向。

　　某一幼儿园的愿景是幼儿园直观的发展蓝图，反映了全体教职员工的共同愿望。愿景的建立，可以使员工明确自己工作的使命与目标，增强责任感，将个人发展与集体发展结合起来，把幼儿园的职业生涯作为设计自己人生的重要内容。愿景在员工中能建立起一种荣辱与共的普遍情感，有利于建立团队意识，形成更富有支持性的人际关系。

　　园长可以组织全体员工，共同参与制定幼儿园愿景，并分解阶段目标，有计划、有步骤地实现愿景。

　　3. 通过各种活动建设骨干队伍

　　幼儿园组织文化的建设是一个连续的自组织过程，需要以一批有理想、有能力的人为基础，通过他们的倡导和力行，影响其他人的行为，从而形成巩固的组织文化。因此，幼儿园构建组织文化需要一支能起到榜样示范作用的骨干队伍，调动全体员工的积极参与。这支骨干队伍应形成梯队，并覆盖保教、后勤、管理等不同部门，还要建立普通员工晋升为骨干员工的规则和通道，充分发挥骨干队伍的辐射和吸引作用。

　　4. 营造良好的心理氛围，鼓励教职工参与组织文化的建设中来

　　组织文化建设不是领导和个别骨干教师的事情，是幼儿园所有教职员工、幼儿和家长共同营造的。园长应创造和谐的人际关系氛围，最大限度地促进每一个教职工的个人成长与发展，形成有凝聚力的集体。同时，鼓励员工、幼儿和家长积极参与幼儿园组织

文化建设，如参与设计幼儿园园名、园训、园徽、园服、园歌的征集活动，参与幼儿园制度建设和执行，提炼幼儿园的组织精神等。

总之，构建幼儿园组织文化是一个系统工程，从外到内需要建立物质环境、制定完善和执行制度，形成统一的组织精神和价值观，并且需要全园每一个人将组织的建设和价值观内化到日常的工作生活中。幼儿园组织文化建设是一项艰巨的工程，需要长期的磨合、推进、调整，甚至需要几代幼儿园园长和教职工持之以恒的努力。

第三节　幼儿园规章制度建设

一、规章制度的作用及种类

(一)规章制度与幼儿园规章制度

1. 规章制度的含义

规章制度是国家机关、社会团体、企事业单位，为了维护正常的工作、劳动、学习、生活的秩序，保证国家各项政策的顺利执行和各项工作的正常开展，依照法律、法令、政策而制定的具有法规性或指导性与约束力的条文，是各种行政法规、章程、制度、公约的总称。

2. 规章制度的特点

(1)约束性。规章制度明确规定了应该做什么，不应该做什么，它是人们的行为准则，一经生效，有关单位或个人就必须严格遵守或遵照执行。如果违反有关条款，就要受到相应的处罚。

(2)权威性。规章制度的权威性来源于颁布单位的权威性，是本级机关权力意志的反映。

(3)稳定性。规章制度既然是人们的行为准则，就不宜经常变动和修改，应具有相对稳定性。但并不是说规章制度是一成不变的，在条件成熟的时候或环境发生了变化时，我们应及时修改并完善它。

 案例分享与点评

分粥制度

● 案例陈述

对权力制约的制度问题一直是人类头疼的难题。请看下边的这个小故事。

有7个人组成了一个小团体共同生活，其中每个人都是平凡而平等的，没有什么凶险祸害之心，但不免自私自利。他们想用非暴力的方式，通过制定制度来解决每天的吃饭问题：要分食一锅粥，但并没有称量用具和有刻度的容器。

大家尝试了不同的方法，发挥了聪明才智、多次博弈形成了日益完善的制度。

方法一：拟定一个人负责分粥事宜。很快大家就发现，这个人为自己分的粥最多，于是又换了一个人，总是主持分粥的人碗里的粥最多。由此可以看到：权力导致腐败，绝对的权力绝对腐败。

方法二：大家轮流主持分粥，每人一天。这样等于承认了个人有为自己多分粥的权力，同时给予了每个人为自己多分的机会。虽然看起来平等了，但是每个人在一周中只有一天吃得饱而且有剩余，其余6天都饥饿难耐。于是又可得到结论：绝对权力导致了资源浪费。

方法三：大家选举一个信得过的人主持分粥。开始这品德尚属上乘的人还能基本公平，但不久他就开始为自己和溜须拍马的人多分。为了不放任其堕落和败坏风气，还得寻找新思路。

方法四：选举一个分粥委员会和一个监督委员会，形成监督和制约。公平基本上做到了，可是由于监督委员会常提出多种议案，分粥委员会又据理力争，等分粥完毕时，粥早就凉了。

方法五：每个人轮流值日分粥，但是分粥的那个人要最后一个领粥。令人惊奇的是，在这个制度下，7只碗里的粥每次都是一样多，就像用科学仪器量过一样。每个主持分粥的人都认识到，如果7只碗里的粥不相同，他确定无疑将享有那份最少的。

●案例点评

同样是7个人，不同的分配制度，就会有不同的风气。制度至关重要，如何制定这样一个制度，是每个领导需要考虑的问题。那么，什么制度是最好的制度？适合的就是最好的。是从自己的组织土壤里生长出来的，而不是从专家学者的专著中生搬硬套而来。制度是生物，不是产品，制度是人选择的。好的制度浑然天成，清晰而精妙，既简洁又高效，令人为之感叹。

3. 幼儿园规章制度

幼儿园规章制度是为了实现幼儿园整体工作目标，要求全园职工甚至幼儿及其家长共同遵守的行为准则，也是幼儿园各部门按一定程序办事的规矩。

幼儿园规章制度是要求幼儿园全体成员共同遵守的，并按照一定程序办事的行动准则和操作规程的体系。[①] 因此，制度不仅仅是文本规定的章程、规范、条例等，它更是

---

① 何幼华. 幼儿园管理创意设计[M]. 上海：华东师范大学出版社，2006.

一种文化，是在特定价值判断基础上的行为规范体系。随着文本化管理时代的到来，制度文本成为学前教育机构制度管理的依据。如果制度都是朝令夕改和口耳相传的，那么这种缺乏文本理念的管理就是没有权威的管理。因此，为了实现学前教育机构目标，幼儿园需对各类工作人员的工作和职责建立一套文本系统的组织制度规范，加以系统化、条理化，形成一种行为准则和工作规程，强化制度管理。

(二)幼儿园规章制度的种类

通用的规章制度的种类

规章制度包括行政法规、章程、制度、公约四大类。不同的类别，反映不同的需要，适用于不同的范围，起着不同的作用。

* 行政法规类

1. 条例。条例是具有法律性质的文件，是对有关法律、法令作辅助性、阐释性的说明和规定；是对国家或某一地区政治、经济、科技等领域的某些重大事项的管理和处置作出比较全面、系统的规定；是对某机关、组织的机构设置、组织办法、人员配备、任务职权、工作原则、工作秩序和法律责任作出规定或对某类专门人员的任务、职责、义务权利、奖惩作出系统的规定。它的制发者是国家最高权力机关、最高行政机关。

2. 规定。规定是为实施贯彻有关法律、法令和条例，根据其规定和授权，对有关工作或事项作出局部的具体的规定。是法律、政策、方针的具体化形式，是处理问题的法则。主要用于明确提出对国家或某一地区的政治经济和社会发展的某一方面或某些重大事故的管理或限制。规定重在强制约束性。它的制发者是国务院各部委、各级人民政府及所属机构。

3. 办法。办法是对有关法令、条例、规章提出具体可行的实施措施；是对国家或某一地区政治、经济和社会发展的有关工作、有关事项的具体办理、实施提出切实可行的措施。办法重在可操作性。它的制发者是国务院各部委、各级人民政府及所属机构。

4. 细则。细则是为实施"条例""规定""办法"作详细、具体或补充的规定，对贯彻方针、政策起具体说明和指导的作用。它的制发者是国务院各部委、各级人民政府及所属机关。

＊章程类

章程是政府或社会团体用以说明该组织的宗旨、性质、组织原则、机构设置、职责范围等的纲领性文件，具有准则性与约束性的作用。它的制发者是政党或社会团体。

＊制度类

1. 制度。制度是有关单位和部门制定的要求所属人员共同遵守的准则，是机关单位对某项具体工作、具体事项制定的必须遵守的行为规范。它的制发者是机关团体、企事业单位及其部门。

2. 规则。规则是机关单位为维护劳动纪律和公共利益而制定的要求大家遵守的关于工作原则、方法和手续等的条规。它的制发者是机关团体、企事业单位及其部门。

3. 规程。规程是生产单位或科研机构，为了保证质量，使工作、试验、生产按程序进行而制定的一些具体规定。它的制发者是机关团体、企事业单位及其部门。

4. 守则。守则是机关团体、企事业单位要求其成员遵守的行为准则，它倡导有关人员遵守一定的行为、品德规范。它的制发者是机关团体、企事业单位及其部门。

5. 须知。须知是有关单位、部门为了维护正常秩序，搞好某项具体活动，完成某项工作而制定的具有指导性、规定性的守则。它的制发者是有关单位、部门。

＊公约类

公约是人民群众或社会团体经协商决议而制定出的共同遵守的准则。是人们为了维护公共秩序，经集体讨论，把约定要做到的事情或不应做的事情，应该宣传的事情或必须反对的事情明确写成条文，作为共同遵守的事项。它的制发者是人民群众、社会团体。

1. 幼儿园规章制度的层次

幼儿园规章制度按颁布和制定规章制度的部门划分，大致有两个层次：

第一，是国家立法机关即全国人民代表大会和各级政府及其教育行政部门等统一制定的教育法规和有关的规章制度。如《中华人民共和国教育法》《教师法》《幼儿园管理条例》《幼儿园工作规程》，及地方制定的幼教行政法规、有关的规章制度等。这是国家和各级政府宏观管理各级各类幼教机构的行政法令、法规，是举办幼儿园必须遵循和贯彻执行的。国家和各级政府的宏观政策是管理幼儿园的根本依据，对于建立幼儿园正常的秩序具有指导作用。

第二，是幼儿园依据国家法律和教育行政制度的法规，结合本园实际自行制定的规章制度。这是幼儿园具体实施园所管理的工具，是使幼儿园工作能有正常的、稳定的秩序，协调各类人员的行为，提高组织效率的保证。

2. 幼儿园规章制度的类型

建立健全幼儿园的内部规章制度是办好幼儿园的一项基础工作。幼儿园规章制度的类型多种多样，主要划分为四大类型：各类人员岗位责任制、全园性制度、部门性制度、考核与奖惩制度。

（1）岗位责任制。

岗位责任制是幼儿园各项规章制度的核心。岗位责任制是通过明确的规定，使每一个工作岗位的职责明晰化，并将它落实到具体负责人的一种制度。岗位责任制是在幼儿园的全部工作实行定员、定编、定岗的基础上，对每一个岗位规定出完成工作的时间、工作质量与数量的制度。岗位责任制起着明确职责、调整和处理各个岗位之间的职务、责任、权力和关系的作用，使组织的各类人员能在其位、行其事、尽其责。

如：某幼儿园制定了园长、教师、保育员等岗位责任制。其中，教师岗位职责为：

①落实《幼儿园工作规程》《幼儿园管理条例》及全园工作计划，结合本班幼儿特点和个性差异，制定教育教学工作计划，合理安排幼儿生活并组织实施。

②积极参加政治、业务学习及保教、教研、科研活动，遵循幼儿教育规律，探索教育方法，提高保教质量。

③指导并配合保育员做好本班的卫生保健工作，给幼儿创设良好的环境。

④按时完成保教计划、教养笔记、观察记录，分析幼儿的身心发展规律。

⑤定期或不定期地向教研组长汇报工作，接受其检查和指导。

⑥保证幼儿的生命安全，杜绝任何危害幼儿生命安全的事故发生。

⑦与家长保持经常联系，通过各种方式与家长密切配合，共同完成保育和教养任务，使幼儿健康成长。

（2）全园性制度。

幼儿园应根据园所总目标和培养优良园风的要求，制定出一整套指导集体活动的规章制度，使各部门、各类人员的工作、学习和生活有一个统一的规则或准则。全园性制度可以起到指导、组织集体的共同活动，统一各类人员行为，建立工作常规和行为规范的作用，如幼儿园考勤制度、教职工行为规范、安全制度、家长工作制度等。

新时代幼儿园教师职业行为十项准则

教师是人类灵魂的工程师，是人类文明的传承者。长期以来，广大教师贯彻党的教育方针，教书育人，呕心沥血，默默奉献，为国家发展和民族振兴作出了重大贡献。新时代对广大教师落实立德树人根本任务提出新的更高要求，为进一步增强教师的责任感、使命感、荣誉感，规范职业行为，明确师德底线，引导广大教师努力成为有理想信念、有道德情操、有扎实学识、有仁爱之心的好老师，着力培养德智体美劳全面发展的社会主义建设者和接班人，特制定以下准则。

1. 坚定政治方向。坚持以习近平新时代中国特色社会主义思想为指导，拥护中国共产党的领导，贯彻党的教育方针；不得在保教活动中及其他场合有损害党中央权威和违背党的路线方针政策的言行。

2. 自觉爱国守法。忠于祖国，忠于人民，恪守宪法原则，遵守法律法规，依法履行教师职责；不得损害国家利益、社会公共利益，或违背社会公序良俗。

3. 传播优秀文化。带头践行社会主义核心价值观，弘扬真善美，传递正能量；不得通过保教活动、论坛、讲座、信息网络及其他渠道发表、转发错误观点，或编造散布虚假信息、不良信息。

4. 潜心培幼育人。落实立德树人根本任务，爱岗敬业，细致耐心；不得在工作期间玩忽职守、消极怠工，或空岗、未经批准找人替班，不得利用职务之便兼职兼薪。

5. 加强安全防范。增强安全意识，加强安全教育，保护幼儿安全，防范事故风险；不得在保教活动中遇突发事件、面临危险时，不顾幼儿安危，擅离职守，自行逃离。

6. 关心爱护幼儿。呵护幼儿健康，保障快乐成长；不得体罚和变相体罚幼儿，不得歧视、侮辱幼儿，严禁猥亵、虐待、伤害幼儿。

7. 遵循幼教规律。循序渐进，寓教于乐；不得采用学校教育方式提前教授小学内容，不得组织有碍幼儿身心健康的活动。

8. 秉持公平诚信。坚持原则，处事公道，光明磊落，为人正直；不得在入园招生、绩效考核、岗位聘用、职称评聘、评优评奖等工作中徇私舞弊、弄虚作假。

9. 坚守廉洁自律。严于律己，清廉从教；不得索要、收受幼儿家长财物或参加由家长付费的宴请、旅游、娱乐休闲等活动，不得推销幼儿读物、社会保险或利用家长资源谋取私利。

10. 规范保教行为。尊重幼儿权益，抵制不良风气；不得组织幼儿参加以营利为目的的表演、竞赛等活动，或泄露幼儿与家长的信息。

（资料来源：教育部关于印发《新时代幼儿园教师职业行为十项准则》的通知（教师〔2018〕16 号）2018 年 11 月 8 日。）

幼儿园家长工作制度

1. 树立正确的职业道德，建立良好的家园关系，杜绝不正常的家园交往，树立幼儿园教师的良好形象。

2. 定期向家长进行各类调查，征求家长对学校管理、服务、教师保教态度和能力等的意见，发挥家长督促、管理作用。

3. 建立家长委员会

(1)家长委员会由各班1~2名家长代表组成，设正副主任各一名，家长委员会主任是幼儿园园务委员会成员之一。

(2)每学期初召开家长委员会会议，商讨幼儿园工作，制订工作计划，年末家长委员会向家长汇报总结家长工作。学年中根据幼儿园工作需要，委员会可随时召开会议。

(3)家长委员会应通过各种形式听取并及时反映家长对幼儿园工作的意见和建议，并协助幼儿园组织交流家庭教育的经验。

4. 做好家园联系工作。

(1)建立家访制度。新生入园利用暑假对每位幼儿进行家访，以后每学年普访一次，三天不来的幼儿电访或家访，对个别特殊幼儿或遇有问题应随时家访，并做好记录。

(2)建立家长园地、家园联系手册、幼儿个人档案，向家长公布教育教学内容，评定在幼儿园的表现，期末对幼儿进行全面评估，写出幼儿素质报告单。平时利用家长接送幼儿时间，随时做好家园联系工作。

5. 成立家长学校，组织各种形式的家长活动。

(1)每学期初召开一次家长会。

(2)每学期开展一次家庭教育讲座活动。

(3)每学期开展一次家长观摩或家长参与的半日活动。

(4)每学期开展家园同乐活动，如庆祝节日、运动会、春秋游等。

(5)每学年召开一次家庭教育经验交流会。

(3)部门性规章制度。

建立和完善幼儿园各部门的规章制度，可以起到明确各层次、各部门工作的任务和职责，加强科学管理的作用，如保教部门工作制度、工作标准和程序、总务部门工作制度等。

幼儿园教研制度

1. 成立以园长为组长的园课程领导小组，成员由业务园长、教研组长等组成，每月召开一次例会，研究幼儿园课程实施问题，统一认识，明确任务。领导小组要定期检查各组教研活动开展情况，并给予指导。

2. 根据本园实际情况，成立不同层次的教研组开展教学研究，根据教师研究和幼儿发展的需要，成立小、中、大班和特色备课组。

3. 教研活动有计划、有专题，按照计划定期开展研讨活动，及时做好总结，力求取得成果。原则上各教研组每两周进行一次大教研学习、一次小教研学习、一次备课活动，每次学习活动保证1.5小时。

4. 教研活动做到定时间、定地点、定内容、定中心发言人，有活动记录。教研形式力求多样，富有实效，吸引教师积极主动地参加活动。

5. 教研组定期举行教学反思、案例分析、教学观摩、交流评比等活动，积极鼓励教师重实践、勤反思、善总结，要求教师对照理论积极实践，认真撰写经验总结和论文，对于论文发表和交流的教师给予奖励，并在一定范围内积极推广。

6. 每位教师准时参加教研活动，不得无故缺席，因故不能参加活动必须向园长或直接负责人请假。教师要认真参加教研活动，积极参与讨论，认真做好笔记，努力形成争鸣、探究、团结的教研氛围。

7. 教研组重视对教师的指导与培养，做好新教师指导工作，使新教师在业务上尽快提高，同时做好各类资料的积累工作。

(4) 考核与奖惩制度。

考核是对组织成员履行职责和完成工作任务的情况进行检查和评定。考核的方式有自评、群众互评、领导评价检查，在实施时应将三者相结合，定期或不定期地进行，并形成制度。

奖惩是在考核评定的基础上进行的，还需建立考核奖惩制度与之相匹配，从而保证岗位责任制和其他规章制度的贯彻执行。

 案例分享

幼儿园教职工考核奖惩办法（节选）

为了提高幼儿园保教工作质量，把我园建设成为人民满意的幼儿园，充分调动全体教职员工的积极性，增强全体员工的爱岗敬业精神，提高保教质量，特制定本办法。

一、考核领导小组成员

组长：园长、副园长。

组员：保教主任及各班班长。

二、考核内容

1. 遵守教师职业道德规范方面。

2. 遵守各项规章制度方面。

3. 履行岗位职责和执行幼儿园一日保教工作方面。

三、考核方法

自评、他评、上级领导评，自下而上地进行考核，在考核的基础上进行奖惩。

四、奖励内容和标准（节选）

1. 积极提出合理化建议，被幼儿园采纳的，奖励_____元。

2. 撰写的幼儿教育论文在市级以上刊物发表的1500～2000字以内奖励_____元，2000字以上奖励_____元。

3. 论文获全国一、二、三等奖，分别奖励_____元、_____元、_____元；论文获市级一、二、三等奖，分别奖_____元、_____元、_____元；论文获区级一、二、三等奖，分别奖_____元、_____元、_____元。

4. 接待区级以上观摩（半日活动）一次，教师奖励_____元，配班老师奖励_____元。

5. 幼儿出勤加分：幼儿出勤计算额以班级实际配备幼儿人数为计算标准。大中班出勤达到90%、小班87%、托班85%，每班教师奖励_____元；每增加一个百分点加_____元；托班新开班（新生幼儿占80%以上）第一个月每位教师奖励_____元；后勤人员幼儿出勤奖励按全园平均分值计算。

（三）幼儿园规章制度的作用

"没有规矩，不成方圆"，幼儿园是根据党和国家的有关方针、政策和法规，按照

幼儿教育工作规律和幼儿园的实际情况来制定规章制度。幼儿园的规章制度针对幼儿园工作的各个方面，具有约束力和一定强制性，故而被称为幼儿园的"法"。其作用体现在：

1. 规章制度具有指向作用

幼儿园规章制度有着明确的目的要求，它表明这个组织提倡什么、禁止什么，应该怎样、不应该怎样，既是组织活动准则，也反映社会的道德规范和优良的文化传统，可以为全体组织成员指明行动方向。

2. 规章制度具有制约作用

规章制度具有规范性、强制性，制约组织成员按一定的要求去行动。通过建立健全幼儿园工作制度和各类人员岗位职责，事事有章可循，人人明确职责，从而形成正常的工作秩序，使幼儿园工作正常运转，保障保教质量。

3. 规章制度具有保证作用

规章制度起着规范、协调各方面工作和各类人员行为的作用，既分工负责、各司其职，又协调关系使之相互配合，使各方面力量有效地服务于共同的组织目标，提高工作效率和管理效能。

4. 规章制度具有保护职工和幼儿合法权益的作用

职工的合法权益能否得到保证与制度内容的完善程度是相关的。幼儿园教职员工大部分是女性，其孕期、待产期、哺乳期时的合法权益应该得到保障。幼儿作为未成年人，其应享有的合法权益也应得到保障，为此，完善的规章制度对保护职工和幼儿的合法权益有着积极作用。

5. 规章制度具有调动教职工积极性的作用。

规章制度既有处罚也有奖励，其存在的意义是鼓励教职工将各岗位、各项具体工作做好，而不是以惩罚为目的。基于此，通过符合教职工和幼儿园双重利益的合理的制度，可以在一定程度上调动教职员工的工作积极性。

二、制定幼儿园规章制度的原则

(一)目的明确

幼儿园要制定的规章制度较多，每项规章制度要解决什么问题，达到什么目的一定要明确，否则，规章制度就难以发挥作用。

(二)有法必依

制定和实施规章制度是一项政策性很强的工作，幼儿园所制定的规章制度必须符合党和国家的政策法规，做到有法可依，不能与之相违背。

（三）科学可行

幼儿园制定的规章制度必须是科学的，能充分体现幼教工作的本质属性，符合教育与管理的客观规律，符合教师的劳动特点，符合幼儿身心发展规律，还要从幼儿园实际情况和工作需要出发，使之具有操作性、可行性。

（四）以人为本

幼儿园制定各项规章制度的根本目的，是要有利于实现教育目标，因而要充分发挥规章制度作为教育手段的作用。制度的制定要让教职工积极参与，走群众路线，要从幼儿发展、教育工作的实际需要出发，富有教育意义，从而通过制度的制定激发教职工的积极性，提高执行制度的自觉性，实现自我管理与教育。

（五）完整简洁

幼儿园各项工作所涉及的具体方面都应有相应的制度保障，使教职工在工作中能有章可循，但每一项规章制度，内容要简明扼要，文字准确精练，不同制度之间要相互配套，相互呼应。

（六）相对稳定

幼儿园的各项规章制度必须保持相对稳定性，使之在一定时间内充分发挥作用，规范教职员工的行为，进而帮助教职工形成良好的思想作风和行为习惯，保证为幼儿园师生员工创造良好的工作、学习和生活环境。当然，随着形势的变化和认识的深化，幼儿园各项规章制度也应进行相应的修改，使之不断完善。

三、幼儿园规章制度的执行与完善

每个幼儿园不仅要重视规章制度的制定，更应该重视规章制度的贯彻执行，才能发挥其作用。

（一）注重宣传讲解，使教职员工熟悉制度

幼儿园的规章制度被称为幼儿园的"法"，管理者就需要让全体教职员工知晓这些"法"，这是执行好规章制度的前提。管理者要通过多种形式对规章制度进行宣传解释，对新入职员工进行培训，让所有教职员工都知"法"。

（二）园长以身作则，做出表率

为使幼儿园的各项规章制度顺利得以实施，成为全体人员所认同并必须遵守的

"法"，园长必须率先垂范，严格遵守各项规章制度，不可滥用职权徇私枉法，这样，才能弘扬幼儿园的正气，让全体人员都知道本园有"法"必依。

（三）执法必严，违法必究

幼儿园的各项规章制度要成为具有约束力和强制性的"法"，就要注意"法"的严肃性，要严格要求，认真督促检查，同时将检查与奖惩结合起来。管理者要深入各部门、各班组，了解和检查制度的执行情况，并给予督促、指导，以便掌握有价值的信息，为以后的修订和完善做准备。管理者可以定期或不定期地依据制度内容逐项检查，及时肯定、表彰执行好的，批评或处罚执行不力或违反制度的。执行制度要坚持一致性、一贯性，做到有章可循，使制度作为管理手段切实发挥其应有的作用。

（四）将制度化管理与人文关怀相融合

规章制度通常而言是硬化的管理手段，体现出强制、强硬的特点，然而，实际工作中，有时会出现某些不以当事人的主观意志为转移的事情，比如，一些教师由于个人无法预知的突发事件，导致违背制度的情况，管理者要本着人文关怀的理念，出于保护教职工的工作积极性的需要，给予相对灵活的处理，让制度的执行既成为约束教职工行为的过程，也成为教职员工思想境界得以升华的过程。

（五）将制度建设与组织文化建设相结合

优良的组织文化作为无形的、能动的环境力量，对组织成员具有导向、教育、凝聚和规范作用，但组织文化的形成需要一系列规章制度加以约束和规范，这种强制力量是形成良好的组织的重要条件。在组织文化由浅层向深层、由外化向内化的过程中，规章制度是一种基本的力量。在规章制度的制定和执行过程中，必须将制度建设与组织文化建设结合起来。

 本章小结

组织是按照一定目的和形式建构起来的社会团体，为了满足运作要求，应有共同的目标、共同的理想、共同的追求、共同的行为准则和与此相适应的组织结构和规章制度，否则组织就会成为一盘散沙。组织结构建设是组织制度建设的首要环节，应注重因事设岗、责权一致、统一命令，从而有效整合各种资源。组织文化是组织在实践活动中形成的并被普遍认可和遵循的有特色的价值观念、团体意识、工作作风、行为规范和思维方式的总和。良好的组织文化就是一整套积极向上的价值体系，确保组织成员遵守这些共同的价值观念体系和共同的行为准则，从而推动管理实践的深化发展。组织制度建构不仅仅停留在文本化制度建设，其更高方向是培植园所文化，因而是组织文化的有机组成部分。规章制度建设是各项工作顺利进行的重要保障，在建立健全学前教育机构各项规章制度，使各项工作有章可循、有据可依的同时，还要注意制度的执行和落实，可以通过宣传教育、管理者以身作则、严格督查等途径使制度真正成为学前教育机构的"法"。

---

1. 什么是组织职能？

2. 分析幼儿园常见的组织结构形态的异同，考虑设计幼儿园组织结构的依据有哪些？

3. 简述组织文化的要素和功能。

4. 如何构建适宜的幼儿园组织文化？

5. 幼儿园常见的规章制度有哪些？

6. 如何执行和完善幼儿园规章制度？

7. 案例分析。试依据幼儿园组织文化建设等相关知识分析郑州市实验幼儿园"幸福教育"组织文化构建与实施对幼儿园文化建设有何启示？

郑州市实验幼儿园的"幸福教育"

郑州市实验幼儿园始建于1958年，1998年首批被评为省级示范园。幼儿园的愿景是创造幸福的教育，享受教育的幸福。让幼儿园成为每个孩子幸福成长的乐园；成为每个教师专业发展的摇篮；让教师成为每个家长值得信赖的伙伴。

一、幸福教育"的内涵

（一）实现共同幸福是总要求

幸福教育就是：以爱心育人、慧心做事的原则为指导，让每一个孩子在丰富、适宜的教育情境中、愉快平等的心理氛围中快乐学习、主动发展；让每一位教师在教育的过程中体会从教的乐趣，享受教育的幸福；让每一位家长感受孩子健康成长的幸福。

幼儿的幸福成长是核心，教师的幸福付出是关键，家长的幸福体验是重点。幼儿园是汇集社会资源的教育平台，幸福教育就是要用幼儿园共同的理想、信念来引导教师理解幸福成长对幼儿的重大意义、对家长的重大意义，并在实践过程中自觉地向往幸福、追求幸福。最终，实现在幼儿园幼儿幸福成长、教师幸福工作、家长感受幸福的局面。

（二）幸福教育的思想体系

1. 办园宗旨

一切为了孩子：我们现在所做的工作都是为了孩子；

为了孩子的一切：所有有益孩子的事情，我们都要努力去做；

为了一切孩子：无论活泼的、好动的，还是文静的、内向的，都需要我们的关怀和爱。

2. 办园目标

坚持保教结合的原则，坚持面向全体幼儿，对其实施体、智、德、美诸方面全面发展的教育，促进其身心和谐发展；继续发挥省级示范园的辐射引领作用，办省市知名的优质幼儿园。

3. 培养目标

追求幼儿在主动学习过程中的幸福成长是"幸福教育"的核心目标。我们在观察幼儿的日常生活的基础之上提出以"健康""快乐""聪慧""文明"作为幼儿童年幸福的核心要素。

4. 园训

爱心育人，慧心做事

5. 园徽

园徽借用了儿童玩具风车的形象，使标志充满了天真活泼的气息，表达童年是人生起点又是精神故乡之意。旋转的风车定格为心形，寓意为爱心育童心。一切为了孩子的健康成长，为孩子幸福人生奠基。

红色风叶代表教育幼儿热情耐心，橙色风叶代表照顾幼儿周到细心，绿色风叶代表家长工作尽心尽心，蓝色风叶代表教育科研专注恒心，最后汇聚成一颗心即全体市实验人对孩子的无限爱心，更蕴涵了我们爱园如家、爱生如子、爱岗敬业、团结友爱的深刻内涵。

6. 园歌

伴着清晨第一缕阳光，我们走进市实验幼儿园，一声声清脆的老师好，迎来一天的快乐时光。在这里，辛勤的园丁唱响无私奉献的赞歌，用她们慈母的胸怀创造青春的闪光和辉煌。在这里快乐的天使像小鸟一样歌唱，一朵朵幸福的小花和树儿一起快乐的成长。郑州市实验幼儿园我们温暖可爱的家，这里是我们的乐园，我们永远难忘的地方，我们永远难忘的地方。

二、"幸福教育"的构建

（一）幸福是人类的终极追求

幸福，是指一个人的需求得到满足而产生长久的喜悦，并希望一直保持现状的心理情绪。正是因为这种喜悦获得感与美好的情绪体验，幸福毫无争议地成为全人类共同的奋斗目标。

苏霍姆林斯基曾经说过："理想的教育是培养真正的人，让每一个人都能幸福地度过一生，这是教育应该追求的恒久性、终极性价值。"同时指出"为了使孩子成为有教养的人，第一要有欢乐、幸福及对世界的乐观感受"。幸福的教育就是要让孩子时刻生活在鼓励、诚信、幸福之中，让他们学会自信，学会包容，学会真理。让教育生活体现快乐幸福，从而促进每一个幼儿健康快乐的成长。

（二）新时期幼儿教育的追求

21世纪以来，期盼幼儿教育高质量的发展已经是社会的广泛共识。而所谓高质量的幼儿教育在根本上就是要建立对幼儿发展的合理期望，实施科学的保育和教育，让幼儿度过幸福而有意义的童年。作为幼儿教育的基层实践者，我们在60多年的办园历程中，不断总结和提炼幼儿园的办学行为和办学思考，最后形成了"幸福教育"的教育思想，这是我们对新时代幼儿教育追求的回应。

（三）历年办学行动的理念提升

在60多年的办园历程中，我们一直坚持以儿童幸福成长的理念去理解和实践旨在促进幼儿全面发展的幼儿教育，通过不断总结和提炼幼儿园的办学行为和办学思考，最后形成了"幸福教育"的教育思想。

三、幸福教育的全面践行

（一）建设幸福课程体系

课程是园所文化核心体现。在梳理分析幼儿成长所需要的教育和深化理解"幸福教育"的基础之上，我们提出了建设互动式主题课程的思路。在互动式主题课程中，我们努力追求师幼互动、幼幼互动、家园互动、师师互动等多层次、多维度的互动。使"互动"成为贯穿课程的主线和基调。

围绕着幸福课程建设的目标，我们梳理了可以利用和使用的文化资源和环境资源，例如豫剧、少林寺、二七塔、黄河水、月季花、烩面等标志性的资源，形成季节和时令为纵线、本土文化资源为横线，以集体教育活动、户外及体育活动、区域及游戏活动、生活及过渡活动为形式的课程体系。

（二）引领幸福教师发展

幸福教育目标的实现，最终还是要依靠教师。没有教师的有效发展，就不会有幼儿的幸福童年；没有幸福的幼儿教师，幼儿园的幸福教育就成了空中楼阁。引领教师的幸福是深入践行幸福教育的关键举措。

1. 制度建设，管理引领队伍发展

2. 青蓝工程，促新教师快速成长

3. 恳谈新人，顶层设计教师研修

4. 名师培养，提升骨干教师水平

（三）构建幸福家园关系

幼儿园倡导建立互相信任、互相尊重、互相学习、互相支持的新型家园关系。入园前开展家长讲座，使家长朋友们进一步了解幼儿园的"幸福教育"理念。开展特色家长进课堂，利用家长的教育资源让中华武术、传统戏曲、中国茶艺、音乐交响诗等多领域特色课程走进课堂，班级家长代表组建的"亲子俱乐部"，组织了远足、郊游及各类参观活动。

(四)创设幸福成长环境

幼儿园与专门的设计师合作在小花园里添设了供幼儿游戏的沙池,供幼儿养殖和观察鱼儿的小池塘,在几棵大树之间设计了高低适中的梅花桩,在小池塘上面构建了木制的小桥,增加幼儿园攀爬架等设施,成为孩子们游戏和学习的重要区域。班级的环境成了孩子们生活和游戏的展览馆,在班级门口专门开辟出"主题墙",成为班级课程的同步说明书和幼儿的成长展览墙。

(资料提供:郑州市幼教发展中心党支部书记、主任郝江玉。)

1. 网络资源:中国大学 MOOC《幼儿园组织与管理》精品在线开放课程。

2. 文献资源:

(1)施祖留,等. 组织文化案例[M]. 北京:人民出版社,2010,3.

(2)石伟. 组织文化[M]. 上海:复旦大学出版社,2010,9.

(3)南京市鼓楼幼儿园. 园所文化[EB/OL]. http://www.njgy.net.cn/.

(4)中华女子学院附属实验幼儿园园长胡华:给孩子打造一幅"自然画卷"[EB/OL]. https://www.sohu.com/a/126390024_100886.

1. 何幼华. 幼儿园管理创意设计[M]. 上海:华东师范大学出版社,2006.

2. 杜燕红. 学前教育管理学[M]. 郑州:郑州大学出版社,2012:7.

第三章　领导职能

 本章提要

　　领导职能是管理的重要职能之一，是指在组织目标、组织结构确定的情况下，管理者如何带领、指引下属去完成组织目标。领导是通过改变他人的行为去实现组织目标，园长是幼儿园管理的主体，一方面要为幼儿园的发展确立方向，另一方面又要具有较高的人格魅力，从而和广大教职员工一道实现幼儿园的共同目标。

　　本章首先分析了领导的含义和领导力，探讨了园长领导力结构、园长领导艺术，分析了园长负责制的含义和园长任职资格。园长作为幼儿园的管理者，应该不断提升个人素质。

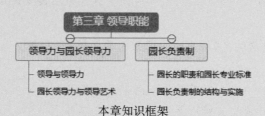

本章知识框架

【认知目标】

1. 什么是领导职能？

2. 园长领导力、园长负责制的含义是什么？

【能力目标】

1. 园长领导力表现在哪些方面？

2. 如何提高园长领导艺术？

3. 如何执行园长负责制？

【教学重难点】

1. 教学重点：（1）园长领导力

　　　　　　　（2）园长负责制

2. 教学难点：园长负责制

【教学学时】

3 课时

从高跟鞋看园长的领导角色与管理艺术

又到了做操时间了，园长发现李老师还是穿着高跟鞋带操，不免有些气恼：已经说过她三次了！园长欲上前制止她这种行为，转念一想，还是等她做操出现不方便时再指出其错误，这样针对性会更强。然而，整个带操过程中，李老师做得极其自然、顺畅，穿着高跟鞋的她跑、跳、转也很到位，仿佛脚下是一双平底鞋。但幼儿园明确规定：教职工带班时不准穿高跟鞋。为了树立自己的权威，园长当面与李老师说明她穿高跟鞋不对，要受到惩罚，不料李老师嘴一撇说："罚就罚呗，我懒得换鞋。"

事后，园务委员找李老师谈心，她还振振有词地说："我穿高跟鞋带班已经习惯了，从来没有发生过踩小孩或自己扭脚的状况；况且从展现幼儿园教师形象考虑，我个子不高，穿高跟鞋才能够显出气质和风度……"李老师私下还与其他同事说："我就是不想听领导的话，她们上班可以穿高跟鞋，我们却挨罚，这不是明摆着领导整职工吗？"一时间，这件事在园里议论纷纷。

（资料来源：改编自《幼儿园管理案例及评析》张燕等，北京师范大学出版社，2002。）

问题思考：从李老师私下对其他同事说的话思考园长应在幼儿园扮演什么样的领导角色？评价园长对这件事的处理是否得当。

第一节　领导力与园长领导力

一、领导与领导力

（一）领导

1. 领导的含义

每一个组织的生存与发展很大程度上依赖于有效的领导。管理学家们曾提出领导这一概念的多种定义。20世纪70年代，斯多格迪尔在查阅大量文献资料后，归纳了10种有关领导定义的主题句：①领导是团体过程的核心；②领导是个性及其影响的重合；

③领导是一门引导服从的艺术；④领导即施加影响；⑤领导是一种行动或行为；⑥领导是一种说服的形式；⑦领导是达成目标的手段；⑧领导是相互作用的结果；⑨领导是特别的角色；⑩领导是结构的创新。在诸多对领导的理解中，既有个性化的内容，更有共性的内涵。

我们认为：领导是在一定的社会组织和群体内，为实现组织预定目标，领导者运用其法定权力和自身影响力影响被领导者的行为，并将其导向组织目标的过程。这个定义包括三层递进的基本含义，即：领导是一种过程；领导是领导者向被领导者施加影响的过程；领导是领导者对被领导者施加影响以实现组织目标的过程。

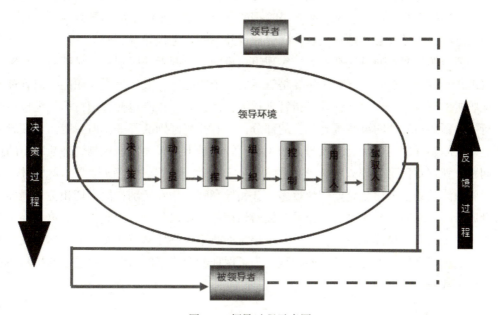

图 3-1　领导过程示意图

领导者要做好 1.75 件事

1 件事——你的员工能胜任岗位吗？（人有岗，岗有人，即为胜任。）

0.5 件事——胜任员工中，有优秀的吗？是谁？

0.25 件事——优秀员工中，有卓越的吗？是谁？能否做"接班人"？

由此说明领导者在管理过程要将复杂的事情简单化，关注重要的工作，做出相应的决策。

2. 领导与管理

管理和领导是两个不同的概念。通过对两者分析，也可以更好地理解领导的概念。著名管理学家约翰·科特认为管理和领导的功能不同。管理的主要功能是协调组织秩序和统一，通过制订计划，进行预算；组织及人事管理；控制解决问题等寻求秩序和稳定性。而领导的主要作用则是通过开辟视野，制定策略；与员工沟通交流，鼓舞士气等带来变革与运作。罗斯特也认为两者有明显差异。他提出领导关系是一种具有多向影响性质的关系，管理关系则是一种单向的、存在权威的关系。领导涉及的是一个发展共同目标的过程，管理则是为了完成一项工作而对各项工作行动作出安排。领导专指人对人的关系，是上级有意识地影响下级完成既定任务的行为过程，而管理除此之外，还包括了对人、对物的系统操作。可见，领导是管理的一个职能，组织中的领导行为仍属于管理活动的范畴，领导者必然是管理者，而管理者并不一定是领导者。

管理与领导两者的目的都是为了实现组织目的，但两者的区别却是显著的：①领导和管理并不完全属于同一范畴。领导是管理的一个职能，一般称为领导职能，但管理的其他职能，则不属于领导。管理是指管理行为，而领导工作既包括管理行为，也包括业务行为。领导与管理的范畴既有包含的部分，又有互相区别的部分，但一般而言领导主要是对人的领导，主要是处理人与人的关系，特别是上下级关系，这是管理活动中的核心问题；管理不仅要处理人与人之间的关系，还要处理财与物、物与人、人与财的关系。管理涉及的范围比领导要广泛得多。②领导和管理相互区别，但密切相关。领导和管理属于两个不同的行为层次，但是它们密切相关、难以分离。领导活动的重点在于做出决策，确立奋斗目标、规划，以及制定相应的政策，领导从整体发展的目标出发，着重于争取赢得良好的外部环境；而管理是为了保证领导确定的目标，着重于维护和加强组织的正常秩序。

（二）领导力

1. 领导力的含义

领导力简单的解释就是领导能力，但关于领导力的定义，可谓见仁见智。19世纪末20世纪初领导特质理论着重研究领导者人格特质，认为领导力是人们在不同程度上所具备的某种或是多种特性，这意味着它存在于某些特定的人中，并把领导力仅仅局限在那些被认为具有领导天赋的人身上。诸如，我们经常听到对人的评价："他生来就是做领导的料。"今天已逐渐从领导者的人格特质和行为等个体研究扩展到整个组织情境交互作用的影响。认为领导力并不是存在于领导者身上的某一特点或性格，而是发生于领导者及其下属之间的一种交互过程。领导力是一种组织中存在的现象，每个人都可能具有，我们可以在领导者的行为中觉察到作为过程的领导力，也可以通过学习具备这种能力。

据此我们认为，领导力就是一种特殊的人际影响力，组织中的每一个人都会去影响他人，也要接受他人的影响，因此每个员工都具有潜在的和现实的领导力。在组织中，领导者和成员共同推动着团队向着既定的目标前进，从而构成一个有机的系统。

2. 领导力和权力

领导力和权力是两个密切联系的概念。

权力是影响他人行为的能力。许多人认为"领导者是权力的应用者"，其实，权力的运用不应仅仅是领导者为了达到自己目的而去影响他人，应把权力当作一种共享的资源，为领导者及其下属共同使用以达成双方共同的目标。

权力包括正式权力和个人权力两类。正式权力包括强制性权力、奖赏性权力、法定性权力；个人权力包括专家性权力和参考性权力。

强制性权力是通过心理、情绪或身体威胁要求服从的权力。一个人如果不服从就可能产生消极后果，出于对这种后果的惧怕，就会对强制性权力做出反应。奖赏性权力与强制性权力相反。人们之所以服从是因为能为他们带来益处。获得法定性权力的基础是在组织结构中的职位。

专家性权力源于专长、技能和知识。参考性权力的基础是对拥有理想资源或个人特质的人的认同。如果领导者以其身份、魅力影响下属，使其模仿、忠诚于领导者，作出积极的反应，那么，领导者就拥有了对下属的参考性权力。

二、园长领导力

园长作为幼儿园的领导，要带领教职员工实现机构的远景目标，必须具有较强的领导力。

园长领导力是指园长借助其职位和个人魅力，使其命令、劝告或建议能引起其他个体或群体做出预期反应的一种影响力，能够产生交互作用，共同实现机构目标。

(一)园长领导力的结构

依据现代管理学理论，园长领导力包括权力性影响力和非权力性影响力两部分。

(1)权力性影响力。权力性影响力是由领导者掌握合法职权并能合情合理地加以运用而产生的影响力。这种影响力是由领导者掌握的特定资源派生出来，具有"法定"依据，表现在聘用权、奖惩权等权力的运用，对教职工的影响有明显的强制性。

管理过程中，领导者利用手中的权力执行各项规章制度，谋划机构发展，可以有力地影响教职员工的行为，保证管理工作顺利开展。但如果单凭这种强制性权力行使领导职能，往往会使教职员工消极被动地适应甚至应付，不利于充分发挥其积极性，同时，也易形成一言堂家长式管理作风，有可能出现滥用职权现象。

(2)非权力性影响力。非权力性影响力是由领导者自身所表现出来的良好的品格、卓越的才能、丰富的知识和经验、真挚而友善的感情因素构成的。非权力性影响力是自然产生的，非强制性的，主要来自教职工对领导者的敬佩、信服、爱戴，能够对教职工的心理和情感产生比较深刻的影响作用，有利于组织氛围的建立。

园长领导力的这两部分是相互联系的，如果园长非权力性影响力大，则其权力性影响力也会加大，反之则下降，正所谓"其身正，不令而行；其身不正，虽令不从"。

(二)园长的领导艺术

较高的园长领导力具体体现在园长的领导艺术上，园长领导艺术是园长领导力的具体体现。所谓园长领导艺术是指园长在一定学识、智慧、能力、经验和气质等因素的基础上，为实现幼儿园目标，面对各种领导条件，灵活、恰当、创造性运用领导策略、技巧和风格，它是领导者的素质和领导水平的综合表现。

园长是位特殊的领导者与教育者，幼儿园领导效能的提高，很大程度上依赖于园长的领导艺术，一个好的园长就意味着一所好的幼儿园，一个优秀的幼儿园园长应该具有多方面的管理艺术。

1. 用人的艺术

办好幼儿园的关键因素在于用人。用人艺术是领导者的基本职能。苏霍姆林斯基说：校长是一个特殊乐队的指挥，这个乐队是用极精细的乐器——人的心灵来演奏的，你的任务就是要听到每个演奏者发出的声响。作为一园之长，要具备"识人的慧眼，爱人的热心，举人的胆略，用人的气度"，凡具有这样的素养，其领导下的教职工的积极性、主动性和创造性才会提高，幼儿园的工作才会表现出生机勃勃，富有活力。

用人的艺术体现在：

(1)职能相称，能级相应。既不可大材小用，也不可小材大用，更不可无才乱用。

(2)用人所长，人事相宜。用人之诀在于用人所长，且最大限度地实现其优势互补。用人所长要注意"适位""适时""适度"，即实现人才所长与岗位所需的最佳组合，以素质为依据，对看准的人要大胆及时使用，用人不能"鞭打快牛"。

(3)用人唯贤，破石拔玉。对确有能力才干的人，应不拘一格，让其在相应的岗位上充分发挥作用，"磨而不磷，涅而不缁"，才能培养出德才兼备的好教师。

(4)优势互补，形成合力。幼儿园是一个整体，若能将每个人的长处融合一起，合理使用，势必收到1+1>2的效应。注意避免求全责备，用发展的观点看人用人，健全能者上、适者任、庸者下的用人机制。

2. 决策的艺术

毛泽东主席曾指出领导者的责任，归结起来主要是出主意、用干部两件大事。决策即出主意，是领导者要做的主要工作。应做到：

(1)有勇有谋，统筹全局，随机处置。

(2)科学运用"两分法"。智者之虑，必顾齐全，只有多视角观察，才能因机取胜。

(3)决策前注重调查。作出重大决策前，要先在全园调查研究，掌握全园教职工的心态和想法，并及时和他们沟通。在决策中要充分发扬民主，优选决策方案，适时进行决策。决策后狠抓落实，做到言必信、信必果。

3. 处世的艺术

常听到不少领导者感叹：现在的事情实在太多，怎样忙也忙不过来。一个会当领导的人，不应该成为做事最多的人，而应该做自己该做的事，成为做事最精的人。应注意：

(1)对该自己管的事一定要管好，对不该自己管的事一定不要管。尤其是那些已经明确了是下属分管的工作和只要按有关制度就可办的事，善于授权。

(2)多做着眼明天的事。领导者应经常去反思昨天，干好今天，谋划明天。多做一些有利于本教育机构可持续发展的事。

(3)多做最为重要的事。领导者在做事时应先做最重要和最紧要的事，不能主次不分，见事就做。

4. 协调的艺术

协调不仅要明确协调对象和协调方式，还要掌握一些相应的协调技巧。体现在：

(1)对上请示沟通。平时要主动多向领导请示汇报工作，要主动沟通。错了的要大胆承认，误会了的要解释清楚，以求得到领导的谅解。

(2)对下沟通协调。当下属在一些涉及个人利益的问题上与单位或对领导有意见时，领导者应通过谈心、交心等方式来消除彼此间的误解，不能以"打哈哈"的方式去对待人。

(3)对外争让有度。领导者在与姐妹园或平级单位的协调中，其领导艺术就往往体现在争让之间。

5. 沟通的艺术

如何说话、沟通是一门艺术，它是反映领导者综合素质的一面镜子，也是下属评价领导者水平的一把尺子。尤其是在幼儿园这种以女同志为主的特殊群体里，以情感为基础的良好的沟通更成为推动保教工作开展的润滑剂。

沟通时应把握如下要点：

(1)增加描述问题减少责怪谴责。每个人都有这样的体验：当别人喋喋不休地指出你做错的时候，你往往会有抵触情绪，相反，如果只是客观地描述问题，听者会把精力集中在问题本身。这是因为接受提示比接受谴责容易很多，所以，遇到问题，领导者要多使用描述语言，避免指责和埋怨。

(2)增加个别交流减少当众说教。主动的、坦诚的、积极的个别沟通是一种外柔内刚的弹性管理，是园长与教师之间最好的沟通方式。个别沟通有推心置腹之感，也有交心之便。同时也能够保护对方的隐私，听取真实的意见和看法。

(3)增加简洁提示减少长篇大论。在许多情况下，多说不如少说。尽量用"问题是"，少用"但是"。"问题是"像邀请对方一起共同来面对问题，"但是"就好比对教师关上了门；尽量用"怎么的"，少用"为什么"。用"为什么"或"为什么不"，感觉是责备别人，易产生敌意；尽量用"我们"，少用"你们"，可以拉近双方的心理距离；尽量"解决问题"，少"涉及后果"。不同沟通方式比较可见表 3-1。

表 3-1　不同沟通方式比较

责怪谴责	描述看到的问题或指明方法
"你真不负责任，放学时总不能站到门口来接待家长，你想弄点走失事故啊？"	"放学时还是站在门口比较好管理。"
"真讨厌，你们班门口怎么总是垃圾？"	"垃圾扔到垃圾桶里，门口就整洁了。"
"你怎么就不长记性？再让我看到有孩子站在前面，就扣你的绩效工资！"	"让好动的孩子坐在预备椅子上，也就是暂时离开座位。"
"为什么你从来不能主动为幼儿园做点事。"	"在中心活动中，园长室很需要人帮忙。"
"还是教师呢，怎么还写错别字，平时就是没有看书学习！"	"这个字错了。"

（4）增加双向交流减少单面传递。不少园长总是一味地把自己的"设想""新观点"等单向地传递给教师，教师大多成了听众，可以改变为让教师引发话题，多倾听老师们对办园的建议，对自己成长的计划和设想，引发教师产生被重视的自豪感及积极参与管理的责任感。

（5）增加平时沟通减少被动沟通。日常工作中多进行一些随意的"唠嗑"，引导老师多思考、多发言，注意倾听。

（6）书面交流与当面沟通共存。如通过手机可以把园长的关心、理解和支持等信息传达给教师；通过 QQ、微信等可以不拘时间、地点展开交流沟通；通过便条可以将想法、建议及时地传递给他人。交流单向、双向、多向并存，也可保证私密性。避免面对面时的拘谨、尴尬，上下级之间本能的心理设防或者情绪冲动。

（7）隐性沟通与显性沟通共存。下属隐性信息的获取是确保有效决策的一个重要基础，加之教师中的冲突更多的是以隐性方式存在，对此，管理者要能够洞察其中的微妙，通过一定的途径去获取隐性信息。比如老师的教育笔记、微信朋友圈、QQ 空间等都是获取隐性信息的途径。

6. 激励的艺术

园长在用人的同时还要及时给予激励，有效地调动她们的积极性，使其不断进取。应注意：

（1）适时进行。美国前总统里根曾说过这样一句话："对下属给予适时的表扬和激励，会帮助他们成为一个特殊的人。"一个聪明的领导者要善于经常适时、适度地表扬下属。这种"零成本"激励往往会"夸"出很多好下属。

（2）因人而异。领导者在激励下属时，一定要区别对待，尽可能"投其所好"。

（3）多管齐下。激励的方式方法很多，有目标激励、榜样激励、责任激励、竞赛激励、关怀激励、许诺激励、金钱激励等，但从大的方面来划分主要可分为精神激励和物质激励两大类。领导者在进行激励时要以精神激励为主，以物质激励为辅，只有形成这样的激励机制，才是一种有效的激励机制，才是一种长效的激励机制。

7. 身教的艺术

园长自身锲而不舍的进取精神、良好的道德和文化修养等非权力性影响力是一种重要的教育力量。为此，园长应不断提升自身素养，以身作则，以自身的人格力量影响带动园所职工不断成长。做到：

（1）热情。园长要抱着满腔的热情去对待园事、家长事、幼儿事，并要做"热得快"，可以办的应马上办，不可以马上办的，也能说明原因，热是一种能源，是一种"精神动力"，有了园长的"热"，就能带动全体教职工的工作情绪。

（2）有两心。园长应有高度的事业心和责任心。高度的事业心主要体现在精益求精的工作作风上。作为园长要有理想和抱负，兢兢业业工作，幼儿园工作无小事，特别是涉及孩子的事都是大事，对每个人和每件事都高度负责的态度就是责任心。

（3）树立三种精神。园长更有乐观主义精神、奉献精神和创新精神。幼儿园五脏俱全，牵涉上（上级）下（群众）前（过去）后（未来）、左邻右舍（社会、家庭及各方面），吃喝拉撒睡，事无巨细，如若没有这三种精神，很难管理好园所。因此，园长应做教师的表率，树立公仆意识，以不计得失、不求索取的工作态度为家长、为教职员工服务。

（4）练好四个基本功。园长要有组织能力、协调能力、管理能力和策划能力。幼儿园好像一部机器，如何使其正常运转，这对每一位园长都是严峻的考验，这就需要园长当好总调度、总联络员，组织协调，建立行之有效的规章制度，有序管理，树立开放办园观，建立多元信息流通的立体办园模式，加强宣传策划，带领幼儿园和教职工投身社会，参与竞争，以优良的保教质量建立自己良好的社会声誉，开创幼教工作的新局面。顺应经济发展和社会进步的需要。领导艺术的魅力是无限的，它需要领导者在自己的工作中不断地探索方法与追求创新，不断地完善自我与发展自我。

第二节 园长负责制

一、园长的职责

（一）园长任职资格

1996 年，国家教委颁布了《全国幼儿园园长任职资格、职责和岗位要求（试行）》。

该资格及职责要求适用于各种类型的幼儿园。它是根据我国幼儿教育对幼儿园园长素质提出的要求、兼顾园长队伍现状而制定的，是选拔、任用、考核和培训幼儿园园长的基本依据。

2015年12月，《幼儿园工作规程》经第48次部长办公会议审议通过，2016年1月5日予以公布，自2016年3月1日起施行。《幼儿园工作规程》第四十条提出：幼儿园园长应当符合本规程第三十九条规定，并应当具有《教师资格条例》规定的教师资格、具备大专以上学历、有三年以上幼儿园工作经历和一定的组织管理能力，并取得幼儿园园长岗位培训合格证书。

幼儿园园长由举办者任命或者聘任，并报当地主管的教育行政部门备案。

（二）园长的主要职责

幼儿园实行园长负责制，幼儿园园长负责幼儿园的全面工作，主要职责如下：

（1）贯彻执行国家的有关法律、法规、方针、政策和地方的相关规定，负责建立并组织执行幼儿园的各项规章制度。

（2）负责保育教育、卫生保健、安全保卫工作。

（3）负责按照有关规定聘任、调配教职工，指导、检查和评估教师以及其他工作人员的工作，并给予奖惩。

（4）负责教职工的思想工作，组织业务学习，并为他们的学习、进修、教育研究创造必要的条件。

（5）关心教职工的身心健康，维护他们的合法权益，改善他们的工作条件。

（6）组织管理园舍、设备和经费。

（7）组织和指导家长工作。

（8）负责与社区的联系和合作。

（三）园长岗位要求

2015年1月，教育部颁布《幼儿园园长专业标准》，提出幼儿园合格园长专业素质的基本要求。具体内容包括：

（1）两个导向，即促进园长专业化和教育家办学。

（2）园长的三种职业角色：教育者、领导者和管理者。

（3）五个办学理念：以德为先、幼儿为本、引领发展、能力为重、终身学习。

（4）六项专业职责，共60条基本要求。具体内容可见表3-2。

《幼儿园园长专业标准》的出台，对于推进幼儿园园长的专业发展具有重要的指导意义，将成为制定幼儿园园长任职资格标准、培训课程标准、考核评价标准的重要依据。

表 3-2 幼儿园园长的专业要求

专业职责		专业 要求
一、规划幼儿园发展	专业理解与认识	1. 坚持学前教育的公益性、普惠性，充分认识学前教育对幼儿身心健康、习惯养成、智力发展具有重要意义。 2. 重视幼儿园发展规划的制定和实施，凝聚教职工智慧，建立共同发展愿景，明确发展目标，形成办园合力。 3. 尊重幼儿教育规律，继承优良办园传统，立足幼儿园实际，因地制宜办好幼儿园。
	专业知识与方法	1. 掌握国家的教育方针和相关的法律法规，熟悉《幼儿园工作规程》《幼儿园教育指导纲要（试行）》《3—6岁儿童学习与发展指南》等学前教育的相关政策。 2. 了解国内外学前教育改革发展的基本趋势，学习优质幼儿园的成功经验。 3. 掌握幼儿园发展规划制定、实施与测评的理论、方法与技术。
	专业能力与行为	1. 把握幼儿园发展现状，分析幼儿园发展面临的问题和挑战，形成幼儿园发展思路。 2. 组织专家、教职工、家长、社区人士等多方力量参与制定幼儿园发展规划。 3. 依据发展规划指导教职工制定并落实学年、学期工作计划，提供人、财、物等条件支持。 4. 监测幼儿园发展规划实施过程与成效，根据实施情况修正幼儿园发展规划，调整工作计划，完善行动方案。
二、营造育人文化	专业理解与认识	1. 把文化育人作为办园的重要内容与途径，促进幼儿体、智、德、美各方面的协调发展。 2. 重视幼儿园文化潜移默化的教育功能，将中华优秀传统文化融入幼儿园文化建设。 3. 将尊重和关爱师幼、体现人格尊严、感受和谐快乐作为幼儿园育人文化建设的核心，陶冶幼儿情操、启迪幼儿智慧。
	专业知识与方法	1. 具备一定的自然科学、人文社会科学知识，具有良好的品德和艺术修养。 2. 了解幼儿园文化建设的基本理论，掌握促进优秀文化融入幼儿园教育的方法和途径。 3. 掌握幼儿身心发展特点，理解和欣赏幼儿的特有表达方式。
	专业能力与行为	1. 营造体现办园理念的自然环境和人文环境，形成积极向上、宽容友善、充满爱心、健康活泼的园风园貌。 2. 营造陶冶教师和幼儿情操的育人氛围，向教师推荐优秀的精神文化作品和幼儿经典读物，防范不良文化的负面影响。 3. 根据幼儿身心发展特点和接受能力，将爱学习、爱劳动、爱祖国教育融入幼儿园一日生活和游戏活动之中。 4. 凝聚幼儿园文化建设力量，鼓励幼儿积极参与，发挥教师的主导作用，鼓励社会（社区）和家庭参与幼儿园文化建设。

续表

专业职责	专业要求	
三、领导保育教育	专业理解与认识	1. 坚持保教结合的基本原则，把幼儿的安全与健康放在首位，对幼儿发展有合理期望。 2. 珍视游戏和生活的独特价值，尊重和保护幼儿的好奇心和学习兴趣，重视幼儿良好的学习品质培养。将人际交往和社会适应作为幼儿良好社会性发展的重要内容。不得以任何形式提前教授小学内容，防止和克服幼儿园教育"小学化"倾向。 3. 尊重教师的保育教育经验和智慧，积极推进保育教育改革。
	专业知识与方法	1. 掌握国家关于幼儿不同年龄阶段的发展目标和幼儿园保育教育目标。 2. 熟悉幼儿园环境创设、幼儿园一日生活、游戏活动等教育活动组织与实施的知识和方法。 3. 了解国内外幼儿园保育教育的发展动态和改革经验，了解教育信息技术在幼儿园管理和保育教育活动中应用的一般原理和方法。
	专业能力与行为	1. 落实国家关于保育教育的相关规定，立足本园实际，组织制定并科学实施保育教育活动方案。 2. 具备较强的课程领导和管理能力，指导幼儿园教师根据每个幼儿的发展需要，制定个性化的教育方案，组织开展灵活多样的教育活动。 3. 建立园长深入班级指导保育教育活动制度，利用日常观察、观摩活动等方式，及时了解、评价保育教育状况并给予建设性反馈。 4. 领导和保障保育教育研究活动的开展，提升保育教育水平。
四、引领教师成长	专业理解与认识	1. 尊重、信任、团结和赏识每一位保教人员，促进保教人员的团结合作。 2. 重视园长在教师专业发展过程中的引领作用，积极创设条件，激励教师的专业发展。 3. 具有明确的建立教师专业发展共同体的意识。
	专业知识与方法	1. 把握保教人员的职业素养要求，明确幼儿园教师的权利和义务。 2. 熟悉幼儿园教师专业发展各阶段的规律和特点，掌握指导教师开展保育教育实践与研究的方法。 3. 掌握园本教研、合作学习等学习型组织建设的方法以及激励教师主动发展的策略。
	专业能力与行为	1. 了解教师专业发展的需求，鼓励支持教师积极参加在职能力提升培训，为教师创造并提供专业发展的条件和环境。 2. 建立健全教师专业发展激励和评价制度，构建教研训一体的机制，落实每位教师五年一周期不少于360学时的培训要求。 3. 培养优良的师德师风，落实教师职业道德规范要求和违反职业道德行为处理办法，引导支持教师坚定理想信念、提高道德情操、掌握扎实学识、秉持仁爱之心，不断提升教师的精神境界。增强保教人员法治意识，严禁歧视、虐待和变相体罚等损害幼儿身心健康的行为。 4. 维护和保障教职工合法权益和待遇，关爱教职工身心健康，建立优教优酬的激励制度。

续表

专业职责		专业要求
五、优化内部管理	专业理解与认识	1. 坚持依法办园，自觉接受教职工、家长和社会的监督。 2. 崇尚以德治园，注重园长榜样示范、人格魅力、专业引领在管理中的积极作用。 3. 尊重幼儿园管理规律，实行科学管理与民主管理。
	专业知识与方法	1. 掌握国家对幼儿园管理的法律法规、政策要求和园长的职责定位。 2. 熟悉幼儿园管理的基本知识，了解国内外幼儿园管理的先进经验。 3. 掌握幼儿园园舍规划、卫生保健、安全保卫、教职工管理、财务资产等管理方法与实务。
	专业能力与行为	1. 形成幼儿园领导班子的凝聚力，认真听取党组织对幼儿园重大决策的意见，充分发挥党组织的政治核心作用。 2. 建立健全幼儿园管理的各项规章制度，严格落实教师、保育员、保健医、保安、厨师等岗位职责，提高幼儿园管理规范化、科学化水平。 3. 建立教职工大会或教职工代表会议制度，推行园务公开，尊重和保障教职工参与幼儿园管理的民主权利，有条件具备的幼儿园可根据需要建立园务委员会。 4. 建立和完善幼儿园应急机制，制定相应预案，定期实施安全演练，指导教职工正确应对和妥善处置各类自然灾害、公共卫生、意外伤害等突发事件。
六、调适外部环境	专业理解与认识	1. 充分认识家庭是幼儿园重要的合作伙伴，积极争取家长的理解、支持和主动参与，促进家园共育。 2. 重视利用自然环境和社会（社区）的教育资源，扩展幼儿生活和学习的空间。 3. 注重引导幼儿适当参与社会生活，丰富生活经验，发展社会性。
	专业知识与方法	1. 掌握幼儿园与家长、相关社会机构及部门有效沟通的策略与方法。 2. 熟悉社会（社区）教育资源的功能与特点。 3. 指导教师了解幼儿家庭教育的基本情况，掌握家园共育的知识与方法。
	专业能力与行为	1. 建立幼儿园对外合作与交流机制，开放办园，形成幼儿园与家庭、社会（社区）及园际间的良性互动。 2. 面向家庭和社会（社区）开展公益性科学育儿的指导和宣传，利用家长学校、家长会、家长开放日等形式，帮助家长了解幼儿园保教情况。开展家庭教育指导，注重通过多种途径，转变家长教育观念，提高家长科学育儿能力。 3. 加强幼儿园与社会（社区）的联系，利用文化、交通、消防等部门的社会教育资源，丰富幼儿园的教育活动。 4. 引导家长委员会及社会有关人士参与幼儿园教育、管理工作，吸纳合理建议。

（资料来源：节选自教育部颁布的《幼儿园园长专业标准》，教师〔2015〕2号。）

二、园长负责制的实施

(一)园长负责制的含义

1985 年 5 月，中共中央发布《关于教育体制改革的决定》提出"学校逐步实现校长负责制"。1989 年，通过的《幼儿园工作规程》和《幼儿园管理条例》明确规定"幼儿园实行园长负责制"。1996 年，国家教委正式颁布《幼儿园工作规程》，以法规的形式明确了幼儿园领导体制为园长负责制。2016 年，教育部出台《幼儿园工作规程》，第五十六条提出"幼儿园实行园长负责制"。

1. 园长负责制的含义

园长负责制是一种管理体制、一种管理方式，是指幼儿园在上级主管部门的宏观领导下，由园长全面负责幼儿园的保教工作管理和行政管理，教职工参与民主管理，非行政组织进行监督的完整的领导体制。

园长负责制是幼儿园内部管理体系的核心，是幼儿园正常运行的前提。

2. 园长负责制的结构

园长负责制不能简单地理解为一切都是园长说了算，它是一个结构概念，包括上级领导、园长负责、党支部保证监督、教职工民主管理四个相互关联、又互有区别的组成部分，反映园内领导关系的结构方式，是个人负责与其他方面制约关系的统一，目的是建立起统一高效的园内管理系统。

(1)园长负责制明确了园长对园所工作具有最高行政权，负有决策权、用人权、用财权与奖惩权等，在托幼园所中处于中心地位。

(2)《幼儿园工作规程》明确提出要建立教职工参与管理的民主监督机制，其主要形式是建立园务委员会和教职工代表大会制度。园务委员会由保教、医务、财务人员的代表及家长代表组成，定期召开园务会议，审议园所工作计划、奖惩、预算、规章等事宜。教代会也应有定期会议制度，听取评议园所工作，提出合理化建议。

由此可见，园长负责制是一个以园长全面负责为核心，同党支部保证监督、教职工民主管理有机结合的三位一体的领导体制。

(二)园长负责制的实施条件

1. 为园长自主管理园所创造宽松氛围

实行园长负责制的目的是使幼儿园成为独立的办园实体，增强幼儿园的办园自主权，增强园所办园活力。有关部门应理顺关系、简政放权，侧重宏观管理和引导，不干涉园长的管理工作。

2. 园长应资格从严、加强自律

园长是园所的法人代表，对外代表幼儿园，对内统一指挥和领导全园工作，对上级承担起幼儿园管理的全部责任。因此，园长要遵守有关法律规章，服从上级教育行政部门和直接隶属行政部门的领导，同时，必须接受幼儿园党组织和教代会的监督，充分调动全园教职工的积极性。

3. 加强党组织的保证监督作用

党组织要转变工作职能，工作重点落实在监督园所办园方向，引导教育教职员工学习领会党的方针政策，保证其贯彻落实。

4. 发挥教职工的民主管理作用

园长对园所工作的统一领导是建立在民主管理和科学管理基础之上，发挥教职工的民主管理作用是园长负责制的重要组成部分。园所应建立健全党、团、工会等组织，完善民主管理制度。

5. 建立起配套的改革方案和管理制度，实现职、权、责统一

为更好地实施园长负责制，应建立起一整套科学的管理体系和管理制度，将园长目标责任制、教职工聘任制、劳动报酬结构工资制等改革方案协调统一，相互配合，提高管理效率。

本章小结

领导是指在组织目标、组织结构确定的情况下，管理者如何带领、指引下属去完成组织目标的过程。领导力是作为领导管理、控制、协调他人的能力，园长的领导力由权力性领导力和非权力性领导力组成。园长领导艺术是指园长在一定学识、智慧、能力、经验和气质等因素的基础上，为实现幼儿园目标，面对各种领导条件，灵活、恰当、创造性运用领导策略、技巧和风格，它是领导者的素质和领导水平的综合表现。园长作为幼儿园的管理者和引领者，应具有多方面的素质。

园长既要具有一定的资格，又有明确的职责和岗位要求，幼儿园管理实行园长负责制，园长负责制是一种管理体制，具有丰富的含义。

思考题

1. 什么是领导职能？
2. 园长领导力表现在哪些方面？
3. 选取一位优秀园长案例，分析其领导艺术，谈谈对你有何启发？
4. 园长负责制的内涵和结构是什么？
5. 举例说明如何实施幼儿园园长负责制？
6. 分析《幼儿园园长专业标准》，并谈谈你的感受？
7. 案例分析。

一年一度的儿童节即将到来，某幼儿园的传统节目是舞蹈演出活动，而且还要评比。每年这个时候，老师们都要为演出忙碌、准备，除了上课，其他的时间

都尽量用来排练。结果，参加演出的孩子天天练，没有演出任务的孩子天天放羊，家长们也颇有怨言。

今年，园长开会讨论"六一"活动问题，一些老师想好要向园长提建议。大二班的刘老师先开口了："园长，我们'六一'总排节目，没有什么新意。而且，没有节目的家长有意见，不如改为游园什么的。"张老师附和道："是啊，B幼儿园搞得就是游园，可受家长欢迎了，孩子们个个很开心。"园长说："舞蹈会演是我们的老传统了，既有特色又能展示我们园的舞蹈教学水平。而且，这是园务计划定好了的，不能改。至于家长的意见，你可以让每个孩子都上嘛。"李老师插话说："可您说要评比，大家都上怎么跳啊？"园长："你们想想办法嘛！"刘老师："很多刊物上都说'六一'演出弊多利少，很多幼儿园都取消了……"园长："别人是别人，我们是我们！为什么一定要演出呢？"园长脸一沉："因为这是我规定的！"顿时，办公室鸦雀无声。老师们虽然按计划排练了节目，但私下里达成了一种"默契"："再也不提什么建议了，反正她一个人说了算！"

1. 本案例中的园长出现了哪些管理上的失误？会给幼儿园带来什么样的影响？

2. 如何评价园长一定要以"舞蹈会演"的方式庆"六一"？园长的这种做法有什么考量？

推荐读物

1. 网络资源：中国大学MOOC《幼儿园组织与管理》精品在线开放课程.

2. 姜雪. 决定开办幼儿园的10个关键[M]. 北京：中华工商联合出版社，2008：2.

3. 洪秀敏. 幼儿教师必知的60条教育政策与法规[M]. 北京：中国轻工业出版社，2014：3.

参考文献

1. 杜燕红，等. 学前教育管理学[M]. 郑州：郑州大学出版社，2012：7.

2. 哈罗德·孔茨，等. 管理学[M]. 北京：经济科学出版社，1998：2.

3. 张燕. 幼儿园管理案例及评析[M]. 北京：北京师范大学出版社，2002：1.

4. 张燕. 幼儿园管理[M]. 北京：人民教育出版社，2009：7.

第四章　控制职能与幼儿园管理评价

本章提要

　　控制职能指通过监测组织各方面的活动和组织环境的变化，对组织内部的管理活动及其效果进行衡量和校正，以确保组织实际运行状况与组织计划要求保持动态适应的一项管理职能。如果不加以控制，这种管理职能就有可能出现"差一点，差很多"状况的出现，所以，控制是一项有目的的管理活动，是一个发现问题、分析问题和解决问题的过程。

　　评价是对事物价值的判断过程，幼儿园保教质量的提升有赖于科学的评价过程，评价对幼儿园的发展起着鉴定、导向、激励、诊断、调节等重要作用。

　　具体的教学要求有：

　　第一，初步了解控制的含义、目标、作用、类型，以及控制的过程。

　　第二，从理论层面看，明确幼儿园管理评价的含义、功能和类型。

　　第三，从实践层面看，掌握幼儿园管理评价的内容、原则和方法步骤。

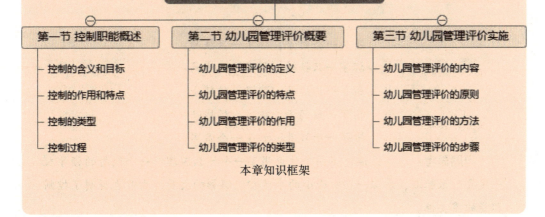

本章知识框架

【知识目标】

1. 什么是控制职能，什么是控制，什么是幼儿园管理评价？

2. 控制要达成什么目标？有何类型？

3. 幼儿园管理评价有哪些类型？

4. 幼儿园管理评价有何功能作用？

【能力目标】

1. 举例说明幼儿园管理评价应遵从哪些原则？

2. 结合幼儿园某一管理工作举例说明评价的方法和步骤。

【教学重难点】

1. 教学重点：(1)幼儿园管理评价的概要

             (2)幼儿园管理评价的实施

2. 教学难点：幼儿园管理评价的实施

【教学学时】

3 课时

第一节　控制职能概述

控制职能指通过监测组织各方面的活动和组织环境的变化，对组织内部的管理活动及其效果进行衡量和校正，以确保组织实际运行状况与组织计划要求保持动态适应的一项管理职能。

丢失一个钉子，坏了一只铁蹄；

坏了一只铁蹄，折了一匹战马；

折了一匹战马，伤了一位骑士；

伤了一位骑士，输了一场战斗；

输了一场战斗，亡了一个帝国。

问题思考：这首民谣讲述的事件说明了一个什么道理？一个明智的领导人一定要防微杜渐，看似一些极微小的事情却能够影响大局，由此也说明了控制职能的重要性。

一、控制的含义和目标

(一) 控制的含义

"控制"一词最初来源于希腊语"掌舵术"，意指领航者通过发号施令将偏离航线的船只拉回到正常的轨道上来。由此说明，维持朝向目的地的航向，或者说维持达成目标的正确行动路线，是控制概念的最核心含义。

管理过程中，控制是指按照既定目标和标准，对组织活动进行监督、测量，发现偏差并分析原因，采取措施使组织活动符合既定要求的过程。

把握控制的概念，必须注意：

(1) 控制是一项有目的的管理活动，即防止问题的发生，确保计划的执行和组织目标的达成。

(2) 控制是通过"监督"和"纠偏"来实现的。

(3) 控制是一个过程，即一个发现问题、分析问题和解决问题的过程。

(二) 控制的目标

1. 限制偏差的累积，"维持现状"

通过控制工作，随时将计划的执行结果与标准进行比较，若发现有超过计划容许范围的偏差时，则及时采取必要的纠正措施，以实现组织的既定目标。

2. 适应环境的变化，"打破现状"

通过控制工作，及时根据内、外部环境变化对组织提出新的要求、新的计划和目标。

通过控制，所要达成的目标可见图 4-1。

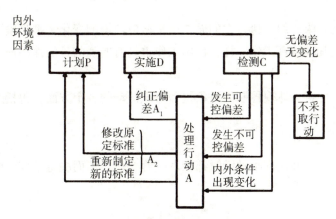

图 4-1 控制目标示意图

管理控制通过其"纠偏"功能(A_1)，使计划执行中的偏差得以防止或缩小，从而确保组织的稳定运行。

通过其"调适"功能(A_2)，积极调整原定标准或重新制定新的标准，以确保组织对内外运行环境的适应性。

二、控制的作用和特点

管理工作为什么需要控制？缘于如下因素：环境的变化、管理权力的分散和教职员工工作能力的差异，如果不加以控制，就有可能出现：1%的错误导致100%的失败，"差一点，差很多"状况的出现，即所谓"千里之堤，毁于蚁穴"，细节决定成败。

(一)控制的作用

任何组织、任何活动都需要进行控制。控制工作与其他三个职能紧密地结合一起，控制可以说既是一个管理工作过程的终结，又是一个新的管理工作过程的开始。其作用体现在：

1. 控制工作起着执行和完成计划的保障作用以及在管理控制中产生新的计划、新的目标和新的控制标准的作用。没有控制，计划没有保证；没有计划，控制没有标准。

2. 减轻环境不确定性对组织活动的影响，使复杂的组织活动能够协调一致地运作，避免和减少管理失误造成的损失。

(二)控制的基本特点

1. 目的性

控制无论是着眼于纠正执行中的偏差还是适应环境的变化，都是紧紧地围绕组织的目标进行的。同其他管理工作一样，控制工作也具有明确的目的性特征。

2. 整体性

控制的整体性特点体现控制的对象覆盖组织活动的各个方面，包括人、财、物、时间、信息资源等。

3. 动态性

组织的外部环境和内部条件随时都在发生着变化，从而决定了控制标准和方法不可能固定不变。

4. 人本性

控制本质上是由人来执行而且主要是对人的行为的一种控制。管理控制应该成为提高教职员工工作能力的工具，控制不仅仅是监督，更重要是指导和帮助。

三、控制的类型

(一)按控制信息获取的时间进行分类

根据控制信息获取的方式和时间不同可将管理控制划分为三种类型：

前馈控制(预先控制、事先控制)；现场控制(同期控制、过程控制)；反馈控制(事后控制、成果控制)，见图4-2。

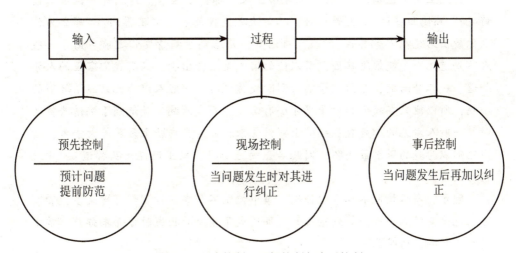

图 4-2　预先控制、现场控制与事后控制

1. 预先控制

也叫前馈控制或事前控制或事先控制，它是在某项工作开始之前进行的控制，即根据以前的经验教训或科学分析，在工作开始之前，对工作中可能产生的偏差进行预测和估计并采取防范措施，以保证计划和目标的实现。如：入学教育、岗前培训等属于预先控制。其目的是防患于未然，将可能的事故消除于产生之前。

2. 现场控制

也叫同期控制或事中控制、过程控制、即时控制，它是管理者对正在进行的活动给予指导与监督，以保证活动按规定的政策、程序和方法进行。

如：现场巡视、巡检、抽查、课堂点名等属于现场控制。其目的是及时发现并纠正工作中出现的问题。

3. 事后控制

也叫反馈控制、成果控制。是在工作结束或行为发生之后进行的控制。事后控制把注意力主要集中在工作结果上，通过对工作结果进行测量比较和分析，查明原因，采取措施，进而矫正今后的行动。

如：期末考试、年终考评、违纪处理等均属于事后控制。其目的是"亡羊补牢"避免已发生的不良后果继续发展或防止其再度发生。

扁鹊答魏文王

魏文王问名医扁鹊："你们家兄弟三人，都精于医术，到底哪一位医术最好呢？"扁鹊回答说："大哥最好，二哥次之，我最差。"文王再问："那么为什么你最出名呢？"扁鹊答说："我大哥治病，是治病于病情发作之前。由于一般人不知道他事先能解决病因，所以他的名气无法传出去，只有我们家里的人才知道。我二哥治病，是治病于病情刚刚发作之时。一般人以为他只能治轻微的小病，所以他只在我们的村子里才小有名气。而我治病，是治病于病情严重之时。一般人看见的都是我在经脉上穿针管来放血、在皮肤上敷药等大手术，所以他们以为我的医术最高明，因此名气响遍全国。"文王连连点头称道："你说得好极了。"

启示：事后控制不如事中控制，事中控制不如事前控制，可惜大多数管理者未能体会到这一点，等到错误的决策造成了重大的损失时才寻求弥补。常常是亡羊补牢，为时已晚。

（二）按控制的目的进行分类

1. 负馈控制

传统意义上的控制概念，是按照计划标准衡量所取得的成果，并纠正所发生的偏差，以确保计划目标的实现。这种旨在纠正偏差的控制，简称为"纠偏"。

2. 正馈控制

指根据情况变化对原定的控制标准和目标做适当的调整和修改，以便把不符合客观需要的活动拉回到正确的轨道上来。这种引致控制标准和目标发生调整的行动，简称为"调适"。

完整的控制包括"纠偏"和"调适"两方面。

（三）按控制力量的来源进行分类

1. 外在控制

指一个单位或个人的工作目标和标准的制定，以及为了保证目标和标准的顺利实现而开展的控制工作，是由其他单位或个人来承担，自己只负责检测、发现问题和报告偏差。如：上级主管的行政命令监督、组织程序规则的制约等，都是外在强加的控制。

2. 内在控制

不是"他人"控制，既不是来自上级主管的"人治"，也不是来自程序规则的"法治"，而是一种自动控制或自我控制，即"自治"。自我控制的单位或个人，不仅能自己检测、发现问题，还能自己定标准并采取行动纠正偏差。

(四)按控制方式进行分类

1. 直接控制

把控制的注意力放在工作人员上。它基于这样的假设：计划实施的结果取决于执行计划的人，因此注重通过提高人员素质来确保计划目标的实现。

2. 间接控制

是把控制的着眼点从"人"转到"事"上。通常倡导的"对事不对人"原则，就是强调要更多地使用间接控制方式。

四、控制过程

不管何种类型的控制，一般都包括三个基本步骤：确定控制标准—对照标准衡量工作成效—纠正偏差。管理控制过程可见图4-3。

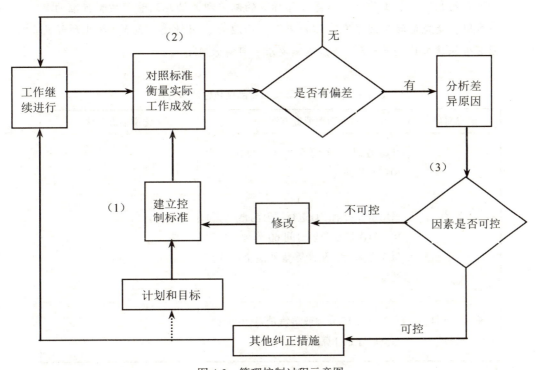

图4-3　管理控制过程示意图

(一)确定控制标准

1. 确定控制对象，选择控制重点(关键控制点)

标准的具体内容涉及需要控制的对象。我们没有必要对所有活动进行控制，只能选择若干关键环节作为重点控制对象。关键控制点的"关键性"在于该因素对整个运作过程及其结果的影响大小。

2. 制定控制标准

标准是衡量实际工作或预期工作成果的尺度。计划和目标是控制的总的标准。标准有定量标准(数字化)和定性标准(描述性)两类。确定标准的要求：

①明确性：如使用数值，允许偏差等。

②适用性：标准的水平高低恰当。

③稳定性：标准持续较长时期。

④参与性：调动下级员工积极参与。

⑤可操作性：具有可考核性。

案例分享

在幼儿园保教工作中，消毒工作标准的制定即是幼儿园管理控制标准的典型体现，是规范幼儿园保育工作的依据。2012 年，卫计委印发的《托儿所幼儿园卫生保健工作规范》据此作出明确要求。可见表 4-1。

表 4-1　托幼机构环境和物品预防性消毒方法

消毒对象	物理消毒方法	化学消毒方法
空气	开窗通风每日至少 2 次，每次至少 10~15 分钟	
	采用紫外线杀菌灯进行照射消毒每日 1 次，每次持续照射时间 60 分钟，按照每立方米 1.5 瓦计算紫外线杀菌灯需要量	
餐具、炊具、水杯	煮沸消毒 15 分钟或蒸汽消毒 10 分钟，水沸后开始计算时间	

消毒对象	物理消毒方法	化学消毒方法
毛巾类织物	用洗涤剂清洗干净后，置阳光直接照射下暴晒干燥，暴晒时间不低于6小时	
	煮沸消毒15分钟或蒸汽消毒10分钟	
		使用次氯酸钠类消毒剂消毒，浓度为有效氯250～400mg/L，浸泡消毒20分钟
抹布	煮沸消毒15分钟或蒸汽消毒10分钟	使用次氯酸钠类消毒剂消毒，浓度为有效氯400mg/L，浸泡消毒20分钟
餐桌、床围栏、门把手、水龙头等物体表面		使用次氯酸钠类消毒剂消毒，浓度为有效氯100～250mg/L，消毒10~30分钟
玩具、图书	每两周至少通风晾晒1次，曝晒时间不低于6小时	
		使用次氯酸钠类消毒剂消毒，根据污染情况，每周至少消毒1次，浓度为有效氯100~250mg/L，表面擦拭或浸泡消毒10~30分钟
便盆、坐便器与皮肤接触部位、盛装吐泻物的容器		使用次氯酸钠类消毒剂消毒，浓度为有效氯400～700mg/L，浸泡或擦拭消毒30分钟
体温计		使用75%～80%乙醇溶液、浸泡消毒3~5分钟

（资料来源：节选自《托儿所幼儿园卫生保健工作规范》，https://baike.so.com/doc/4090247-4289104.html）

（二）测定和评价工作成效，对照标准衡量工作成效

对照标准衡量工作成效是指控制过程中将实际工作情况与预先确定好的控制标准进行比较，找出实际业绩与控制标准之间的差异，以便找出组织目标和计划在实施过程中的问题，对实际工作做出正确的评估。具体步骤包括：一是测定或预测实际工作成绩，获取实际工作绩效的信息；二是将实绩与标准进行比较。

1. 获取实际工作绩效的信息

（1）获取有关实际工作绩效的信息需要明确衡量什么、如何衡量、间隔多长时间进行衡量和由谁来衡量等问题。

（2）获得实际工作绩效的信息有四种方法：①亲自观察法。通过个人的亲自观察，管理者可亲眼看到保教工作现场的实际情况，还可以与工作人员现场谈话来了解工作进展及存在的问题，进而获得真实而全面的控制信息。②抽样调查，利用报表、调查问卷等了解保教工作状况。③口头报告，通过口头汇报、报告等介绍保教工作状况。④召开会议，在会议中以书面报告等形式汇报保教工作状况。几种方法的优缺点可见表4-2。

表4-2　获取信息的方法比较分析表

途径	优 点	缺 点
个人观察	获得第一手资料；信息没有过滤；工作活动的范围集中	受个人偏见影响；浪费时间；影响别人的工作
统计报告	直观化；有效地显示数据间的关系	提供的信息有限；忽略了主观方面的因素
口头报告	获得信息快捷；了解深层次的原因	信息被过滤；信息不能存档
书面报告	全面正式；易于存档和查找	需要更多的准备时间

2. 将实绩与标准进行比较，对实际工作成效进行分析评估

通过各种途径了解实际工作结果后，就可以将之与标准进行比较评估：实际与计划之间有无偏差？偏差的大小？偏差是否超出了允许的范围？并非所有偏离标准的情况均需作为"问题"来处理，应有"容限"，即准许偏差存在的上限与下限范围。比如，某幼儿园对保育员的考勤及其他要求，即有容限要求，在容限范围内，可予以提醒，不处罚（见表4-3所示）。

表 4-3 "容限"举例

标 准	容 限
全勤	每月准许请假 2 天
上午 8：00 开始工作	迟到不得超过 5 分钟
工作场所表面皆擦拭清洁	显见微疵以 2 个为限

(三) 分析原因与采取措施

通过衡量工作成效发现实施过程中出现偏离标准的现象时，要及时分析问题，了解偏差产生的原因，提出解决问题的对策。

1. 对偏差及其原因进行分析

偏差是实际情况与计划或标准之间的差距。一般来说，导致产生偏差的原因不外乎三种：其一是计划或标准本身是基于错误的假设和预测，因而本身就不科学、不合理；其二是组织内部因素的变化，如工作不力、人员工作懈怠等；其三是组织外部环境的变化，如宏观因素的调整变化等。

"鱼骨图"是一种分析偏差产生原因的方法，可见图 4-4。幼儿园管理可借鉴此方法，对保教工作中的偏差原因予以全面分析。

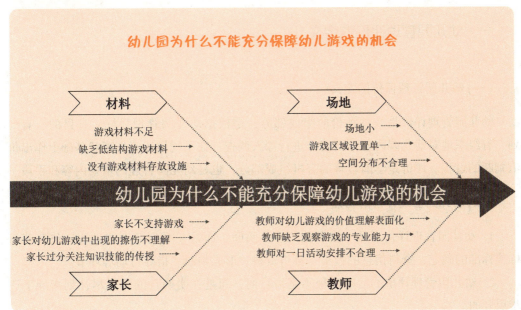

2. 选择恰当的纠偏措施

针对产生偏差的主要原因，就可制定改进工作或调整计划与标准的纠正方案。

（1）改进工作绩效。如果分析表明，偏差是源于实际工作绩效的不足，则管理者就应该采取纠正行动，努力提高工作绩效。

（2）修订标准。工作中的偏差有时也可能源于不切实际的标准。因为标准定得过高或过低，即使其他因素都发挥正常，偏差也难以避免。此时就要修订标准。

3. 纠正偏差过程中应注意的问题

（1）不要轻易地更改计划尤其是降低标准。在修改标准的问题上应该慎之又慎，除非原有计划和控制标准的制定是草率的或是导致偏差的原因是无法控制的，除了修改标准之外别无他法，否则就不要轻易修改标准。

（2）对事不对人。纠偏的目的在于找出原因，解决问题防止再偏。当两个以上不同的人在同一个地方出现同一差错，那一定不是人有问题，而是让他们出差错的"路"有问题。此时，作为问题的管理者，最重要的工作不是管人——要求他们不要重犯错误，而是修"路"。这就是对事不对人。

（3）要有针对性。针对原因纠偏，主要原因要重点对待。一定要在确定偏差产生的真正原因之后再针对原因采取纠偏措施，做到有的放矢、"打蛇打七寸"。

第二节　幼儿园管理评价概要

一、幼儿园管理评价的定义

（一）幼儿园管理评价的定义

幼儿园管理评价是教育评价的组成部分，是依据幼儿园管理目标，有目的、有计划、有组织地对幼儿园内各方面工作进行深入调查，在系统描述工作现状基础上作出价值判断的过程。评价是学前教育的有机组成部分，也是幼儿园管理的重要内容和手段。

（二）幼儿园管理评价的特点

1. 幼儿园管理评价不是一蹴而就的一个瞬间，而是一系列活动的过程。包含着目标或标准的确定、资料信息的搜集、分析资料、形成判断、指导行动等环节。

2. 幼儿园管理评价的活动过程不是盲目的，而是在明确目的和详尽计划指导下逐步展开的。

3. 幼儿园管理评价关键在于作出价值判断，而不能评而不断。因此，应通过调查研究搜集工作状态的信息，并在此基础上作出价值判断：评价＝事实判断＋价值判断。

4. 评价者和被评价者不是相互对立、相互分离的，而是统一体。在实际工作中，很多情况下，被评价者就是评价者自身。

二、幼儿园管理评价的作用

客观有效的评价是改进幼儿园各项工作的客观依据，也是衡量幼儿园改革成果的重要指标，对于维持幼儿园正常运转，提高管理效率，提高保教质量起着举足轻重的作用。如果不能评价，就不能控制；如果不能控制，就不能管理；如果不能管理，就意味着提高成为泡影。

1. 鉴定作用

鉴定作用是指评价在认定和判断评价对象合格与否、优劣程度、水平高低等实际价值的功效和能力，如评优评先、资格审查、区分等级等。"鉴定"首先是"鉴"，通过仔细审查评价对象，才能给出"定"论。比如，在幼儿园示范园等级验收评定中，根据评价结果，公布合格园所的名单，并颁发鉴定合格证书，就是发挥了其鉴定功能。

鉴定功能是幼儿园管理评价的基本功能，其他功能是在科学鉴定的基础上实现的。鉴定只是幼儿园管理评价的功能之一，而不是终极目的。评价的根本目的在于改进和提高学前教育管理工作的质量，而不是单单为了区分出优劣高下，否则只会增加教职员工的工作负担和心理负担，产生消极影响。

2. 导向作用

幼儿园管理评价的导向功能，是指评价本身具有引导工作朝着理想目标前进的功效和能力，这是由评价标准的方向性决定的。幼儿园全部工作都是为了提高保教质量，通过评价的导向作用，可以引导保教活动朝正确的方向发展。例如，在当前幼儿园工作中尚存在着重教轻保、重教学轻游戏等片面倾向。这种倾向严重地影响着幼儿身心健康和谐发展，也妨碍了教育目标的实现。因此，通过评价标准的引导，可以使学前教育机构管理者和教职工端正办园理念，树立正确的教育价值观，纠正偏差做法，从而克服上述倾向。

3. 激励作用

幼儿园管理评价的激励作用是指合理运用教育评价，能激发和维持教职员工积极工作的内在动力，调动教职员工的内部潜力，提高其工作的积极性和创造性，从而达到教育管理的目的。激励功能是鉴定的必然结果，它也包括对后进单位与个人的督促。这是因为在被评价对象比较多的情况下，这种不同的等级会使个人与个人、单位与单位之间进行不自觉的比较。这对被评价对象来说是一个积极的刺激和有力的推动。

要发挥这种激励作用，应注意评价指标不可过高或过低，过高过低都不利于积极性的调动，最适宜的指标应定在大多数被评价对象经过努力能够达到的程度，因此必须将结果评价、过程评价和增值评价有机结合起来。如评价一位原来各方面表现都比较差，经努力，取得了较大进步的幼儿教师时，应特别注意三者的结合，既要看到她当前的业绩又要看到她初始的基础，还要看到她个人主观努力的过程，应予以较为客观的评价。只有公平、合理、客观、科学的评价，才能真正起到激励作用。

4. 诊断作用

幼儿园管理评价的诊断作用是指评价对工作的成效、矛盾和问题作出判断的能力。科学的评价过程需要评价者利用观察、问卷、测验等手段，搜集被评价者的有关资料并进行严格的分析，它能够根据评价标准作出价值判断，分析出或者说出、诊断出教育活动中哪些部分或环节做得好，应加以保持和提高，同时也能指出哪些地方存在着问题，找出原因，再针对这些原因提出改进途径和措施的过程。学前教育管理评价过程就如同看病就医一样，只有经过科学的诊断才能"对症下药"。

5. 调节作用

幼儿园管理评价的调节作用是指评价对学前教育各项工作和活动具有调节的功效和能力，为下一步工作提供依据。这种功能表现在两个方面：一是调节目标及进程。例如，通过评价，评价者认为被评价者已达到目标并能达到更高目标时，就会将目标调高，将进程相对调快；认为被评价者几乎没有可能达到目标时，就会将目标调低，将进程相对调慢，使之符合被评价者的实际。总之，让其在不同水平上朝目标前进，以免发生达到目标者停滞不前、达不到目标者沮丧气馁的情况。二是通过评价了解自己的优势和劣势、长处和短处，明确努力方向及改进措施，以实现自我调节。

三、幼儿园管理评价的类型

根据不同的分类标准，幼儿园管理评价也可以划分为不同的类型。

(一)整体评价与局部评价

按评价内容所涉及的范围可以划分为整体评价和局部评价。

(1)整体评价所涉及的现象、事物范围较大，如某省开展省级示范园检查活动，对涉及幼儿园管理的方方面面予以检查评定。

(2)局部评价指对幼儿园内部某个部分进行评价，如某幼儿园卫生保健工作检查评价、总务工作检查评价等。

(二)诊断性评价、形成性评价和终结性评价

根据评价的功能可以划分为诊断性评价、形成性评价和终结性评价。

(1)诊断性评价指在某项工作开始前进行的摸底评价。此种评价好比医生在开药方之前先要诊断病情，因此具有预测性，主要是了解现状，发现问题，为有针对性地开展

具体工作奠定基础，是制定规章制度、确定工作计划的前提。

（2）形成性评价是在工作执行过程中进行的评价，又称之为"过程性评价"。根据工作目标来检验工作绩效，从而了解管理工作的动态发展过程，以便及时调整改进工作状况。

（3）终结性评价是工作进行到一定阶段或完成某一阶段性任务后的评价。此种评价方式需要对工作进行全面了解，对达标情况进行结果性判断，肯定成绩、总结经验、发现问题、明确方向，为下一阶段工作调整和改进提供参考性信息。

（三）相对评价、绝对评价和自身差异评价

按照评价参照体系与评价内容之间的关系，可以将其分为相对评价、绝对评价、自身差异评价。

1. 相对评价是在被评价对象的群体中建立某一基准，然后把该群体中的各个对象逐一与基准进行比较，以判断该群体中每一成员的相对优势。比如对某地市的幼儿园进行评价时，将其中某一个省级示范园作为示范基准，其他园逐一与其进行比较，评价每一所幼儿园的硬件环境、师资队伍、保教质量、卫生保健、总务后勤等工作绩效，以此来判断哪所幼儿园办园质量最接近示范幼儿园水平，哪所幼儿园距离示范园最远。通过相对评价来评比示范园，比简单套用绝对评价指标更具有操作性和实用性，从而更好地发挥示范园的辐射、带动作用。

2. 绝对评价是指以既定指标为参照，判断评价内容是否达标的评价方式，其评价指标比较客观，不受总体水平、因素影响。如省市幼儿园分级分类评价验收工作。

3. 自身差异评价指将某一评价内容的现在和过去进行比较，以判断其发展、变化的评价方式。此种评价的参照系不是外在的，而是自身，多用于幼儿园内部自我评价和总结。

（四）自我评价与他人评价

根据评价主体可以划分为自我评价和他人评价。

1. 自我评价的评价主体是自身，如教研组进行集体教研，并总结评价本周保教工作开展情况。此种评价较容易展开，评价压力不是很大，因此可以成为常规性管理工作内容之一。

2. 他人评价是指除自身之外的组织和个人进行的评价，如督导评价，专家、同行评价，领导视察评价，社会评价等。此种评价专业性相对强一些，更加规范，但组织起来往往较为复杂，耗费资源较多。

总之，每种评价方式都有各自的优缺点，单独使用某一种评价方式有可能造成偏差，因此，应该在尊重客观事实的前提下，注重多种评价方式的结合运用，以期更好地发挥评价的正向功能，从而提高保教质量，提升管理绩效。

第三节 幼儿园管理评价实施

一、幼儿园管理评价的内容

教育评价事关教育发展方向。幼儿园管理评价内容与评价的目的、功能作用相关，基于不同管理评价目的，评价的内容、方式和要求也不相同。2017年4月，教育部印发《幼儿园办园行为督导评估办法》（教督〔2017〕7号），指出"督导评估以《幼儿园工作规程》为基本依据，内容重点包括办园条件、安全卫生、保育教育、教职工队伍、内部管理等五个方面"。2018年11月，《中共中央国务院关于学前教育深化改革规范发展的若干意见》明确提出要"健全质量评估监测体系"。2020年10月，中共中央、国务院印发新中国第一个关于教育评价系统性改革的文件《深化新时代教育评价改革总体方案》，明确要"完善幼儿园评价。重点评价幼儿园科学保教、规范办园、安全卫生、队伍建设、克服小学化倾向等情况"。2022年2月，教育部印发《幼儿园保育教育质量评估指南》（教基〔2022〕1号），提出"坚持以促进幼儿身心健康发展为导向，聚焦幼儿园保育教育过程质量，评估内容主要包括办园方向、保育与安全、教育过程、环境创设、教师队伍等5个方面，共15项关键指标和48个考查要点"。这些文件要求为幼儿园管理评价提供了科学的实施指南和明确的行动依据。

具体到实践层面，各地市出台实施了不同层面、不同角度的管理评价方案或标准要求，诸如：《北京市幼儿园办园质量督导评估办法（试行）》《上海市幼儿园保教质量评价指南》《天津市幼儿园保教质量规范》《深圳市优质特色示范幼儿园创建指导手册》《佛山市幼儿园保教质量评估方案》《广东省幼儿园一日活动指引（试行）》《河南省省级示范幼儿园评估标准》《浙江省等级幼儿园评定标准》等。幼儿园管理评价涉及的范围内容比较广，要综合考虑办园条件、保教工作、总务后勤工作、卫生保健工作、领导班子、保教队伍等方面，通过评价了解组织职能作用的发挥情况，人员组织调配是否合理，管理运作过程中是否有合适的机制，教育资源是否得到合理有效的运用等。《佛山市幼儿园保教质量评估方案》构建了包含条件质量、过程质量和结果质量在内的三位一体的保教质量评估体系，其中，过程性指标是影响保教质量的关键，见图4-5。

保教、总务和卫生保健是幼儿园保教过程的基本工作，为确保幼儿园保教工作质量，需明确其管理评价内容。

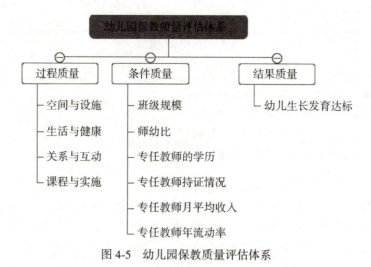

图 4-5 幼儿园保教质量评估体系

(一)保教工作评价

保教工作是幼儿园工作的中心,包括保教管理过程、教养秩序建立、教师一日生活活动组织、环境创设、教学与游戏的开展等。对保教质量的评价也是在对保教人员工作状况的考察与检验,反映出幼儿园保教工作管理的成效。同时,通过对课程的评价,即对课程目标、课程内容和运行过程方法、保教活动等的评价,可以对课程实施进行检核,从而为课程决策提供依据。不同的评价方案有不同的评价要点,下面选取《上海市幼儿园保教质量评价指南》中的"生活活动"和"游戏活动",以此为例说明幼儿园保教工作具体评价标准,见表4-4。

表 4-4 上海市幼儿园保教质量评价指南(节选)

评价内容	评价要点	评价标准		信息采集
		优秀	合格	
生活活动	安全与保育	为幼儿创设安全、卫生、温馨、自主的班级生活环境。环境中有幼儿易于识别的安全、健康、生活等规则提示。能让幼儿自主、有序、愉快地进行进餐、盥洗及睡眠	经常检查和及时消除幼儿生活中的不安全因素,有安全检查制度;卫生设施与措施健全、规范;及时清洁厕所污物,环境无异味;环境色彩协调,符合幼儿特点;注意幼儿睡眠中的安全	考察现场活动;查阅教师保教工作的计划、记录;与园长、教师交流与会谈
	行为观察	能顾及每个孩子在生活上的不同需求与差异,注意观察一日生活中幼儿的语言、行为、情绪等变化,给予有效的回应;能与家长、其他工作人员及时沟通;对幼儿行为有记录、有分析	能根据天气变化、运动情况和个体需要,及时提醒幼儿穿脱衣服、饮水、擦汗等	

续表

评价内容	评价要点	评 价 标 准		信息采集
		优秀	合格	
生活活动	自我服务	充分利用自主盥洗、整理玩具、分发碗筷、照顾自然角等生活实境，让幼儿获得亲身体验，给幼儿练习、锻炼和表现的机会；教师有要求，有指导	保育员与教师互相配合，不干涉、不替代幼儿的生活；能帮助、指导幼儿形成喝水、用餐、盥洗、穿脱衣服等基本的生活能力	
	交往机会	能提供有助于幼儿积累共同生活经验的机会，如：分享、协商、沟通、合作；让幼儿学习情感体验与表达，适应集体生活	能在一日生活中实施符合幼儿年龄特点的交往行为，方法合适，让幼儿在与同伴的自然交往中，适应集体生活	
游戏活动	条件提供	游戏材料投放数量充足，种类丰富，能满足每个幼儿的自主选择；能利用生活中的自然、废旧、半成品等环保材料，诱发幼儿的多种经验；游戏环境能体现幼儿的兴趣点	保证幼儿每天有不少于1小时的自主游戏和自由活动时间；游戏材料数量较多，幼儿在游戏中无等待、争抢行为(由玩具材料缺乏而引发的)，能进行共同的游戏活动	考察现场活动；查阅教师保教工作的计划、记录；与园长、教师交流与会谈
	游戏观察	能关注幼儿与环境材料、与同伴互动的过程，不仅能了解幼儿的游戏动态，还能根据幼儿的言行了解、分析其发展水平	能认真观察幼儿的游戏过程，了解幼儿的游戏喜好和需求	
	游戏的支持	能对幼儿的游戏行为做出合理的价值判断；能恰当地介入游戏并予以支持、帮助和回应；适时、适宜、适度地推进游戏情节的发展	能根据游戏开展的情况，适当地调整游戏材料，及时处理意外情况	

资料来源：节选自上海市教委教研室 2008 年 4 月编《上海市幼儿园保教质量评价指南》。

(二)总务工作评价

总务工作在学前教育管理工作中属于"杂务"，事无巨细，面广事多，涉及机构内人、财、物的协调搭配，包括物质条件改善、财物财产管理、设备维修保养、档案建设、改善教职工福利等，其任务是为保教工作提供一切保证与服务。表 4-5 节选自"浙江省幼儿园等级评定工作用表"，以后勤与财务管理为例说明幼儿园总务工作评价内容与标准。

表 4-5 后勤财务管理评价表

一级指标	二级指标	三级指标	评估标准	分值	评分结果		备注
					自评	考评	
A2 园务管理	B7 后勤与财务管理	C19	物品管理制度健全。分工明确，专人负责(0.5 分)；财产造册，定期清点，账物相符(0.5 分)；各种物品保存完好，使用率较高(1 分)	2			
		C20	重视档案资料管理工作。各类文件、档案资料较为齐全(0.5 分)；管理较为规范，查找方便(0.5 分)	1			
		C21	财务制度健全。执行《会计法》的规定，核算行为规范，管理制度健全，无重大违反财经法律法规政策的行为(2 分)	2			
		C22 ★	幼儿园应按物价部门规定的项目和等级标准收费。民办幼儿园应执行国家发改委、教育部、劳动和社会保障部制定的《民办教育收费管理办法》(发改价格〔2005〕309 号)，收费规范(2 分)	2			
		C23 ★	师生伙食账目分开(0.5 分)；每月幼儿伙食费盈亏不超过5%(0.5 分)；每月向家长公布幼儿伙食账目(0.5 分)；每学期向家长提供代管费使用情况清单(0.5 分)	2			
		C24 ★	不以开设实验班、兴趣班、特色班和培养幼儿某种专项技能等为由收取费用(1 分)；不收取与幼儿入园挂钩的各种形式的赞助费(1 分)	2			

注：在三级指标的序号栏中标有"★"符号者为"必达指标"，实行"一条否决"原则，如有任何一条必达指标考评分未达到该指标分值的85%，则整个等级评估不予通过。

资料来源：节选自浙江省教育厅"浙江省幼儿园等级评定工作用表"

(三)卫生保健工作评价

卫生保健工作对于学前教育来说具有特殊的意义，充分体现幼儿园保教结合的原则和特色。卫生保健工作评价涉及一日生活常规的安排、合理的营养膳食、体检制度的制定与落实、疾病的防控等。下面以《河南省省级示范幼儿园评估标准》的"疾病预防"为例，具体呈现卫生保健工作管理评价标准，见表4-6。

表 4-6　河南省省级示范幼儿园评估标准（节选）

A 级指标	B 级指标	C 级指标	评估细则	评估方式	评估结果
A4 保育保健（210 分）	B19 疾病预防（50 分）	C40 做好幼儿计划免疫查验及督促接种工作，落实各项传染病防控措施（10 分）	1. 开展入托预防接种证查验工作，查验率达 100%（2 分）；做好免疫接种情况统计，配合卫生防疫站督促未完成接种疫苗的幼儿及时补种（2 分）（共 4 分）	查阅幼儿免疫接种证统计表	
			2. 制定突发传染病应急预案，措施到位，防止传染病流行蔓延（3 分）	查阅传染病防控应急预案、传染病记录	
			3. 认真排查幼儿因病缺勤情况，预防传染病做到早发现、早隔离、早诊断、早治疗（3 分）	查阅幼儿因病缺勤登记记录	
		C41 严格按照《托儿所幼儿园卫生保健工作规范》开展消毒和卫生工作（30 分）	1. 定时通风，保持室内空气新鲜流通（2 分）；活动室、寝室、室内外玩教具、餐具、被褥等卫生清洁，厕所无异味（2 分）（共 4 分）	实地查看	
			2. 消毒设施设备齐全（2 分）；工作人员熟知各项消毒制度，能采用紫外线、84 消毒液、暴晒、高温等方式进行消毒，流程规范，责任到人，记录完整（2 分）（共 4 分）	实地查看查阅各项消毒记录访谈保育教师	
			3. 幼儿每人 1 条餐巾 2 条毛巾（2 分），2 条毛巾每天交替使用，有活动毛巾架，毛巾间距合理，以互不接触为宜（2 分）；1 人 1 杯，每天消毒（2 分）；餐具餐餐消毒（2 分）；1 人 1 床 1 被，被褥每半月日光暴晒 1 次，每月清洗 1 次，传染病高发期每周暴晒 1 次（2 分）（共 10 分）	实地查看查阅消毒记录	
			4. 采用流动水洗手，设施齐全、实用、数量充足（1 分）；水龙头、洗手池用 84 消毒液每日消毒（1 分）（共 2 分）	实地查看访谈保育教师	
			5. 保障饮水安全卫生，如饮用矿泉水，必须有卫生许可证、营业执照、化验合格证（1 分）；提供幼儿随渴随喝、温度适宜的足量饮用水，保证幼儿每天饮水量（2 分）；不得限制幼儿便溺的次数、时间等（1 分）（共 4 分）	实地查看查阅资料访谈教师	
			6. 教师掌握幼儿餐桌消毒流程（餐前：清水→消毒液→清水；餐后：洗洁精→清水）（3 分）；教师分餐前用流动水洗手，戴围裙、袖头、帽子、口罩，避免口腔飞沫溅入幼儿饭菜（3 分）（共 6 分）	实地查看访谈教师	
		C42 加强体育锻炼，提高幼儿免疫力（10 分）	1. 户外活动形式多样、安全、强度适中（1 分）；幼儿在教师的视线之内参与活动（1 分），教师随时帮幼儿增减衣物（2 分）（共 4 分）	实地查看查阅日常检查记录	
			2. 幼儿每日户外体育活动时间不少于 1 小时（2 分）；开展体育活动时，应对体弱或有残疾的幼儿予以特殊照顾（2 分）（共 4 分）	实地查看、查阅一日活动安排及户外活动记录	
			3. 夏季要做好防暑降温工作，冬季要做好防寒保暖工作，防止幼儿中暑和冻伤（2 分）	实地查看	

资料来源：节选自《河南省省级示范幼儿园评估标准》。

二、幼儿园管理评价的原则

幼儿园管理评价应遵循科学原则的指导，才能有利于评价正向功能的高效发挥。幼儿园管理评价应遵循以下原则。

1. 方向性原则

评价必须在正确目标指导下去实施，因此要坚持社会主义办园方向，践行为党育人，为国育才使命，树立科学评价导向；要坚持国家的教育方针，满足个体和社会发展的需要，保证各项活动沿着良性、健康方向发展。贯彻方向性原则，最重要的是在确定评价标准和评价目标时，以正确的教育观、价值观、质量观为指导，以《幼儿园工作规程》《3—6岁儿童学习与发展指南》《幼儿园保育教育质量评估指南》等教育政策法规为依据。

2. 科学性原则

评价要符合幼儿园管理工作规律，以客观事实为依据，从客观实际出发获取真实信息，并依据科学标准，对各项工作的过程和结果进行分析判断，不能仅凭想象或猜测而主观臆断。

贯彻科学性原则，首先要求评价指标必须符合评价的目的，如实反映保教质量、幼儿发展、办园效益等本质特征。其次，评价标准要合适，评价者能理解其确切含义，能够克服主观随意性和感情因素的影响，做出准确客观的评价。再次，评价方法应简便易行，切合学前教育的实际，采用多种评价方法，如深入现场、综合采用多种调查手段、个案研究、自我报告等，这样才能使搜集到的信息更全面，评价结论也更可靠。

3. 可行性原则

评价的可行性原则是指在保证正确方向和科学、客观的前提下，尽量使评价过程简便易行。评价过于繁杂，会带来人力物力的浪费和评价对象的负担，从而降低评价的实际功效。因此，应因地、因人、因事制宜，考虑本园工作条件与客观现实，选择适当的评价标准和评价方法。

4. 激励性原则

评价的激励性原则是指评价应促使幼儿园教职员工形成继续努力的工作动机，或在后续工作中克服不足之处，增强提高活动效果的心理状态。贯彻激励性原则，首先要使教育评价过程及其结果客观、公正、准确。其次，制定评价标准要从工作实际出发，充分考虑评价对象的客观环境和条件，不要过高或过低。最后，要求评价的实施者要密切注意教职员工的心理状态，了解并尊重教职员工的意见，注重评价过程中教职员工的参与性和民主性，以发挥教职工的主观能动性，促进其自我调整与改进，形成自我发展的动力。

5. 实效性原则

评价的实效性原则是指评价要有实际功效，即有指导实际、改进工作的作用。评价作为一种特殊的管理手段，目的主要是为了改进工作，促进发展，以评促建，而不是为了评价而评价。评价活动如果不能帮助管理者和教职员工找出工作或管理中的问题，并对其改进提出有价值的帮助，那么这种评价就没有实效。因此，要充分发挥评价的引导、诊断、改进和激励功能，注重过程、发展性评估，通过评价和后续的反馈指导，使优者更优，后进者迎头赶上，实现共同进步，才能有效提高园所保教质量，实现幼儿园管理质量螺旋式上升。

三、幼儿园管理评价的方法与步骤

评价方法和步骤是否恰当，对于能否取得真实、可靠的资料，做出客观准确的分析，起着关键作用。

（一）评价的方法

1. 实地观测

实地观测是深入实地和现场，对评价对象进行深入考察的评价方式。通过实地观测，可以观察到现实发生的现象或行为，能够整体把握现状，而且也可以深入了解现场，收集到一些细节性的信息。实地观测包括自然观测和情景观测两种方式。

自然观测是在自然状态下对幼儿园管理水平、保教质量、总务后勤工作等进行观察，了解情况，收集资料和信息的方法。如幼儿园管理者每日的"转班"，事先不通知教师，也不需要其事先做准备，随时了解幼儿园一日保教活动情况。情景观测是在一定情景或条件下进行的观察。如"同行听课"，预先通知教师听课时间，允许教师事先做好准备的一种教学评价方式。

2. 访谈法

访谈法是与相关人员进行访谈，从而获得信息的评价方式。包括结构型访谈和非结构型访谈。前者在程序设计和问题设计方面的要求较为严谨和规范；后者自由度较大，因而对评价主体要求较高。

访谈可以围绕某一重要工作领域或焦点问题进行(重点集中法)；也可以让被访者站在第三者的角度客观地评述(客观陈述法)；还可以召开座谈会，从群体发言中收集资料(团体访谈)。访谈法简便易行，是幼儿园评价中最常用的方法之一。

3. 问卷法

问卷是通过发放由一系列问题构成的调查表，来收集资料的评价方式。这种方法能够在较短时间内调查很多人，取得大量资料。同时，该方法还便于量化处理，经济省时。

问卷法可以用于了解教师及家长对园所环境、管理、保教工作的看法和态度，也适宜于征询意见和建议等。

4. 文献资料法

文献资料法是通过查阅文献资料来分析了解情况，收集信息的评价方式。这种方法既可以对全部资料进行收集，也可以针对某一专题，有选择地查阅相关文献资料。这种方法是对既已存在事实的调查，不干扰幼儿园正常保教管理工作的正常秩序。如有的幼儿园定期检查教师的教学档案袋，通过检查和评比，提高教师的自我反思意识，促进教师专业发展。

5. 自我报告法

自我报告法是根据评价目的，针对某一问题或一系列问题，提供有关自己情况报告的评价方法。这种方法的理论假设是：只有自己最了解自己。因此，这种方法不仅可以收集到外显行为的资料，还可以收集到教职员工的工作感受或体悟等主观内隐信息。如许多省市幼儿园在分级分类验收中，都要求园长就本园工作提交自我报告。这种方式可以激发教职员工工作主动性，较为充分地体现出评价的民主参与精神，收集到更加全面的信息和资料。

总之，幼儿园管理评价方法多种多样，在实际运用中要根据评价目的、评价对象有针对性地采取适宜的评价方法，综合运用多种方法和手段，尽可能高效、经济地收集到全面、系统、真实可靠的信息和资料，以便科学分析，促进保教质量的提升。

（二）评价的步骤

1. 建立评价小组

幼儿园管理评价是一项专业性很强的工作，提倡内行评价。在建立考评领导小组时，要注意人员专业经验、专业背景的构成，以保证评价工作的科学性。评价小组成员中既要有熟悉学前教育理论、有一定评价理论的人员参加，又要有熟悉园所工作情况，有着幼儿园管理经验的人员参加。

2. 制定评价方案和评价指标

该步骤需要解决四个问题：为什么评？评什么？由谁评？怎样评？在对这四个问题深思熟虑的基础上，广泛征求意见，拟订初稿，并在试行的基础上调整和完善，形成可以付诸实施的评价方案。

评价指标是评价工作科学进行的保障。评价指标的制定要注意以下几点：

（1）使用期限要适当，使用周期太长，指标老化，就失去了评价的意义。

（2）评价指标不能"千人一面"，要根据岗位职责来制定。

（3）不要盲目照搬其他幼儿园评价指标，因为每个幼儿园有其自身特点，要从实际出发，制定出一套符合本园特点的评价指标，才能保障评价工作有序、高效进行。

3. 收集信息

收集信息是评价实施关键的一环。在这个环节，评价小组成员应亲临保教管理工作一线，注意观察各个环节，尤其是从工作细节中了解教职员工的工作状态。同时，也要和各方面工作人员进行接触，参加会议，进行访谈，阅读教师教育笔记，检查工作记录等，通过多种方式，最终才能全面客观地考察幼儿园各项工作状况。

4. 分析并反馈结果

信息和资料收集之后，要进行适当处理，对所得结果进行分析和解释，发现工作的成效和存在的问题，并针对问题提出改进建议。分析之后，还应注意反馈评价结果。一般来说可以采用书面或开会公布的形式进行反馈。对于评价结果好的方面，鼓励教职员工保持优良传统，继续努力；对于评价结果不太好的方面，应帮助其找出差距，查准症结，激励其改进工作，继续前进。总之，该环节并不是简单地对工作优劣进行鉴定和甄别，也不是热热闹闹地歌功颂德一番，关键在于通过该环节，切实帮助每位教职员工了解自己、发现问题，从而帮助他们改进和提高工作质量。

在管理过程中，之所以需要控制，缘于环境的变化、管理权力的分散，以及不同个体工作能力的差异等因素。控制是指按照既定目标和标准，对组织活动进行监督、测量，发现偏差并分析原因，采取措施使组织活动符合既定要求的过程。通过控制，要达成"纠偏"或"调试"的目标：即限制偏差的累积，"维持现状"；或适应环境的变化，"打破现状"。

幼儿园管理评价是教育评价的组成部分，是依据幼儿园管理目标，有目的、有计划、有组织地对幼儿园各方面工作进行深入调查，在系统描述工作现状基础上作出价值判断的过程。幼儿园管理评价是由一系列工作步骤所构成的完整过程。在评价过程中，应确保在方向性、科学性、可行性、激励性、实效性等原则基础之上，综合运用整体评价与局部评价、自我评价与他人评价，使诊断性评价、形成性评价与终结性评价相结合，恰当采用相对评价、绝对评价和自身差异评价等类型。并采取切实有效的方法，如实地观测、访谈、问卷、文献资料、自我报告等评价方法，从而对幼儿园办园条件、保教工作、总务后勤、卫生保健、领导班子、保教队伍等进行全方位的考量，切实发挥评价鉴定、导向、激励、诊断、调节等重要作用，提升办园效益。

思考题

1. 如何发挥幼儿园管理评价的作用？

2. 控制类型有哪些，对幼儿园管理有何启发？

3. 请简述幼儿园管理评价的原则。

4. 幼儿园管理评价类型有哪些？请根据自己的理解，说明为什么要注重形成性评价？

5. 做一个小调查，了解目前幼儿园管理评价中有哪些问题，并提出改进建议。

6. 案例分析：目前，幼儿园安装了电子监控系统，意图使管理者可以更好直接地进行管理和监控。但有些老师认为电子监控系统破坏了信任关系。试分析：(1)电子监控系统有什么有缺点？(2)如何合理使用此种管理手段？

1. 网络资源：中国大学MOOC《幼儿园组织与管理》精品在线开放课程

2. 文献资源：

(1)贺红芳. 幼儿园保教质量评估标准：审视与展望[J]. 教育导刊，2018 (2).

(2)杨莉君，等. 幼儿园保教质量评估指标体系建构研究[J]. 教师教育研究，2017，(5).

(3)吴钢. 我国幼儿园教育质量评价的反思：问题与思考[J]. 早期教育，2012(2).

(4)河南省教育厅. 关于印发河南省省级示范幼儿园评估及管理办法的通知[EB/OL]. http://www.haedu.gov.cn/2016/11/21/1479694799649.html.

(5)浙江省教育厅. 关于印发《浙江省幼儿园等级评定实施办法》和《浙江省等级幼儿园评定标准》的通知[EB/OL]. http://www.zjzwfw.gov.cn/art/2014/5/23/art_326_4529.html.

(6)上海市教学委员会教研室. 上海市幼儿园保教质量评价指南[EB/OL]. https://wenku.baidu.com/view/a97814d0b14e852458fb57ab.html

参考文献

1. 何磊. 幼儿园管理评价体系的建立：武汉市实验幼儿园[M]. 南京：江苏凤凰少年儿童出版社，2015.

2. 杜燕红. 学前教育管理学[M]. 郑州：郑州大学出版社，2012：7.

第五章　幼儿园保育工作管理

本章提要

科学的保育工作管理能为幼儿园生存与发展提供了前进动力。保育管理不仅为幼儿的健康安全发展提供保障，还是幼儿园教育质量提升的基础。幼儿园保教结合的工作原则也强调保育为先的重要工作地位。因此，在幼儿园各项事务管理工作中，应从保育工作管理入手。幼儿园保育工作管理涉及生活活动管理、卫生保健管理、膳食管理、安全与危机管理等具体内容。

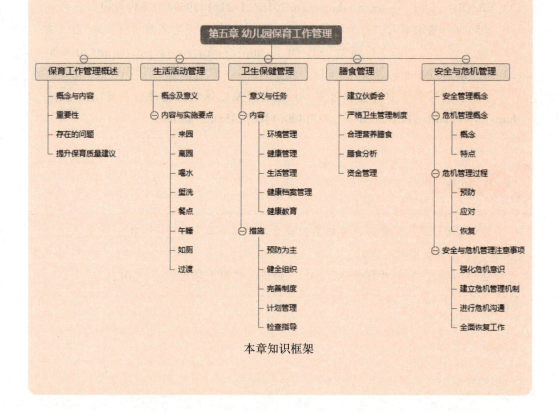

本章知识框架

【知识目标】

1. 掌握幼儿园保育工作的概念，理解保育工作在幼儿园管理中的地位和作用。

2. 知道幼儿园生活活动管理的基本内容。

3. 掌握幼儿园卫生保健工作管理的任务和内容。

4. 掌握幼儿园膳食管理的任务和内容。

5. 掌握幼儿园安全管理的任务和内容。

【能力目标】

1. 掌握幼儿园生活活动管理的实施要点。

2. 掌握幼儿园卫生保健工作程序和要求，有效开展幼儿园卫生保健管理工作。

3. 学会运用幼儿园膳食管理的基本策略，能够参与膳食管理工作。

4. 能够结合幼儿园具体发展情况，初步制定幼儿园安全工作预案。

【教学重难点】

1. 理解保育工作在幼儿园管理中的地位和作用，掌握幼儿园生活活动实施要点，结合卫生保健工作程序和要求，有效开展幼儿园生活活动和卫生保健管理。

2. 能够结合幼儿园具体实际，科学参与膳食管理工作，初步制定幼儿园安全工作方案。

【教学课时】

3 学时

故事导入

提前的午餐

近期园长收到了一些家长的微信，微信内容围绕幼儿在园午餐时间提出了一些疑问："我家孩子回家说，在幼儿园总让吃饭，总让睡觉，好烦啊！""我看幼儿园计划表上写的是 11 点开饭，怎么前几天给孩子送衣服时 10 点半左右就开饭了呢？""班里老师说孩子胃口不好，怎么一回到家吃那么多呢？"

思考问题：

幼儿园午餐时间能否提前？午餐提前对于孩子健康成长有什么影响？幼儿园食谱究竟应该如何安排才更科学？幼儿园膳食管理工作要注意些什么？

反思：

日常生活中我们从哪些方面衡量一个幼儿园的质量高低呢？提到幼儿园质量，有人可能会说这是一个学术问题，涉及幼儿园管理的方方面面，但其实并非那么复杂。如果你在离园时间段去观察调研，会发现很多家长接到孩子后问孩子最多的问题是在幼儿园吃了什么，晚饭吃了什么，有没有吃饱，这个问题直指幼儿园管理工作的重要内容——保育工作(膳食管理)。幼儿园工作事无巨细，午餐安排是幼儿园保育工作的一个缩影，也是幼儿园膳食管理的一个重要内容。根据《幼儿园工作规程》幼儿园应制定合理的幼儿一日生活作息制度，两餐间隔时间不得少于3.5小时，这个规定充分考虑到幼儿身心发展的水平和特点。因此，幼儿园在制定午餐制度时不能以教师自身工作方便为出发点，随意安排幼儿提前进餐，要保证两餐间隔时间，保证食物有充分的消化吸收时间。否则长期提前安排午餐，造成幼儿脾胃负担过重，对于幼儿身体健康发展也有消极影响。

第一节　幼儿园保育工作管理概述

《幼儿园工作规程》中明确指出："幼儿园是对三周岁以上学龄前幼儿实施保育和教育的机构，实行保育和教育相结合的原则，对幼儿实施德、智、体、美诸方面的教育。"可见，保教工作是幼儿园所有工作的核心，而保育工作是这一核心的根本基础。保护幼儿的生命安全和促进幼儿健康发展是幼儿园的前提条件和主要任务。因此，保育工作在幼儿园工作中占据着至关重要的地位。本节将对幼儿园保育工作的规律进行探讨，分析幼儿园保育工作的价值和意义，阐述幼儿园保育工作管理的概念，为保育工作实践提供理论基础。

一、幼儿园保育工作概述

(一)幼儿园保育的概念

幼儿园保育指为3—6岁儿童的健康发育提供良好的生活环境和适宜的物质条件，并在一日生活中给予精心看护、照顾和养育，帮助幼儿实现身体机能和心智结构的健康发展，逐渐提高其生活自理能力。

传统保育概念侧重于身体方面的保护和照料，更加关注生活作息、体格检查、膳食营养、疾病防控等。随着脑科学和神经系统科学研究的推进，健康概念的日趋完善，人们越来越认识到早期经验的重要性，优质的幼儿保育和教育机会应该是每个孩子应该享有的重要权利。当前人们对保育的观念已经开始不断扩展和深化，日益关注幼儿个性和社会适应能力的提高。因此，我们应更新观念，不仅要做好幼儿看护照料，更要重视保教结合，真正有效地维护和全面提升幼儿的健康水平。

（二）幼儿园保育工作内容

幼儿园保育工作内容涉及面很广，涵盖幼儿在园生活、游戏、学习、户外活动等各个方面，虽然看似琐碎，但对幼儿的健康成长有着不可低估的作用。幼儿园保育工作主要包括以下几个方面的内容：

1. 做好一日生活管理

幼儿园的一日生活活动并非随意、随机安排的，而是在教师特定教育目的指导下，有计划、有目的、有步骤地开展。大体包括来园、离园、进餐、睡眠、盥洗、整理、过渡活动、户外活动等。活动环节和活动类型不同，但彼此之间相互联系，密切配合，共同促进幼儿身心全面和谐发展。

2. 做好卫生保健工作

学前儿童身体机能未发育成熟，免疫系统尚待发育完全，容易受到外界各种疾病因素的干扰，从而影响身体健康发展。卫生保健工作关注幼儿卫生环境创设，监测幼儿身体发育状况，帮助幼儿养成良好的卫生习惯和运动习惯。

3. 做好膳食管理工作

为保证幼儿生长发育和活动所必需的营养，应确保幼儿园膳食工作管理的规范性、科学性和标准化。具体包括健全完善膳食管理制度、严格卫生制度，科学安排膳食食谱，保证营养平衡，优化膳食环境，进行膳食分析等。

4. 做好安全管理工作

幼儿园安全管理工作与全园幼儿和教职工的健康和生命安全直接相关，间接影响社会主义和谐社会的建设大局。3—6岁幼儿身心处于未成熟阶段，对世界充满好奇，但动作协调性差，自我防范和抵御危险的能力差，极易发生安全事故，加强幼儿园安全管理工作非常必要。比如控制危险源，创建安全的幼儿园环境，加强对幼儿的安全教育，做好安全预案和定期安全演练等。

二、幼儿园保育工作管理的重要性

保育工作是幼儿园工作的重要组成部分，幼儿年龄越小，保育工作的重要性越加突显。为提升幼儿园管理绩效，不断满足人民群众日益增长的对幼儿教育的需求和期待，应从保育工作观念入手，充分认识到保育工作的重要性和价值。

（一）为幼儿创设优良的环境

保育工作管理首先涉及环境的创设。教师通过对活动室、寝室、盥洗室、设备、环境的清洁卫生工作，保持室内空气新鲜，窗明几净，物品摆放整齐。通过日常消毒工作，使幼儿生活、游戏环境更卫生，更安全。通过对室内外活动区的绿化、美化、教育化，让幼儿感受自然气息，陶冶在美的环境中，潜移默化地接受教育。

（二）提高幼儿身体素质

健康营养的膳食安排和规律科学的一日生活活动，是幼儿身体素质提升的关键所在。保育工作管理关注幼儿膳食制度的建设等多方面，保证幼儿身体发育有充足的营养。幼儿园一日生活活动要注意科学性与发展性相结合，喝水、盥洗、餐点、午休等各个生活环节的合理安排对幼儿身体机能的发育有着重要影响。

（三）培养幼儿良好的生活习惯

幼儿生活自理、自我保护、爱护环境、与人交往等方面的行为要转化成幼儿的活动常规，养成习惯。因此，保育工作既要重视对幼儿的照顾保护，又要满足他们不断增长的独立要求。

（四）满足家长的需求

随着市场竞争的日趋激烈，幼儿园的竞争也表现在保育管理质量的竞争上。当幼儿园的楼房、设备等硬件条件日趋完善后，家长和社会的关注点就集中到幼儿园的管理质量上来，尤其是保育管理质量。许多家长已将保育管理作为选择幼儿园的重要标准，以保育管理质量求发展，注重安全教育，这种观念已深入人心。

三、当前幼儿园保育工作存在的问题

幼儿园保育工作开展虽然得到了较多关注，但保育工作开展中依然存在着一些较为显著的共性问题，这些问题的客观存在也严重制约了幼儿园保育质量水平。

（一）对保育工作缺乏应有的重视

长期以来，幼儿园存在"重教轻保"的观念，认为保育工作的地位低于教育工作，而保育教师往往被认为比幼儿教师"低一个档次"，直接导致对保育员专业性的要求降低甚至忽视。部分教师只在乎"上课"，而忽略了许多生活环节的保育工作；不够关注幼儿身体的变化，对幼儿的一些疾病迹象没有预见性；甚至部分新教师不懂得如何为幼儿铺床单、穿衣服；遇到意外伤害，不能进行简单的处理；对幼儿的心理问题没有进行及时的识别与应对，有的甚至还在有意无意中影响幼儿的心理健康等。还有部分家长受应试教育的影响，只关注静态知识的学习，而忽略全面发展、习惯养成等。

(二)保教制度不健全

部分园所缺乏对保育工作的岗位责任制度、激励制度、评价监督制度等，幼儿园提供给保育教师的进修培训和学习的机会比较匮乏，保育教师的专业发展受到一定限制。许多保育教师的工作积极性不高，仅限于应付基本工作需要。激励机制的缺乏导致保育员缺乏进取心和竞争意识，消极地完成被分配的任务，忽视了保育工作中其他丰富的内容。

(三)欠缺个别化保育方案

幼儿园保育面向全体幼儿，关注集体活动，满足共同需要，解决共性问题。但每个幼儿的生长发育、性格爱好等具体状况各不相同，实际操作中应考虑到孩子的个体差异性，满足其特殊需要。而当前幼儿园中大班额现象比较突出，班级幼儿人数较多，因幼施保和个别化保育方案的实施较难落到实处。

四、提升幼儿园保育工作质量的建议

(一)树立科学的保育观念

首先应提升幼儿园保育工作的受重视程度，确立保育优先，以保促教，保教结合的工作理念。要深刻理解幼儿园保育与教育之间的关系：幼儿教育工作需要同保育工作较好联系在一起，保育工作也需要成为幼儿园持续运转的核心工作。其次要更新幼儿园保育观念，从传统的照料看护幼儿扩展到促进幼儿个性发展和社会适应能力的提高，将保和育有机结合起来。只有实施科学有效的保育，才能为幼儿由生物人转化为社会人奠定坚实的基础。这就要求保育员具备现代儿童观，从观念上愿意为幼儿提供良好的发展环境和条件，并且自觉将这种观念融入一日常规工作各环节细节之中。

(二)完善保育制度

完善的规章制度是实施保育工作的必要保证。在组织认真学习《幼儿园工作规程》的基础上，明确保育教师的岗位职责，制定《幼儿一日生活工作流程》，开展工作，责任到人。在实施过程中，通过请进来、走出去等培训激励措施，不断总结、不断丰富、不断改进，不断规范和提升教师的保育工作。在管理的过程中，采取跟班督导制，抽查不同时间段的工作情况，指出工作中的不足及改进的方法，促进保育工作的协调发展(见表5-1)。

表5-1　北京市朝阳区新世纪幼儿园班内卫生检查评价标准

班级：　　总分：　　　　　年　　月　　日

评价内容	评价标准	非常好	比较好	有些问题	问题较多	评价分数
毛巾	挂整齐且数目与幼儿出勤数相符					
挂毛巾柜	柜内外无尘土，无污渍，无缺损					
水杯	水杯口和水杯里外无水垢、锈渍					
水杯柜	水杯柜内无尘土和污渍					
饮水桶	饮水桶内无水垢，桶内外无污渍					
饮水桶柜	柜内外无尘土，无污渍					
水池	水池内无污渍，下水通畅					
水池墙壁	水池墙壁清洁无污点					
幼儿厕所	便池内外无污物，无味，瓷砖洁白					
玻璃镜子	玻璃干净明亮，镜子无污点					
桌椅	桌面、桌腿、椅面、椅腿、椅背干净无污渍					
玩具	按时消毒分类清楚摆放整齐					
玩具柜	柜内外无尘土，玩具摆放整齐有序					
地面	地面干净，睡眠室床下无尘土					
门窗	门窗无尘土，门框、门把手无污渍					
床	被子叠放整齐、床单、枕巾平整					
钢琴	琴罩干净，琴上无杂物，琴内无尘土，不用时能关好琴盖					
休息室	桌上无杂物，无尘土，更衣柜内无食品，柜顶无杂物，地面无脏物，床上无堆放异物，床底下无鞋和其他杂物					
活动区	幼儿活动后物品摆放整齐，无乱堆乱放问题					
壁柜	壁柜内物品摆放整齐有序，物品能按类摆放，不乱堆乱放					
阳台	阳台干净整洁，无脏污					
窗台	窗台无尘土无杂物					

（选自《幼儿园管理操作实务参考》，丛中笑主编，华夏出版社，2006年。）

　　思考：表5-1对于幼儿园卫生保健工作有哪些促进作用？该表还有哪些改进的地方？

（三）因幼施保，增强保育的个体针对性

幼儿教师应在清楚地认识、了解每个幼儿的个性和差异的基础上，施以有区别的教育，从而帮助不同的幼儿得到健康发展。可依据实际情况，采取既符合幼儿发展规律和年龄特点，又满足不同需求的方式方法。比如，幼儿园在进餐环节可以针对弱小幼儿提供增高食谱，诸如月亮饼、将军面、排骨炖黄豆、大力水手汤等食物；针对偏胖幼儿多提供些脂肪、蛋白含量低的食物。在运动环节，对过敏体质的幼儿，或有遗传病史或生病的幼儿，要特别关注，制定科学的运动方案和措施等。①

北京市朝阳区劲松第一幼儿园体弱儿管理制度

通过对本园体弱儿的了解，加强保教配合，重点加强对体弱儿的特殊照顾及个别护理，使他们早日康复，恢复正常体质，促进其健康成长。体弱儿的管理范围主要包括：营养性缺铁性贫血、维生素 D 缺乏性佝偻病、营养不良、反复感染（呼吸道、肠道感染）、先天性心脏病、癫痫病、神经精神发育迟缓、常见畸形等。

对贫血儿童的管理

诊断标准（必备的）：年龄在 6 岁以下（新生儿除外）血红蛋白低于 11g/dL。轻度：9~11g/dL；中度：6~9g/dL；重度：<6g/dL。

发现贫血患儿，及时与家长联系，家园配合，查找贫血的原因，共同进行管理，对患儿全面加强一日生活中的照顾。

对轻度贫血的幼儿进行登记管理，要有初诊、复查日期与血红蛋白测查结果记录。

对中、重度贫血的患儿进行专案管理，一般情况下应在 3 个月内结案。

治疗：根据病情，可采用药物（中、重度）及饮食治疗（轻度），1 个月后复查血红蛋白。

转诊：经药物治疗 3 个月血红蛋白仍不恢复者，应转诊。若在园儿童患中、重度贫血一般建议患儿到医院接受进一步检查与治疗。

结案：患儿血红蛋白恢复正常后，继续给药（中、重度）或饮食治疗（轻度）4~6 周方可结案。

营养不良儿童的管理

对低体重、消瘦、发育迟缓、严重慢性营养不良的幼儿进行登记并建立专案，及

---

① 朝泽明. 幼儿园保育工作的现状与对策. 教育理论研究［J］. 2016(33)：143.

时与家长联系，分析病因，要求班内保教人员在患儿的进餐、活动等一日生活中多照顾，纠正其不良习惯。

定期监测：以大体检时间为准。

低体重：每月测量体重一次。

发育迟缓：每 3 个月测量身高、体重 1 次。

消瘦与严重慢性营养不良：每月测量体重一次，每 3 个月测量身高一次。

将结果及时通知家长，并积极配合医院的治疗。

结案：直至患儿营养不良得以完全纠正为止。

根据儿童营养不良分类及病因的不同，有针对性地进行营养指导与干预，如进食量、各种营养素的摄入情况等；依据患病情况的不同为患儿提供饮食护理。

对反复感染儿童的管理

1. 诊断标准（以儿童考勤为准）

因患病连续在 3 个月内每月缺勤天数累计 5 天及以上者；

因患病连续在 3 个月内每月带药（抗感染性药物）累计 7 天及以上者；

因患病续在 3 个月内每月缺勤及带药累计 10 天及以上者。

2. 方法及内容

定期进行统计，筛出反复感染儿童。

对反复感染儿童建立体弱儿专案管理档案，每月观察一次。

3. 措施：对病因进行分析，配合医院治疗，保教人员在保健医生的指导下，共同配合，在吃、玩、睡等方面对患儿加强生活护理。

体弱儿为班内全日观察的重点儿童；

进餐时，让体弱儿先洗先吃，掌握进食量，纠正不良饮食习惯；

午睡时避免使其对着窗户、门，避免对流风；

按时为患儿服药，做好预防性投药；

根据气候的变化适当增减衣服，适当加强患儿的体育锻炼；

班级做好本班内患儿在园以上各项情况记录。

4. 结案：观察半年，无反复感染即可视为健康儿童管理。

（选自《幼儿园管理操作实务参考》，丛中笑主编，华夏出版社，2006 年。）

第二节　幼儿园生活活动管理

生活活动在幼儿园一日活动中占据重要地位。生活活动管理是幼儿教师做好保教管理的"基本功"。幼儿园生活活动可以细化为来园、离园、喝水、如厕、盥洗、餐点、午睡等。这些活动虽然琐碎重复，但它们贯穿幼儿在园的全天经历，充分展现幼儿学习与发展的整个历程。"生活中学习"也是学前教育的重要特点之一，幼儿教师科学安排幼儿园生活活动流程显得尤为重要。

一、幼儿园生活活动的概念及意义

(一)幼儿园生活活动的概念

幼儿园生活活动是指幼儿在园一日活动中的生活环节和一些每天都要进行的日常活动，包括来园、离园、餐点、喝水、睡眠、盥洗、如厕、过渡活动等。生活活动在幼儿一日生活中所占时间长、内容丰富、形式多样，对幼儿发展起着不可替代的作用。幼儿园活动类型多样，大多研究者会依据幼儿园一日活动内容及其特点进行分类，如生活活动、运动活动、游戏活动、学习活动、自由活动。以上各种活动目的和内容不同，不可偏废，而且各活动相互联系、紧密配合，形成有机统一的整体，共同促进学前儿童身心全面和谐发展。

(二)幼儿园生活活动的意义

很多家长在同老师交流时，常问这些问题："孩子今天在幼儿园学到点什么啊？学得好不好啊？"问题背后折射出家长们更多关注教学活动。但专业的幼儿教育工作者要明确：幼儿园教学不仅教给孩子一些看得见、摸得着的知识和经验，更重要的是帮助孩子在一日活动中形成安全感、秩序感、归属感，在这个过程当中，孩子的自理能力、独立解决问题等方面都有一定的提升。生活活动中的喝水、如厕、来园、离园环节以及午睡环节，餐点环节等，与教学活动同等重要的。有句话说得好："幼儿在园的一日就像一串美丽的珍珠项链，一日活动中的每一个环节就是一颗珍珠，教师要让每一颗珍珠闪亮发光。"

1. 促进幼儿身体的健康发育

3—6岁幼儿处于生长发育的关键期，生长发育十分迅速、新陈代谢极为旺盛。但各项生理机能未完全发育成熟，对自然和社会环境的适应能力较差，对疾病的抵抗能力和对压力的承受能力较弱。幼儿园生活活动保证了幼儿合理均衡的营养、充分的睡眠、适当的活动量、满足了幼儿喝水、进食、如厕等生理需要，为其生长发育提供了必要的保障。

2. 培养幼儿良好的生活和卫生习惯

幼儿期不仅是身体发育的重要环节，也是形成良好行为习惯的关键时期。幼儿阶段，儿童模仿力强，可塑性强，具备天生的"吸收性心智"，培养幼儿养成良好的生活和卫生习惯将会使幼儿终身受益。饭前便后洗手、早晚刷牙、饭后漱口、不挑食、不偏食、不随地扔垃圾等文明习惯的养成，不仅是幼儿个人素质的体现，也是未来社会国民素质的体现。

二、班级生活活动基本内容与实施要点

班级一日生活活动包括每天的来园、离园环节，喝水环节，如厕、盥洗环节，餐点环节，午睡环节，过渡环节等。

（一）来园

美好生活的一天由入园开始。应重视来园接待环节，能够做到热情接待孩子，各项生活活动安排周到，逐步培养孩子的生活自理能力。关于来园环节的管理要点，根据对象的不同，主要涉及三个方面的内容。

1. 教师

热情接待幼儿，并及时记下家长的嘱托（如喂药要求、喝水水量要求、添加衣物等要求）、进行一摸二问三看四查的晨检，观察孩子的健康状况，如有异样，及时上报；设立值日生制度，安排值日生早接待，并协助教师进行玩教具收纳与餐点活动；对于提前到园的幼儿，应为其提供材料，并指导其晨练、游戏或阅读活动；对于个别有特殊需要的儿童，要给予贴心的关怀。

老师发现早上入园时有个孩子在"难过心情栏"上夹了个小夹子，说明这个孩子没有带着积极情绪入园，于是老师通过耐心沟通，发现这个孩子来园时的心情与早上堵车有关。老师一方面表扬了孩子遵守幼儿园来园时间规定，另一方面提出期望："明天试试如果再早5分钟出门，会不会错过堵车高峰期呢？如果路上遇到堵车，听听歌曲，试试看心情会不会好一点呢？"通过表扬的方式，孩子纾解了因迟到带来的心理压力，为接下来幼儿园生活开启了积极情绪的大门。

思考：该老师的做法有哪些可取之处？

2. 保育员

负责保育工作的老师，早上入班后第一时间开窗通风，保持室内外整洁；将衣帽架摆放至教室门口；准备好温开水，以备孩子入园喝水所需。接下来同老师一道，接待幼儿。

3. 幼儿

幼儿入园也是社会性学习的重要环节，在这个环节要学习见到老师、小朋友主动问好，并学会收拾整理自己的衣物鞋帽；晨检活动中能够积极参与，在值日工作过程中，去提升自己各项能力，通过服务他人的工作，提高集体意识。

(二) 离园环节

离园环节是一日活动中最后一个环节，也是最容易被忽视的生活活动环节。写文章讲究"龙头凤尾"，管理水平的高低从离园环节的组织可见一斑。幼儿园管理必须善始善终，做好温馨回顾，细致护理。

离园环节老师的工作内容包括：组织孩子们总结回顾一日学习与生活，并组织幼儿按照从头到脚的顺序为自己或伙伴检查仪表；接待家长要热情，及时反馈幼儿在园具体信息；对玩教具进行归类整理；核对当日幼儿的出勤情况，对个别孩子进行电话访问；教育幼儿见到家长主动招呼，离园离班主动再见，玩具衣帽自己收拾等；待全班幼儿离园后，做好班级卫生工作，检查水电，防止安全隐患发生等。

(三) 喝水环节

喝水环节是幼儿园生活活动中不容忽视的一个细小环节。幼儿在园是否养成主动喝水的意识，能否喝够足量的水，不仅意味着幼儿的基本生理需求是否得到满足，更反映出师幼关系质量与班级的心理氛围状况。幼儿园喝水环节所呈现出的状态也成为衡量幼儿园管理质量的显性指标之一。

幼儿园喝水环节容易出现的问题有：大多幼儿处于被动喝水状态；家长对于喝水普遍存在过度焦虑心理；教师对于不同年龄段的幼儿每天、每次喝水量的把握不够清晰；喝水环节的组织方式随意，幼儿消极等待、拥挤和打闹情况多有发生。

结合幼儿心理发展水平和幼儿园实际，幼儿教师在喝水环节的组织与管理要点如下：

1. 统筹安排喝水时间

统筹安排喝水时间，保障了幼儿喝水的频次，客观上满足了不同活动环节幼儿饮水的需求。幼儿园一日喝水时间安排如下所示：

早上入园前　7:30

提倡家长送孩子上幼儿园之前，给幼儿喝约200毫升适温的白开水，一是起到清理肠道的作用，二是补充身体所需水分。

早餐　8:00

早餐尽量多安排豆浆、牛奶、稀粥等，易于幼儿补充水分。中晚餐在汤的安排上注意营养、清淡、量足，保证每位幼儿的饮用。

上午户外活动　9:40~10:40

上午户外活动前15分钟(9:40左右)，组织幼儿每人喝100~200毫升适温的白开水，以幼儿年龄(3~6岁)不同确定饮用量，为活动储备水分。

户外活动回教室15分钟后(10:40左右)，组织幼儿每人喝100~200毫升适温的白开水，幼儿由于活动大量排汗，需要补给水分。

下午起床　2:30

下午起床10分钟后(2:30分左右)，组织幼儿每人喝100~150毫升适温的白开水，也是及时补充幼儿所需，同时为户外活动储备水分。

下午户外活动　15:40

户外活动回教室15分钟后(3:40左右)，组织幼儿每人喝100~200毫升适温的白开水，为活动结束大量排汗补充水分。

离园前　17:50

离园前幼儿自主选择喝水，幼儿园要准备足够的、卫生的温开水。

(资料来源：摘自《担心孩子在幼儿园喝水不够，老师可以把这个给家长看》。腾讯网 https://new.qq.com/omn/20190524/20190524A04R33.html)

2. 养成科学喝水习惯

科学喝水习惯的养成是生活教育的重要内容之一。包括安全使用水杯、健康喝水、遵守规则等。

入园适应阶段应进行家园交流，保证幼儿入园前有使用杯子喝水的经验。喝水环节中教师指导幼儿学习饮水过程中的安全事项，如正确端水杯，喝水前尝温，喝水时不说笑，不把水杯里的水弄洒，喝水时不玩水，不把手放到水杯里等。

《3—6岁儿童学习与发展指南》明确提出"要引导幼儿多喝白开水，少喝饮料"。虽然饮料、带味儿(家长熬制的果汁、蔬菜水、蜂蜜水等)的水更受到幼儿的喜爱和欢迎，但大多数饮料存在糖超标的问题，影响幼儿牙齿的健康发育，影响正常饮用水的摄入。

幼儿园喝水环节通常需要幼儿遵守活动秩序，教师应指导幼儿掌握该项活动的常规要求，如排队拿水杯接水、按各自需要接水喝水、喝水结束后把水杯放回杯架、喝完水不做剧烈运动等。

3. 巧妙组织喝水活动

"一日活动皆课程"，幼儿园管理者应巧妙组织喝水活动，充分挖掘喝水活动的教育价值。

首先，对喝水空间进行有效的划分，设立接水区、喝水区、等待区等。区域划分有助于幼儿生活常规的培养，有效避免班级拥挤。

其次，采用互动性墙饰对幼儿喝水习惯进行引导。用小圆点或者小脚丫将接水区、喝水区、等待区划分开来，提示幼儿遵守喝水秩序。在适合幼儿高度的喝水空间张贴流程图，通过环境创设对幼儿的喝水进行引导，如提示幼儿排队喝水、水杯要放回杯架等，逐步帮助幼儿建立有序的喝水习惯。充分利用好"今天你喝了几杯水？""宝贝爱喝水"这样的互动墙饰，让幼儿、教师、家长对幼儿每天的饮水量一目了然。

再次，通过实验、讨论、故事、儿歌等培养幼儿喝水意识和习惯。如利用小实验《小水库缺水了，我要去喝水》，引导幼儿在如厕时观察、记录、比较自己小便的颜色。通过探索活动，教育幼儿提高自我保护意识，并使幼儿养成勤喝水、多喝水的良好生活卫生习惯。如小故事《我的尿不黄了》，有助于让幼儿知道如何辨认自己尿液颜色的正常，培养幼儿健康的生活习惯。儿歌"排排队，来喝水，不要推来不要挤，烫伤小手起大泡，那时后悔来不及"和"小朋友，来喝水，你先我后不拥挤。排好队伍到橱前，伸手去拿小水杯。接水接到半水杯，接好水后回座位。轻轻吹，慢慢喝，喝完水杯放回橱"的唱诵也能让幼儿学习喝水环节的常规要求。

（四）盥洗环节

幼儿园盥洗活动主要包括洗手、漱口、洗脸、梳头等具体内容。洗手是发生频率最高的盥洗活动，饭前饭后、活动前后均需进行洗手活动；漱口活动主要发生于餐点活动前后，每日大概进行四到五次；洗脸和梳头通常发生于午睡起床后。每项活动各有具体活动要求。

1. 洗手

洗手环节引导幼儿学习六步洗手法，即通过湿、搓、冲、捧、甩、擦六个步骤将手洗干净。在洗手时引导幼儿知道洗手的益处，提醒幼儿洗手时不湿衣袖、节约用水，帮助幼儿养成洗手的卫生习惯。

2. 漱口

教会幼儿学会用鼓漱的方法漱口，并知道漱口可以清洁口腔，养成餐后漱口的卫生习惯。

3. 洗脸

帮助幼儿学习正确的洗脸方法，知道起床后、脸脏后及时洗脸，并在洗脸时不打湿衣袖、不玩水，节约用水。

4. 梳头

帮助幼儿学习梳头发的基本方法，指导幼儿梳头后及时清洁梳子和地面，养成梳头发前后洗手的习惯。

知识链接

保育儿歌

《擦小手》 小毛巾，手中拿， 先擦小手心， 再擦小手背， 手腕胳膊最后擦， 再把毛巾送回家。	《开关水龙头》 轻轻打开水龙头， 哗啦哗啦水儿流， 我用线儿拴住你， 叫你停来你就停。
《挽袖口》 小袖子呀爬高山， 一爬爬到胳膊中间， 袖子高高露手腕、 洗洗小手真方便。	《漱口歌》 手拿花花杯， 喝口清清水， 抬起头，闭着嘴， 咕噜咕噜吐出水。

拓展阅读

自 2005 年起，世界卫生组织就将每年的 10 月 15 日定为"世界洗手日"。世界卫生组织曾指出："每年有 1800 万儿童死亡，而其中 90%是 5 岁以下的幼童。若养成洗手的良好习惯，至少可以拯救一半数目的儿童。养成用肥皂洗手的良好习惯是帮助孩子远离细菌，预防儿童腹泻和肺炎的最为经济高效的方法之一"。

（资料来源：http://study.gsjy.net/zsjypt/hindex.action？aid＝dgyfcm&userLog.id＝146466556709046441，费春教育日志。）

（五）餐点环节

幼儿园餐点活动包括餐前准备、进餐教育、结束整理等活动。该环节重在为孩子营

造温馨的进餐环境，并在进餐过程中渗透饮食卫生习惯、自理能力、独立意识等方面的教育，并拓展有关种植方面的经验。

1. 餐前准备

进餐前半小时左右应结束各种教学活动、游戏活动，组织幼儿收拾整理玩具和活动室。教师摆放餐桌，用消毒水擦拭餐桌。分发餐具和餐巾（饭碗靠近桌边，菜碗放置前方，筷子放右边，餐巾放左边；可以组织中大班幼儿协助教师分发餐具）。组织幼儿做好如厕、洗手等准备工作。做好餐前安静游戏，如手指游戏、餐前故事、餐前谈话等活动。向幼儿简单介绍食物，让幼儿了解食物的营养价值，唤起幼儿食欲，帮助他们克服挑食和偏食的毛病。

2. 进餐教育

注重培养幼儿良好的进餐习惯，如学习正确使用餐具，懂得进餐礼仪，保持良好的进餐坐姿和方法，不在进餐时大喊大叫、大声吵闹，不含着食物说话，不干扰其他小朋友进餐，不挑食、不偏食、不剩饭菜。另外，针对幼儿的具体情况采取相应的措施。有的孩子可能注意力不集中或者含着饭不吞咽等造成吃饭慢，应该适当提醒；有的孩子饭量小，可采取少盛多次的方式，鼓励其添饭；对饭量大、进餐速度快的孩子应提醒其细嚼慢咽；对有特殊情况的孩子（如生病或对某食物过敏）给予特殊照顾等。与此同时，进餐教育内容应随年龄的增长而有所增加，小班侧重于培养幼儿独立进餐的习惯，中大班要逐渐渗透保持良好进餐习惯和进餐环境（桌面、地面、衣物）的整洁等方面的教育。

3. 结束整理

培养幼儿自己收拾餐具，放到指定位置；对班级进餐进行简短点评，培养孩子爱惜粮食的品质，并鼓励幼儿学习良好的进餐习惯；培养餐后漱口的习惯；引导吃饭速度较快的孩子进行安静活动，如阅读、桌面游戏等；餐后也可组织幼儿进行餐后散步等。

 案例分析

那个洒满阳光的午后

那是一个冬日午饭后，我看到户外阳光明媚，就交代孩子们穿上外衣，带着孩子们到户外进行餐后散步，虽然时而能感到阵阵凉风，但充满精神的冬日阳光，缓缓地洒在我和每一个孩子的脸蛋上，是那么惬意和舒服，每一个充满童真、可爱的脸蛋在明媚的阳光下荡漾着幸福和喜悦！就这样，我和孩子们、更多是孩子与孩子之间的互动便开始了……

因为阳光格外的好，操场外一排排栅栏的影子映射在绿绿的塑胶跑道上，显得非常清晰。为了让散步变得更有意义，我便引导孩子们分成两队走在地面栏杆的影子上，也许这样的引导让孩子发现了影子，他们开始讨论起来，一边走一边说这是大树的影子，这是路灯的影子，这是旗杆的影子，我们经过滑梯玩具的影子，我们经过了平衡木的影子，我们经过了蘑菇形垃圾桶的影子，我看到我胳膊的影子了，我看到我头的影子了，我的手可以变出小鸟的影子在地面上飞，我还能变小动物呢，"你看你看，这个是那个带鸟窝的大树影子！"张文清大喊道，其他孩子也兴奋地回应着。队伍渐渐回到我们班级门前面时，末末提出了一个问题："老师，你说栏杆和地面上栏杆的影子数量一样吗？"我说："我也不知道，我们再去数一数吧！"我又带着孩子们来到了操场上。积极的探索和讨论便开始了。他们分开，几个人去数栏杆，一些人来数地面上的栏杆影子，得到的结果是 12 根栏杆，地面上却是 11 根栏杆影子，为什么呢？孩子们继续寻找答案："是不是数错了？再来一遍，没有数错啊！"几个小女孩认真地说道。孩子们又一遍认真地检测着，只见他们稚嫩的小脸蛋上透露着疑惑，真是可爱啊！子君说："会不会太阳光没有照到这一根啊？"小朵说："应该不会吧？""哦，我知道了，我知道了，"机灵的壮壮说，"是因为这个宽宽的红墙，你看这有一点栏杆的影子，应该就是第 12 根，只是它大部分被这个红墙挡住了……"

　　看着稚嫩的脸蛋上的认真，并且通过讨论自己解决了问题，我内心很是开心、感动和欣慰，我开心的是我没有介入他们、没有干扰他们、没有着急地告诉他们答案……而是选择了给他们充分创造探索交流的条件和机会；我感动的是看着孩子们通过相互的交流、激荡的认真劲，不厌其烦地寻找着原因和答案，更让我欣慰的是孩子们稚嫩的脸蛋上慢慢地由疑惑到成功获得答案的喜悦，最后的我没有过多的语言，而是笑着对他们点点头，竖起了大拇指！相信这一次孩子彼此之间会留下深刻的印象，但愿能激起他们对自然现象的探索欲望。这就是随机教育的价值所在！

　　幼儿的发展应该是全方位的，要促进幼儿全面、健康、和谐的发展，作为幼儿老师就应重视发挥各种教育手段和方法，并且在幼儿教育中起到交互运用和渗透的作用。因此，教师在幼儿园的一日活动的教育过程中，除了关注对幼儿进行有计划的系统教育的同时，更应该注意到对幼儿的随机教育，树立随机教育的观念。幼儿的一日活动中，生活、游戏活动无处不在，随机的教育之所以在幼儿园一日活动的教育过程中会产生良好的教育效果，是因为幼儿的年龄特点和随机教育本身所具有的特点而决定的。幼儿的思维具体形象，而随机教育正是根据幼儿的这一特点而临时组织进行的教育，随机教育所抓住的事例往往具有非常强的情境性、直观性，幼儿容易理解和接受，教师在进行教育中有必要去牢牢树立随机教育的观念，促进幼儿的发展。

其实，孩子们在和同伴的对话中可以互相学习，可以共同探索，共同寻求答案，而且得知的结果永远是记忆犹新的，老师做的就是给孩子充分的自由空间，相信孩子是可以的，在一旁静静地观察、聆听，适时鼓励和引导！

（资料来源：郑州市郑东新区实验幼儿园 殷秀丽。）

（六）午睡环节

睡眠可以帮助幼儿恢复机体活力。学前期是幼儿生长发育的关键时期，其神经系统发育尚未完善，特别易疲劳，应保持充足的睡眠，养成良好的睡眠习惯。

1. 睡前准备

保持卧室内空气新鲜，夏天要开窗通风，但避免幼儿处于对流风之下，冬季应在幼儿午睡前通风换气 5~10 分钟；随季节变化为幼儿安排合适的睡床、被褥、枕头等寝具；入睡前可以让孩子进行一些安静游戏，避免幼儿情绪过度兴奋或激动；睡前检查床上或幼儿手中有无异物，禁止将小绳子、橡皮筋、串珠、纽扣等物品带入卧室，以免异物入鼻、异物入耳，造成危险；组织幼儿做好如厕、脱衣盖被（小班教师可协助，中大班应鼓励幼儿自己穿脱衣服，并将衣物放置指定位置）等准备，教师应把室内窗帘放下，给幼儿营造温馨宁静的睡眠环境。

2. 午睡巡视

幼儿午睡过程中，教师要注意巡视，关注孩子的睡眠姿势、睡眠中出现的个别问题。对于入睡速度慢的孩子，教师可坐到其身边安抚其情绪，帮助其尽快入睡。

3. 起床整理

在唤醒环节，教师应用温和的语气提醒幼儿起床，或用舒缓的音乐唤醒幼儿，在组织幼儿整理衣物和床铺的时候注意提醒幼儿不要错穿或错拿衣物，鼓励幼儿之间相互帮助。起床后应组织幼儿如厕、喝水，帮助女孩子梳头，组织男孩子玩一些自选游戏等。

（七）如厕环节

教师在组织如厕活动时应明确在集体如厕时间外，允许幼儿根据需要随时如厕，不应限制大小便的机会或次数；教师应建立常规，培养幼儿学习使用便池和马桶，掌握便后清洁擦拭的方法，养成便后冲水的习惯；逐渐使幼儿养成定时排便的习惯；告知幼儿憋尿、憋便对身体的危害，并教育幼儿不随地大小便。

（八）过渡环节

过渡环节分为长时间过渡环节和短时间过渡环节。长时间过渡环节有来园、离园时的过渡环节，也有午餐后的过渡环节。来园离园过渡环节以自由游戏为主，午餐后的过渡环节以安静游戏（看嘴型猜同伴、节奏接龙等）为宜。短时间的过渡环节，教师可以采用幼儿喜闻乐见的形式开展游戏，如手指游戏"金锁、银锁""手指变变变""老虎和猎人""剪刀石头布"等，边念歌谣边游戏，还有猜谜语、唱歌、词语接龙、我们都是木头人等，减少孩子们的消极等待，老师也能很快地集中幼儿的注意力，做好一个活动向另一个活动的和谐过渡。总体而言，过渡环节是当前幼儿园一日活动管理中的薄弱环节，还存在整齐划一、形式单调、缺乏过渡环节教育意识等问题，需要我们创新保教方式方法，使活动之间的过渡自然合理、衔接紧凑，发挥过渡环节的教育价值。

总之，生活活动管理目的不是管理幼儿，而是为幼儿过上健康、安全、快乐而有意义的童年搭好平台。我们应不断学习和探索，创新出幼儿园生活活动管理的适宜方法，提高活动的教育性和有效性，提升幼儿园保教质量。

第三节　幼儿园卫生保健管理

一、幼儿园卫生保健工作管理的意义和任务

幼儿园卫生保健工作是学前教育机构管理中的重要组成部分，涉及的内容繁多而又十分重要，既包括卫生保健工作本身的内容，如生活管理、健康管理、营养管理等，又包括健康教育的指导和健康知识的普及。

（一）幼儿园卫生保健工作管理的意义

1. 幼儿园卫生保健工作管理是贯彻国家教育方针的需要

卫生保健工作是幼儿园贯彻国家教育方针的一项十分重要的工作，是促进幼儿体智德美全面发展的重要组成部分。党和国家历来重视儿童的健康成长，先后多次出台托儿所、幼儿园关于卫生保健工作管理的法规、文件、办法和规范，采取积极措施引导学前教育机构重视卫生保健工作，规范管理行为，为孩子的健康成长做出了不懈努力。

2. 幼儿期孩子的身心发展特点决定了幼儿园卫生保健工作管理的重要性

幼儿期是人生长发育的关键时期，需要科学的生活护理和均衡的营养。幼儿园的卫生保健工作既要满足孩子身心日益增长的特殊环境和物质需要，又要提供必要的保护和预防措施，是孩子健康和谐成长的保证。

3. 集体生活、教育模式决定了幼儿园必须做好卫生保健工作管理

幼儿园实施班级制，孩子在机构中过的是集体生活。由于孩子年龄小、身体对疾病的抵抗力还很弱，幼儿机体还处于快速发展时期，更由于孩子所处的班级空间相对狭小，人员密度较高，极易感染疾病。因此，本着对孩子健康负责的宗旨，幼儿园必须做好卫生保健工作管理。

(二)幼儿园卫生保健工作管理的任务

幼儿园卫生保健工作的任务是：保护幼儿的生命和健康，促进其生长发育，增强其体质，培养幼儿保持及增强健康的初步能力，养成健康生活和安全生活所必要的态度和能力。幼儿园工作管理的任务，就是要运用管理手段，对幼儿园的卫生保健工作进行组织和实施，确保以上任务的完成。

二、幼儿园卫生保健工作管理的内容

(一)环境管理

环境是人类生存空间的综合条件。儿童在适宜的环境中生活，身心发展才能得到保障。反之，恶劣的环境不利于儿童的成长。因此，幼儿园卫生保健管理首先要为幼儿创造良好的生活环境。

1. 创造良好的物质环境

幼儿园是幼儿生活和活动的场所，应根据幼儿园的实际和园所条件，因地制宜地为幼儿创设良好的物质环境。幼儿园的物质环境不应追求豪华，但要注重园舍、场地、设施等符合安全、卫生和教育要求；努力使环境净化、绿化、美化和儿童化，适合幼儿的生活与教育需要。

良好环境需要得到维护和保护。园舍、设备和室内家具要及时维修，大型玩具要有专人定期检查、定期维修，以免发生危险。注意保持场地清洁，及时清除污物。幼儿园应当建立室内外环境的清扫制度，可采取责任到人、分片包干的办法，并定期检查，为幼儿提供一个清洁卫生、美观舒适的生活环境。

2. 创设良好的精神环境

幼儿园的卫生保健工作不但要促进幼儿的身体健康，也要促进其心理健康发展。因此，在为幼儿创设环境时我们不仅要给幼儿提供良好的物质条件，还要为其提供良好的精神环境，使幼儿能在愉快的氛围中生活和学习。要通过创设合理的生活制度、温馨的班级氛围、温暖的人际交往环境来帮助孩子形成安全感，使孩子情绪愉快、精神自由。

(二)健康管理

健康管理主要包括疾病预防、体格锻炼、心理保健、健康检查与健康评价等方面。

1. 疾病预防

幼儿园要建立预防接种、消毒隔离、体格检查、环境和个人卫生等制度，完善各种防病措施，降低发病率，提高幼儿的免疫力，保护幼儿的生命和健康。

（1）控制传染源：幼儿园要加强检查。幼儿及工作人员在进入幼儿园之前必须进行体格检查，并且要调查是否与传染病患者有过接触，以及在传染病后是否已过隔离期等。每年应定期进行体格检查，若发现病孩或带菌者，应延缓其入园或隔离治疗。同时幼儿园要采取积极措施防止传染病的交叉感染，按规定，严格对与传染病患者接触过的幼儿进行检疫、隔离、观察，检疫期间不办理入托和转托手续。确保儿童不混班，不串班，检疫期满后无症状者方可解除隔离。在传染病流行季节，幼儿园要采取更加严格的防范措施，以保证在园幼儿不受传染病的侵害。

（2）切断传染途径：要及时经常地采取有力措施，使病原体无法侵入人体；要注意室内通风换气，尽量减少空气中的尘埃；应培养幼儿用鼻呼吸的卫生习惯；处处注意个人卫生、饮食卫生和环境卫生，防止病从口入。

（3）提高幼儿对传染病的抵抗力：在幼儿园要加强执行生活制度，使幼儿生活有规律。保证幼儿膳食质量；让幼儿多在户外活动；室内要有合理的通风换气制度和设备；要利用自然因素如日光、空气和水进行锻炼，提高幼儿机体的抵抗力；要根据传染病流行季节和各种疫苗的有效免疫期定期对幼儿实施预防接种，以提高幼儿对疾病的免疫能力，并建立预防接种卡制度，以便掌握易感幼儿的预防接种情况。

2. 体格锻炼

引导幼儿科学地锻炼身体是卫生健康管理工作不可缺少的内容。幼儿的体格锻炼要落实在每个班级的户外体育锻炼活动之中。体格锻炼要遵循循序渐进的原则，要有步骤、有计划地进行，注意掌握运动量、锻炼强度和持续时间要由小到大，逐步加强或增加，要持之以恒，逐步形成动力定型；要注意采取多种方法，能够综合运用各种锻炼方式，将锻炼与生活相结合，动作训练与游戏活动并举；要注意提高锻炼的质量，运动量既不能太大，也不能过小。幼儿园要格外注意体弱儿和肥胖儿的体格锻炼。

3. 心理保健

教师与幼儿要建立相互信任、相互尊重、相互平等的师幼关系，使幼儿感到安全、温暖、宽松、愉快，这不仅有利于幼儿的生活、学习和成长，还能使教育发挥最大的效益和功能，促进幼儿全面发展。另外，教师还应注意引导幼儿建立友好的同伴关系，要让幼儿学会尊重他人；要培养幼儿团结友爱、助人为乐的好品质，让幼儿学会关心他人。

4. 健康检查

依据《托儿所、幼儿园卫生保健制度》规定，幼儿园必须定期为幼儿体检，适时监测幼儿的身心发育指标。幼儿的健康检查分两种，一是入园检查：婴幼儿在入园（所）前必须进行全身体格检查，合格者方能入园。二是定期体检制度：幼儿园每年体检一次，每半年测身高、体重一次。

另外，要做好晨、午的检查和全日观察，认真做好一摸、二看、三问、四查的工作。

5. 健康评价

对幼儿的定期身体检查数据要及时留存，资料要及时汇总，针对每位孩子的体检结果，学前教育机构要做好数据的统计、分析工作，除了对每位孩子的健康状况予以评价以外，还要对全园幼儿的生长发育资料进行汇总分析，运用科学方法评价本园幼儿生长发育水平，以便发现问题，及时改正。

（三）生活管理

1. 建立科学的生活制度

幼儿园应参照卫生保健制度，根据幼儿的年龄特点，同时考虑幼儿在园时间的长短和季节性等因素，制定适宜的生活作息制度，合理地安排幼儿一日生活中各项活动的顺序和时间。

比如：某幼儿园大班上学期（春季）半日生活作息表如下：

7:40~8:00	入园、晨检；室内安静区角活动
8:00~8:40	早餐
8:50~9:20	区角自选游戏
9:30~9:50	喝水、如厕
10:00~10:30	集体教育活动
10:40~11:40	户外活动
12:00~12:30	午餐
13:00~15:00	午睡

2. 营养膳食

（1）学前教育机构要依据《托儿所、幼儿园卫生保健制度》要求，制定合理的膳食制度，详细规定各个年龄段幼儿进餐的次数、时间，以及各餐的热量分配。

（2）实行计划膳食。要有科学合理的带量食谱，将食物按营养需要原则和要求有计划地加以调配，从而保证合理营养的实现。食谱要求荤素搭配，干稀搭配，一周食谱尽量不重复。

（3）严把采购、出入库关，严格按照营养素的要求采进食品，按量出库，确保营养量不流失。

（4）精心制作，科学烹制，使各种营养素尽可能多地留存，以满足孩子生长发育的需要。

（5）进行膳食评价，包括对幼儿各种营养素一日摄入量的评价、对热能食物来源的分析、对热能食物来源分布的评价、对蛋白质食物来源分布的评价。

(四)健康档案资料管理

根据《托儿所、幼儿园卫生保健制度》要求，一般有以下记录表、记录簿需要专门建档保存：出勤登记表、传染病登记表、疾病登记表、晨间检查记录表、预防接种记录表、体弱儿管理记录表、体格检查记录表、缺点矫治记录表、膳食调查记录表、体格锻炼观察表、意外事故登记簿等。

卫生保健统计工作还要求做好体格发育评价、膳食评价，以及出勤率、缺点矫治率、各种常见病患病率、传染病发病率、预防接种率等事项统计。

(五)健康教育

幼儿园卫生保健工作管理还有一项重要的工作，即做好健康教育。要制订相应健康教育计划向幼儿、老师、家长进行健康知识、安全知识宣传，灵活运用板报、网络、讲座、知识竞赛等方式丰富人们的健康知识，提高安全意识，养成健康的生活方式。

三、幼儿园卫生保健工作管理的措施

(一)预防为主

坚持"预防为主"的方针，对疾病与事故做到防患于未然。同时要贯彻保教结合、保教并重的原则，注重积极的体格锻炼，进行健康教育，保证幼儿身体健康，促进生长发育。

(二)健全组织

健全的组织是做好卫生保健工作的保障。园里要有一名领导主管保健工作，同时还应建立一支包括班组保教人员、后勤炊事人员等组成的队伍，在组织上保证这项工作的开展和落实。还要根据需要成立专项工作组织，如卫生检查小组、膳食管理小组、安全检查小组等，将重点工作与常规工作紧密结合起来，不断推进卫生保健工作的开展。

(三)完善制度

幼儿园的卫生保健制度大致包括幼儿生活制度、儿童饮食制度、体格锻炼制度、防病工作制度、健康检查制度和安全制度等。通过完善的制度使幼儿园的卫生保教工作正常化、规范化，能较好地实现常规管理。

(四)计划管理

计划是管理工作的起点。全园卫生保健工作计划要明确提出卫生保健工作任务，各部门要根据全园卫生保健计划制定本部门的工作计划，班级也应该在保教工作计划中体现卫生保健方面的要求，并提出具体落实措施。

（五）检查指导

幼儿园应高度重视检查卫生保健工作。如对幼儿膳食工作进行检查，了解幼儿进餐的次数、时间及各餐的热量分配和饮食卫生，统计测算幼儿摄入的营养素，及时发现问题，有针对性地给予指导。检查有多种的形式，可以将定期检查与平时检查结合起来，全面检查与单项检查结合起来。对检查结果要进行分析，寻找问题存在的原因，提出改进意见。

幼儿园还应建立巡视制度，每日进班查看卫生保健工作的落实情况，发现问题及时整改，对班级工作及时指导。班级巡视时指导教师、生活教师应关注以下内容：

1. 幼儿健康状况的观察与检查

保教人员是幼儿的直接接触者，应做好晨间检查和全日健康检查，认真做好一摸、二看、三问、四查的工作。即一摸：摸额头有无发烧；二看：看咽喉、皮肤和精神状态；三问：了解幼儿饮食、睡眠和大小便情况；四查：检查有无携带不安全物品；发现问题及时给予相应的防治措施；组织活动时做到人到、心到、眼到、口到；注意观察幼儿的神态，情绪，发现异常及时询问。

2. 创设良好的生活环境与心理气氛

保持室内空气流通，午睡时掌握好关窗开窗的时间。创设安静、舒适、清洁和安全的进餐、睡眠和活动环境。定时定期做好消毒工作，如杯子毛巾消毒、用具消毒、定期换被褥。注意不同性质活动交替安排，户外活动要掌握幼儿的活动量。创设良好的精神环境，形成和谐民主的师幼关系。

3. 幼儿生活护理与良好生活习惯的培养

班级是幼儿主要的生活、学习场所，保教人员应注重通过生活管理潜移默化地帮助孩子形成稳固的生活卫生习惯，如进餐时细嚼慢咽、饭前洗手、饭后漱口等。

第四节 幼儿园膳食管理

膳食管理是幼儿园保育工作管理绩效的重要指标之一。幼儿园膳食管理包括伙委会组织的建立，卫生制度的执行，营养食谱的制定、资金管理等具体内容。

一、建立伙食管理委员会，形成民主管理和监督机制

伙食管理委员会为幼儿园科学膳食管理奠定良好的组织保障。有助于在管理过程

中，形成民主管理和监督机制，做好幼儿园依法收费，合理使用伙食费，帮助幼儿园更好地收集膳食、卫生、食谱制作方面的信息，提升幼儿园膳食管理绩效，保证幼儿健康成长。

伙委会的成员，包括园所保健医生、营养师(负责对幼儿园营养素供给量和一日食谱进行核算和制作)、食堂负责人、班级保教人员、会计、出纳、家长代表等。家长代表参加伙委会，对幼儿园膳食管理进行全程监督，保障幼儿园膳食管理方面的科学性和有序性。

二、严格执行幼儿园饮食卫生要求，落实卫生管理"五四"制

1. 原材料到成品落实"四不制度"

本制度关注食品安全，严格把控食品入口。采购人员不买腐烂变质的原料；检验员不检验腐烂变质原料；保管员不收腐烂变质原料；加工员不用腐烂变质原料。

2. 食品存放遵循"四隔离制度"

四隔离包括，生与熟的隔离(一般来讲，生食熟食之间用不同案板，荤与素也摆放在不同位置)；成品与半成品隔离；食品与杂物、药物隔离；食品与天然冰的隔离。

3. 食堂炊具、幼儿餐具执行"四过关制度"和卫生环境"四定"办法

"四过关制度"指一洗、二刷、三冲、四消毒。卫生环境"四定"办法：定人、定物、定时间、定质量。膳食管理从业人员个人卫生方面的"四勤"制度：勤洗手剪指甲；勤洗澡理发；勤洗衣服被褥；勤换工作服。这些内容从工作程序到从业者个人卫生习惯，都有非常具体详细的规定，保障膳食卫生管理有据可循、有据可依。

三、为幼儿提供营养膳食

(一)一日食谱安排

通常早餐是睡眠之后，一天里的第一餐，消化道基本排空，因此，早餐以主食为主，副食次之，干稀搭配。早餐供给的热量应占一日总热量的25%左右，才能保证上午有充足的供给脑力活动(学习或游戏)所需要的热能，所以早餐应以饱腹、可口为主。

幼儿的早点热量约占一天总热量的10%，早点原则上补充牛奶、豆浆、开水，有时候也会补充一些谷类食物，如饼干、面包等，以补充早餐热量的不足，一般早点热量占一日总热量的10%。

幼儿午餐应主、副食的质量并重，汤菜的数量和质量并重。午餐要求的产热要占到全日热量的30%左右。

午点一般是水果、糕点、点心等。午点的选择可以根据季节适当调整，比如夏季午点尽量多为水果，午点食物供给的热量占一日总热量的 10% 左右。

幼儿晚餐食谱以主食为主，干稀搭配，蔬菜与谷物搭配，保证营养，供给的热量占一日总热量的 25% 左右。

(二)注意事项

1. 记录用餐幼儿数

教师应按日、按组、按餐认真登记用餐儿童人数。每个幼儿园都有相应的退伙制度，该记录是膳食费用核算的依据，因此教师应认真做好记录。幼儿园既可以依据该记录给家长退费，又避免了食物的浪费。同时，该记录也是膳食管理的原始资料，便于及时发现幼儿园膳食管理中出现的问题，以便及时纠正。

2. 公示一周食谱

幼儿园应提前公示一周食谱，让家长及时了解幼儿在园用餐情况，发现问题，及时处理，不断改善幼儿园膳食管理和家园工作。有的家长担心孩子吃不好，回到家给孩子做宵夜，引起幼儿"积食"问题，这就特别需要教师在离园环节提醒家长注意晚餐食谱，比如"孩子在幼儿园吃了三个包子，回到家喝点稀饭就好了，不要再让他吃主食了，如果再吃主食就有可能产生积食"。公示食谱与及时提醒也能在一定程度上体现幼儿园管理的细致和周到程度。

四、做好膳食资金的管理

(一)明确膳食资金管理的基本原则

1. 专款专用原则。伙食费和保教费是分设账目，分开来收支。在采购、管理和财务报销、审核方面做好制度建设，幼儿伙食费不可挪作他用，尽可能规避可能出现的资金管理漏洞，从而预防腐败。

2. 以量定费原则。坚持统计每日就餐儿童人数，例行请假制度，统筹安排食品采购和伙食制作，保证收支平衡，杜绝浪费。

(二)完善膳食资金管理制度

在制度建设方面可以设计专项资金财务会计管理制度，幼儿园膳食经费预算、决算制度，幼儿园食堂采购、食品保管制度，经费审计监督制度，以及幼儿退伙制度等。完善膳食资金管理制度，保障膳食管理的收支平衡，提高幼儿园管理绩效，使幼儿园伙食资金能够更好支持孩子的身体健康发育。

　　什么是退伙制度？一般幼儿的伙食费是按天来缴纳，如果孩子连续几天因病、因事不在幼儿园就餐，提前请假后幼儿园可以按照规定给家长返还伙食费。各幼儿园会有具体的制度规定，如××幼儿园规定"一个月连续请假超过 20 天，整月伙食费返还家长，如果一个月只请假 3 天，不返还伙食费，如果一个月请假 4~19 天，则按天返还伙食费"。当然退伙制度并不针对家长，而是针对事情本身，也是为了便于规范幼儿园管理。

第五节　幼儿园安全与危机管理

　　说到幼儿园，不少人脑海中会浮现出年轻活泼的老师带领着一群孩子，在阳光下自由嬉戏、玩耍的和谐景象，似乎幼儿园中的一切都那么可爱，孕育着幸福、和平、安宁。然而在这样一个理想化的教育乐园中，在看似平常的一日生活中，却潜藏着重重安全危机。尤其是近几年来，触目惊心的幼儿园安全事故的曝光，更警醒着我们必须重视幼儿园的安全管理与危机防范。

一、安全管理的概念

　　随着社会发展和管理科学的日益进步，安全管理已成为组织管理的重要组成部分。安全管理最早出现在企业管理中，如产品的安全生产、人员的安全操作等。随着社会的不断发展，人们意识到生活生产中存在着一些安全隐患，于是安全管理不再只是企业管理的重要内容，同时也成为政治、经济、文化等各个领域的重点关注内容。安全管理是管理者对安全工作进行的计划、组织、指挥、协调和控制等一系列活动过程，目的是保障组织活动中人身安全、财产安全，促进生产的发展，保持社会的稳定。幼儿园安全管理是以幼儿园安全工作为主要工作内容，幼儿园管理者利用人、财、物、时间、空间、信息等资源对幼儿园安全问题进行的计划、组织、领导和控制。

　　幼儿园安全管理关系到幼儿园保教工作的正常运转和幼儿生命健康成长，幼儿园安全管理工作涉及幼儿园方方面面的工作，主要包括：消防安全工作管理、大型社会活动管理、接送工作管理、交接班工作管理、晨检工作管理、午睡值班工作管理、食品卫生管理、医务室和卫生用品管理、玩教具检修和保养管理、用电安全及电器设备管理、户外活动和体育活动管理、活动室及盥洗室和卧室管理、幼儿园周边环境管理等。

表 5-2　幼儿园常见安全管理内容与要点表

项目	内容	分析	管理要点
游戏与活动	大型玩具管理与维护不当	设施不良、维护缺位、玩具使用寿命	1. 保证玩具质量； 2. 务必规范安装； 3. 关注使用年限
	玩具卫生隐患	1. 旧玩具能否回收利用； 2. 回收的玩具如何保证安全； 3. 如何对待孩子带入幼儿园的玩具	1. 严格履行卫生安全检查程序； 2. 玩具定期消毒； 3. 严格控制玩具流入； 4. 废旧材料利用注意安全卫生
	玩具污染	1. 玩具购买渠道不正规； 2. 玩具污染(毛绒→尘螨；木质→油漆中的铅；塑料→挥发物质)； 3. 缺乏安全意识	1. 保证玩具质量； 2. 玩具污染具有隐蔽性，提高安全意识； 3. 关注事故征兆； 4. 注意玩具投放的数量
	幼儿奔跑相撞	1. 监护权问题； 2. 民事责任承担问题	1. 游戏中的奔跑冲撞应及时制止； 2. 注意游戏安全规则的提醒； 3. 幼儿园行驶监护权责无旁贷； 4. 购买保险释放风险
	小物件的安全教育	1. 安全意识； 2. 安全隐患的识别	1. 注意幼儿着装安全； 2. 家园合作消除隐患； 3. 关注小物件大危险(长纱巾、危险的帽绳、口袋里的野果等)
大型活动	庆典活动	1. 只求节目精彩，忽视幼儿安全； 2. 节目审查缺乏安全意识	1. 大型活动需制定安全预案； 2. 环节内容严格审查； 3. 关注庆典活动中的踩踏、火灾、电灾、走失等事故预防
	参与社会庆典	1. 多方商业活动不应参与； 2. 安全防卫不到位	1. 以幼儿为本，以安全为重； 2. 园外活动安全与卫生要有安全审验； 3. 应有安全预案和演练
出游活动	交通安全	1. 车辆安全； 2. 交通规则遵守； 3. 幼儿管理	1. 交通安全第一； 2. 车辆选择应慎重； 3. 教师管理不松懈
	走失事件	1. 教师疏忽大意； 2. 缺乏对环境的充分了解	1. 行前需充分准备； 2. 关注危险地带； 3. 时刻监管孩子； 4. 全力寻找失者

项目	内容	分析	管理要点
开放活动	游园会	1. 亲子串联让环境更复杂； 2. 教师与家长都容易安全思想松懈	1. 家长在场并不意味着安全有保障； 2. 项目不应引起幼儿过度兴奋
一日生活	晨检	1. 保健医生疏忽； 2. 家长缺乏防范意识； 3. 幼儿自护教育不足； 4. 教师监控不力	1. 晨检需多方配合； 2. 获得家长支持
	进餐	1. 管理漏洞； 2. 班级常规问题； 3. 教师责任心	1. 制定科学规范的进餐管理流程； 2. 两教一保相互协作； 3. 做好餐前准备，有序进餐； 4. 不过分催促进餐； 5. 值日生工作慎重安排； 6. 加强食堂工作管理，保证食品卫生与安全
	午睡	1. 教师松懈大意； 2. 忽视孩子身体状况； 3. 物品缺乏严格管理的意识	1. 采取有效措施确保午睡管理制度的落实； 2. 加强意外事故救治训练； 3. 排除午睡环境中存在的危险； 4. 加强午睡过程中的巡视； 5. 教师不得随意离开寝室
	交接班	1. 违反交接班制度； 2. 教师责任心差	1. 严格贯彻落实交接班制度； 2. 做好交接班记录； 3. 完善临时外出人员交接班制度
	入园、离园	1. 园门管理缺失； 2. 家长工作不够细致、深入	1. 严格园门管理制度； 2. 家园合作； 3. 提高教师防范意识与能力

目前在幼儿园安全管理中，"安全第一"的提法十分普遍，反映出安全问题对于学前儿童发展以及学前教育机构生存的重要性。然而，仅仅关注安全事故是不够的，尤其是在当今学前教育行业竞争白热化背景下，为了确保幼儿园的可持续发展，应将"安全第一"的观念扩展到"防范危机"的理念。树立全员危机意识是幼儿园安全管理面临的一项新任务。

二、危机管理的概念

(一)危机

何谓"危机"？从字面解释为"有危险、祸害的时刻"，是人生、团队、社会等发展的转折点，与生死、利益攸关。幼儿园危机指由于幼儿园外部环境突变或内部管理失常，而给其声誉、信用及经营造成负面影响的事件。危机可能造成的危害有：声誉受到明显损害；公众的信任度下降；业绩下降，利润减少；员工忠诚度下降；员工生产力下降等。

如果把"危机"二字拆开理解，"危"代表危险，"机"代表"机遇"。总体而言，危险中包含机遇，机遇中暗藏危险。面对"危"，对于有准备的人来说，往往是一个成就和转变自身的"机遇"。中华民族自古就有转危为机的智慧，《易经·系辞》强调："安而不忘危，存而不忘亡，治而不忘乱，是以身安而国家可保也。"作为一名管理者必须要有居安思危的前瞻意识，形成步步为营的稳健作风，更好地保障自身和团队长久发展。

(二)危机管理的概念

幼儿园危机管理，是指幼儿园管理者根据本机构的危机管理制度和计划对危机进行预防、应对、恢复的策略应对过程，涉及对危机事件和危机状态的管理，是幼儿园管理的重要组成部分。危机事件与危机状态是管理的核心所在。危机事件指干扰幼儿园正常运行的，严重损害幼儿园组织功能及成员利益的突发事件、意外事故；危机状态指可能损害幼儿园教职员工利益和组织功能的演变趋向。综上所述，幼儿园危机管理包括对既成危机事件的控制、消除与局面恢复，以及对危机状态的预防、调控。

(三)危机管理的特点

危机管理不同于一般的行政管理，具有三大特点：全程性、全员性、全面性。

危机管理分为预防、应对和恢复三阶段。因此，学前教育机构危机管理不仅仅是危机过后的"亡羊补牢"，也并非对危机事件的处理，它是从预防、应对到恢复的全程管理；尽管危机管理的主要负责人是机构管理者，但危机管理过程需要全员参与，包括家长、教师、幼儿，乃至社区都要参与到危机防范与应对中；管理者需要全面把握全局，不仅对自身状况有全面认识，并能整合多种资源，积极开展危机公关从而体现其管理的全面性。

三、危机管理基本过程

危机管理基本过程大致分为危机预防、危机应对和危机恢复三个环节。

（一）危机预防阶段

灾难经济学家曾提出过一个"十分之一"法则，即在灾难到来前投入一分资金用于灾害的防范，可以降低人类十分的损失。因此，通过对危机的预防和排查，可以减轻或避免危害的产生。预防阶段就是根据"十分之一"法则而提出的"防患于未然"的阶段。在很多危机意识淡薄的群体中，该阶段会流于形式或被淡化。但如果这阶段工作能够做得足够细致周密，很多危机就能被消灭于萌芽状态。该阶段需要进行如下工作：提升危机意识、排查危机因素、制定危机管理预案、成立危机管理小组、开展演习训练等。

（二）危机应对阶段

这阶段需要既能够按照危机预防阶段中的计划和演练，及时作出反应，又能够根据突发情形，进行灵活应对。该阶段需要进行如下工作：快速发布警报、危机管理人员及时到位、迅速隔离危机、及时进行医疗救护、及时监测与评估、做好危机公关等。

（三）危机恢复

当幼儿园遭受危机后，教职员工身心及环境往往会受到巨大创伤。因此为了保障机构的继续生存与发展，还应做好恢复工作：舆论管理、人员心理疏导工作、恢复正常工作秩序、分析反思并修订完善管理方案等。

四、幼儿园安全与危机管理注意事项

幼儿园危机管理也是一项全园性常规工作，从提高教职工危机意识，到指订周密的危机预案和应急处理方案，再到有效干预，每个环节都需从无意识到有意识，从纸上谈兵到具体落实。在危机管理中需要关注以下几个基本问题：

（一）强化危机意识

危机意识是优秀学前教育工作者的必备专业意识之一。作为一个管理者，要有一颗敏感的心，对园所机构中的危机信号有正确的认识。如家长的质疑是一种重要的警告信号，如果幼儿园对此不留意，不解决家长提出的问题，有可能引发大范围离园、退园现象，对园所招生产生不利影响。对潜在危机认识到位后就要花精力解决问题，预防潜在危机变成真实危机。

（二）建立危机管理机制

一个完备的危机应对策略包含以下三个部分：危机管理小组、危机管理计划、危机模拟训练。

组建危机管理小组，可以使危机管理获得组织保证。危机管理小组既可以是独立的专职机构，也可以是跨部门的领导小组，学前教育机构可以根据自身规模和危机可能发生的概率灵活决定。危机管理小组成员应包括学前教育机构领导、公关、人事、教务、财务、保卫、后勤等负责人，还应包括保健医生、法律顾问、心理咨询师等专门人才。危机管理小组的职责包括：搜集和分析园内外信息，寻找薄弱环节，捕捉和识别潜在风险和危机；针对可能发生的危机制定相关预案，并适时调整、修订和更新；有计划地组织培训和演习，培养员工危机意识和危机处理的知识和技能，提高全园应对危机的能力。

尽管危机发生有其突发性，但我们也可以根据经验归纳出幼儿可能遇到的危机情况，并有针对性地制定危机管理计划。一般来说可以从大型活动、可能的灾难性事件、食品卫生安全、意外伤害种类、突发事件、健康问题、交通问题等方面制定危机管理预案。预案内容中应包括：幼儿园的危机管理目标，幼儿园可能会面对的潜在危机种类，危机报备和人员协调的流程，危机管理小组成员的名单（要有紧急联系方式），明确幼儿园第一和第二发言人（严禁发言人以外的人就事件向外部发言）在危机中需要立即采取的步骤（例如需要接触的人或单位，危机管理小组应该集合的地方……），紧急情况下需联络的政府单位名单（如警察、消防和其他政府单位，要附电话号码）、紧急情况下需要接触的新闻媒体（包括最新的名字、标题、电话和传真），员工、关键家长、供应商、地方官员、行业协会领导、主要行业分析家等的名单及联系方式，在危机发生期间和危机发生后可能需要提供给外界的有关幼儿园的正面信息。

另外就是定期进行应急演练。应急演练是危机管理中非常重要的方法，它有一些独特的优势：其一是可以较为逼真地显示危机情境，使受训者的体验更为真切和深刻，有助于提高其心理素质；其二是可以较为全面地提升危机处理知识和技巧；其三可以检验危机管理计划的可行性，同时通过演习发现危机管理机制中的漏洞和不当之处，以便及时调整和改进。总之，通过定期开展应急演练，可以使教职员工增强安全防范意识，提升危机处理技能，提高幼儿自护能力。

（三）进行危机管理沟通

沟通是危机管理的重要组成部分，谣言、恐慌、过激行为往往是危机的衍生物，因此需要挑选沟通能力强的成员参与沟通事宜，将错误的信息控制在最小范围之内。

危机沟通包括三大类：与员工沟通、与家长沟通、与媒体沟通。

与员工沟通可以通过员工大会、备忘录、部门会议、员工简讯或公告牌、电子邮件等方式和途径，关键信息要确保清晰表述，如信息涉及机密，应解释不能公开的原因，尽量采用公平、体恤的方式宣布园所决定。

在同家长的沟通中一定要传达的信息包括：已经发生的具体问题；问题是如何发生的；问题对家长的影响；幼儿园正在寻求解决问题的方式；为确保问题不会再次发生幼儿园所采取的措施；幼儿园会接受并乐意回答家长所关注的问题；如果事情发生了实质性的变化，家长会得到告知；最后要感谢家长对幼儿园的支持。与家长沟通的途径有：

家长简讯或微信、特殊公告牌、电子邮件、互联网站、家长热线等。

舆情管理是信息化社会背景下幼儿园危机管理的一个新课题。舆情管理中的重要任务之一是与媒体的沟通。在与媒体沟通时要注意沟通的及时性，并尽可能给媒体提供可以发布的信息，通过此举动让媒体更了解我们的幼儿园，耐心地，并以不卑不亢的态度面对媒体追问。另外，还可以适时采用新闻稿、与个别媒体联系、新闻发布会、媒体采访、电子邮件、软性广告等途径进行沟通。

（四）开展全面恢复工作

现实生活中，危机恢复工作早在危机来临时就已经开始了。只不过在起始阶段，直接结束危机事件是当务之急，对危机的恢复管理不是工作的重点。但随着危机事件处理工作的深入和危机事件走向尾声，危机恢复工作的重要性也慢慢浮现出来了。

危机恢复管理是学校或个人获得新发展的前提准备。危机恢复过程中，善后工作做得好，职责履行得好，不仅可以把危机可能造成的损害性后果降至最低，还可能为学前教育机构的新一轮发展提供良好的契机。如，某幼儿园在食物卫生安全事件发生后，积极进行危机处理和干预，主动承担责任，借机转化，使幼儿园在公众心目中建立起负责任的良好形象。同时通过此次教训，提升全体教职工的责任意识和危机意识。

总之，在幼儿园日常工作中应注重强化教职员工的危机意识，提前建立危机预案机制，在危机到来时注重与员工、与家长、与媒体的沟通工作，并做好危机全面恢复工作。真正做到解"危"而转"机"！通过借机转化使幼儿园在公众心目中建立起负责任的良好形象，从而吸取经验教训，教育幼儿园的全体教职工增强责任意识，为幼儿园的持续健康发展带来良好机遇。

本章小结

保育工作管理是学前教育机构管理的重要内容，也是保教工作管理中最常规、最基础、最核心的管理内容之一。幼儿园保育工作管理主要涉及幼儿园班级生活活动管理、幼儿园卫生保健管理、幼儿园膳食管理、幼儿园安全与危机管理等。

幼儿园生活活动管理主要涉及来园、离园环节，喝水环节，盥洗环节，餐点环节，午睡环节，如厕环节，过渡环节等。幼儿园的生活活动管理目的不是单纯管理幼儿，更是以生活活动为载体，创设教育机会，创新管理方法，培养幼儿身心和谐全面发展。

幼儿园卫生保健工作管理关系到幼儿的身体健康、正常发育和人身安全。卫生保健工作管理内容包括环境管理、健康管理、生活管理、健康档案资料管理、健康教育。

幼儿园膳食管理应建立伙委会，形成民主管理和监督制度；严格执行幼儿园饮食卫生要求，落实卫生管理制度；为幼儿提供合理营养的膳食；认真做好膳食分析，发挥膳食评价作用；做好膳食资金的管理。

随着社会发展和管理科学的日益进步，危机管理已经成为幼儿园组织与管理的重要组成部分。学前教育机构危机管理是指学前教育机构管理者根据本机构的危机管理制度和计划对危机进行预防、应对、恢复的应对过程，是幼儿园保育工作管理的重要组成部分。

1. 为什么要重视幼儿园保育工作管理？

2. 组织幼儿进餐有哪些具体要求？

3. 如何认识幼儿园安全与危机管理？它有何特点？幼儿园安全与危机管理要注意些什么？

4. 结合实例，谈谈幼儿园卫生保健工作的内容与措施。

5. 通过参观访问和座谈等方式，了解实习或见习幼儿园的安全工作管理情况，并谈谈你对幼儿园安全管理工作的看法。

6. 根据膳食管理和学前卫生学相关知识，拟定一份幼儿一周营养食谱。

1. 视频资源：观看纪录片《幼儿园》。

2. 文献资源：

(1) 赵敏. OECD 强势开端Ⅳ：监测儿童早期教育与保育质量研究[D]. 福建师范大学硕士论文，2017.

(2) 程茜. 当前幼儿园保育现状的调查研究[J]. 学周刊，2018(9)：177-178.

1. 王萍. 学前儿童保育学[M]. 北京：清华大学出版社，2015.

2. 张慧敏. 幼儿园组织与管理[M]. 北京：人民邮电出版社，2014.

3. 丛中笑. 幼儿园管理操作实务参考[M]. 北京：华夏出版社，2006.

4. 帕特丽夏·F. 荷尔瑞恩，弗娜·希尔德布兰德. 幼儿园管理[M]. 上海：华东师范大学出版社，2011.

5. 陈群. 幼儿园危机管理实务[M]. 北京：中国轻工业出版社，2009.

6. 张祥华. 幼儿园管理案例与评析[M]. 北京：高等教育出版社，2015.

7. 丛中笑. 幼儿园管理操作实务参考[M]. 北京：华夏出版社，2006.

第六章　幼儿园教育工作管理

本章提要

　　幼儿园教育工作管理是幼儿园内涵建设的一个重要组成部分，集中体现幼儿园的管理质量和水平。幼儿园教育工作管理要坚持保教结合、科学规范、全面细致的工作原则，科学安排幼儿园一日活动，使学习活动、游戏活动、自由活动、生活活动最大限度发挥其教育价值。与此同时，充分认识到课程管理和

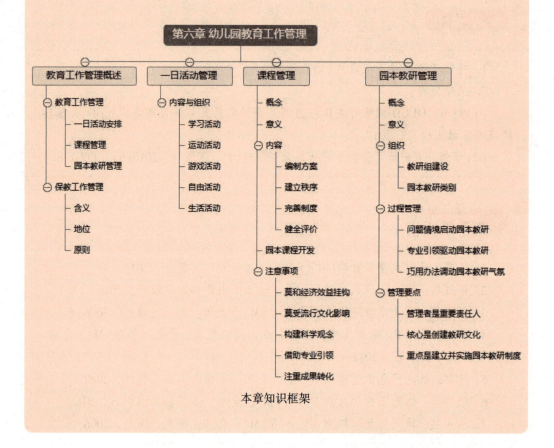

本章知识框架

园本教研管理的重要性，做好课程方案的编制，建立科学的课程教学秩序，完善课程管理制度，健全课程评价体系。园本课程开发与建设的过程中要注意避免与经济效益挂钩，莫受流行课程模式影响，构建科学的课程观念，借助专业引领，注重课程资源的建设和成果转化。园本教研管理分为诊断式教研、反思式教研和头脑风暴式教研，在组织园本教研活动时应以问题情境为切入点，运用专业引领，巧用方式方法，调动教师参与园本教研的积极性，深化园本教研的开展，以园本教研推动幼儿园保教质量的提升。

【知识目标】

1. 掌握幼儿园教育工作管理概念，理解幼儿园保教工作的关系。
2. 知道幼儿园课程管理的基本内容。
3. 了解幼儿园一日活动安排的原则与方法。
4. 掌握幼儿园园本教研管理内容。
5. 掌握幼儿园保教工作指导原则。

【能力目标】

1. 在实际工作中，学习运用保教工作管理的原则。
2. 尝试科学安排幼儿园一日活动。
3. 针对幼儿园实际情况与问题，参与幼儿园园本教研工作。
4. 能够结合幼儿园具体发展情况，参与幼儿园园本课程开发。

【教学重难点】

1. 在实际工作中，学习运用保教工作管理的原则。
2. 针对幼儿园实际情况与问题，参与幼儿园园本教研工作。

【教学课时】

4 课时

"端午节" 不热闹

在一次角色游戏活动当中，我们打算组织幼儿开展应时应景的"端午节吃粽子"的角色游戏。我在表演区角里投放了一些竹子叶，还有一些橡皮泥，将服装道具放置在了墙角，有简单的老爷爷发式，老奶奶的眼镜儿、拐棍儿，小桌子以及小动物们的服装。墙角还有不同风格的节日服饰，可是进入区角的乐乐、菲菲和丽娜并没有进行相应角色的表演和对话。丽娜说："我们去玩橡皮泥吧!"菲菲看了看四周，无奈地说："好吧。"乐乐拿起竹叶，看了半天，最后还是放下了，并找到了菲菲和丽娜说："我也要玩!"于是，大家玩起了橡皮泥，捏的东西也和粽子毫无关系，孩子们没有进行关于"端午节"的交流和角色表演。显然，此次角色游戏并没有达到理想的活动效果。孩子们玩得也不是特别快乐，简单反复的几次包粽子后，满地的竹叶子，非常凌乱，孩子们最后纷纷去到了搭建区和科学区。

思考问题：

为什么教师为孩子们创设的游戏情境不被孩子喜欢？以此案例为例，如何组织园本教研活动？

案例分析： 角色游戏本身应当是幼儿最乐于玩耍的区域，孩子们会玩得不亦乐乎，吸引力来自幼儿对角色的认识和兴趣，如果没有很好的故事铺垫和角色意识，恐怕这样带有特殊意义的角色游戏到最后就是不了了之！衣服道具投放的位置和数量直接关系到角色游戏的成败！幼儿园以此案例为契机，及时组织开展教研活动。

首先，总结了角色游戏失败的原因：

1. 前期缺乏必要的节庆经验铺垫，教师没有向幼儿讲述过端午节的来历，幼儿前期经验准备不足，造成幼儿对活动内容的浅尝辄止和对游戏目的的模糊，使角色游戏失去了生命色彩和兴趣投入。

2. 游戏中幼儿没有体会到过节的气氛，环境创设不到位，没有吸引力，不利于幼儿感知节日的趣味性，所以幼儿毫无兴趣可能。

3. 活动中，教师缺乏引导，只是旁观，使得角色游戏没有落实到角色上来。

4. 服装摆放的位置不易于儿童使用，过于隐蔽，导致角色游戏没有引起幼儿的兴趣。

接下来，展开如何应对的头脑风暴，形成如下活动建议：

1. 利用绘本《粽子里的故事》，引导幼儿体会浓浓的节日气氛，做好游戏经验铺垫。让幼儿体会学说奶奶的话语或小动物的语言，增加对话内容的表演性和趣味性。教师在讲述绘本故事时，要用生动有趣的语言来引导幼儿感受故事的美和故事的趣味性，只有这样，幼儿才会有兴趣加入故事的表演，理解故事的情节。

2. 通过端午节的音乐和背景创设，引导幼儿身临其境，参与角色游戏。在进入区角前，还应对幼儿所在表演区角进行相关端午节元素的装饰。例如，布置端午节的图片背景，播放包粽子的音乐，投放不同种类的粽子，加入小动物的头饰，引导幼儿体会角色人物的个性，等等，这些都是保证表演区活动正常开展的前提！利用家园共育，动员家长为区角带来相应的素材：例如家人围坐在一起吃粽子的照片，端午节传统游戏项目，例如赛龙舟等多元化图片，屈原的故事简介、人物照片，使幼儿从多方面、多角度来了解端午节的由来，加深幼儿对端午节的了解和兴趣！

3. 教师要引导幼儿穿着服饰，扮演角色，体会快乐。服装道具一定要放在显眼的地方，方便幼儿使用、穿戴，遵循简单、容易穿着、方便够到的原则。相信当幼儿穿上服装，戴上道具，角色游戏就会活起来。此外，应在表演区内摆放镜子，让幼儿穿上服装，戴上人物角色的相关饰品，在镜子面前感受人物形象的趣味性，从而促使幼儿有更大的兴趣参与此次表演区活动。同时教师要帮助幼儿穿戴服装，熟练之后，引导幼儿合作完成穿戴道具的任务。在这个过程中注意鼓励幼儿大胆尝试角色，与朋友友好相处，使其体会角色及朋友间合作表演带来的快乐。

4. 投放道具的数量不宜过多，适量即可。不要以为道具多而丰富，幼儿就会乐于投入表演当中。其实，道具过多往往适得其反，孩子会在眼花缭乱的道具当中不停摆弄、更换道具，不仅浪费了时间，也降低了活动的效能！幼儿忽略了表演的重要性，表演区成了玩具店！与此同时，幼儿参与活动的目标直接转移到表演区域的道具上来，表演活动就失去了意义，更失去了教育的价值。简单而小巧的道具幼儿喜欢就可以，注重质量而不是在意数量，当然太少也是不可取的，适度即可，恰当的材料投放足以完成幼儿表演的活动所需。

（资料来源：郑州市上街区大地幼儿园申兰兰老师。）

第一节　幼儿园教育工作管理

随着幼儿园管理工作逐步向内涵式发展推进，幼儿园教育工作管理也成为当前教育管理的热点研究方向。教育教学是学校教育的中心工作，幼儿园教育工作管理是提高幼儿园教育水平和教育质量的关键所在。幼儿园教育教学工作对幼儿的成长意义重大，也关系到幼儿园的生存与发展。随着时代的进步，社会各界和家长不仅关注孩子在园是否"吃饱、穿暖"，更希望孩子能够接受良好的教育。因此，幼儿园在教育教学过程中，采取切实有效的管理模式，能够促进幼儿教学工作的发展。本节将对幼儿园教育工作的规律进行探讨，分析幼儿园教育工作的概念与内容，阐述幼儿园保教结合的工作原则，为教育工作实践提供理论基础。

一、幼儿园教育工作管理概述

(一)幼儿园教育和幼儿园教育工作管理的概念

众所周知,教育指有目的、有计划地培养人的社会实践活动。幼儿园教育则是在幼儿园话语范畴内,对适龄幼儿进行有目的、有计划培养的社会实践活动。广义的幼儿园教育是一种围绕幼儿园话语范畴的教育活动,既包括幼儿园场域范围内的教育活动,还包括幼儿园场域范畴外的教育活动,如保育活动、亲子活动、幼儿园组织的游学活动、家庭教育活动等。狭义的幼儿园教育关注幼儿园场域范围内的教育活动,即幼儿园教学、游戏活动、生活活动等。幼儿园教育内容具有启蒙性和综合性,我国幼儿园国家课程体系主要包括健康、社会、科学、语言、艺术五大领域。通过五大领域和园本课程,实现培养全面和谐人的教育宗旨。本章幼儿园教育工作管理内容主要是从狭义概念进行的讨论。

幼儿园教育能否最终实现预期目标,教育工作管理起到关键作用。幼儿园教育工作管理是以培养人、教育人、发展人为工作出发点,通过组织协调各种人力、财力、物力、时间、信息、空间等资源,高效率实现幼儿园育人目标的管理活动过程。高效的幼儿园教育工作管理能够切实提高幼儿园教育教学质量。幼儿园教育教学质量才是幼儿园内涵发展的根本所在,也关系到幼儿园的核心竞争力。

(二)幼儿园教育工作管理内容

为了提升幼儿园教育工作管理绩效,有必要理清幼儿园教育工作管理的内容线索。

1. 一日活动安排

幼儿园一日活动并非随意、随机安排的,而是在教育者特定教育目的的指引下,有计划、有组织、有步骤地开展。幼儿园一日活动安排,要尊重幼儿身心发展水平和特点,要满足幼儿个别需求,还要科学合理、丰富多样,充分体现幼儿园管理者的专业水准。

2. 园本课程管理

作为幼儿园管理者,如何高效利用自身和身边的课程资源,挖掘更多教育价值,拓展更丰富的教育空间,从而提高幼儿园教育教学质量?这需要我们加大对课程管理的重视程度,关注园本课程领导与课程管理。

3. 教研管理

幼儿园教研工作既是落实《幼儿园工作规程》的体现,也是提高保教质量,推进幼儿园课程与教学改革的重要途径。通过教科研管理,形成骨干教科研团队,从而提升幼儿园师资专业水平,改进保教工作成效。

幼儿园教育工作管理虽然是幼儿园的教育教学质量体现的关键,但幼儿园教育工作管理并非独立于保育工作,或者凌驾于保育工作之上的。因此,在进行教育工作管理学习之前,我们有必要明晰幼儿园保育与教育工作之间的关系，理解幼儿园保教工作管理的概念。

二、幼儿园保教工作管理概念

幼儿园保育工作管理中，"保"即保育，就是保护婴幼儿的健康与安全。"保"是指通过建立合理的生活制度，照料婴幼儿的生活，提供均衡的营养，预防疾病和事故，开展多种多样的体育活动，增强婴幼儿体质，促进其健康成长。而幼儿园教育工作管理中，"教"即教育，就是依据《幼儿园工作规程》《幼儿园教育指导纲要》等政策法规，有目的、有计划地对婴幼儿进行全面发展的教育。在幼儿园实际工作过程中，保育和教育工作相互配合、互相联系、相互渗透。

(一)保教工作管理的含义

保教工作管理，就是为了实现保育与教育目标，遵循学前教育的规律和特点，对保育和教育的过程进行全面管理。保教工作要求管理者运用有效的管理手段，对幼儿园保育和教育工作进行科学的计划、组织、实施、检查与评价，规范日常保教工作秩序，积极开展保教工作研究，不断提升幼儿园的保教质量。

(二)保教工作管理的地位

保教工作是幼儿园的中心工作，保教工作管理是幼儿园中最重要、最核心的管理内容。

1. 保教工作管理在幼儿园管理中占据核心地位

《幼儿园工作规程》第一章"总则"第三条指出："幼儿园的任务是实行保育和教育相结合的原则，对幼儿实施体、智、德、美全面发展的教育，促进其身心和谐发展。幼儿园同时为家长参加工作、学习提供便利条件。"可见，幼儿园承担着保育与教育幼儿以及服务于家长的双重任务，而保教工作在双重任务之中处于核心地位。因此，保教工作管理在学前机构的整体管理中占据着核心地位。保教工作管理水平的高低直接反映出学前机构的整体管理水平。

2. 保教工作管理是幼儿园管理的中心工作

"一切为了孩子"是保教工作的准则，保教工作直接指向幼儿园中的婴幼儿发展、教师配置、班级建设、课程管理、教育评价等，是整个幼儿园管理的中心工作。保教工作管理的最直接目的就是协调幼儿园中的各项教育教学资源，优化保育、教育过程和环节，促进婴幼儿身心健康发展。

(三)保教工作管理的原则

1. 保教结合

保育和教育并不是相互孤立的，而是保中有教、教中有保，保教工作是彼此渗透、密不可分的。因此，保教结合是重要的保教工作管理原则之一。遵循保教结合的管理原则是由教育对象的年龄特点决定的。《幼儿园教育指导纲要》总则第五条指出："幼儿园教育应尊重幼儿的人格和权利，尊重幼儿身心发展特点和学习规律，以游戏为基本活动，保教并重，关注个别差异，促进每个幼儿富有个性的发展。"由于婴幼儿正处于身心成长的关键时期，因此幼儿园的保教工作管理要遵循婴幼儿的成长规律和特点，在实施保教结合原则的过程中，管理者要在思想上树立保教并重的意识，将班级的保育和教育工作结合起来、相互渗透，保教人员分工不分家、相互合作，做到保育与教育的辩证统一，在教育、保育的同一过程中实现保教结合。在管理工作中只有做到保教并重、保教渗透、保教结合，才能真正促进婴幼儿的健康和谐发展。

"我喜欢给我盛饭的老师！"

　　欢欢刚入园时间不长，在经历了约两周的分离焦虑之后，能在妈妈的陪伴下高兴地进班了，这让欢欢的家人备感欣慰。一天，妈妈问欢欢："宝贝，你最喜欢班上的哪位老师呢？是会跳舞的王老师？还是画画好的李老师？"欢欢看着妈妈，一脸认真地说道："你说的不对嘛！我最喜欢给我盛饭的那个妈妈老师！"妈妈听了扑哧一笑："我们家的小馋猫就知道吃呢！"欢欢妈妈无意间与园长交流此事，觉得孩子的想法非常有趣，可是园长听了却陷入了沉思，还专门就此事开展了一次教师间的讨论。"对年幼的孩子而言什么样的老师最受欢迎？"大家你一言我一语地说开了。有的说："充满活力的老师，有亲和力的老师最受孩子欢迎！"也有的说："能唱会跳的老师最能'降服'孩子，因为孩子会崇拜的！"还有的认为具有爱心的老师最受孩子认可。最后，园长语重心长地说："做幼儿教师，要先学会做妈妈才行啊！"

　　是的，幼儿教师的教育工作是以对孩子悉心的生活照料为基础和前提的，在与孩子朝夕相处的过程中，老师首先要像妈妈一样关心孩子的吃、喝、拉、撒、睡，在细致入微的生活关照中建立亲密的师幼关系，才会使孩子从心底接纳老师。因此，保育和教育在幼儿教育过程中是不可分割的，我们的教育管理行为要不打折扣地坚持保教结合的工作原则。

　　（资料来源：河南省实验幼儿园徐菁。）

　　思考：从孩子的心声中你解读出哪些内容？保育和教育工作之间究竟是什么关系？对幼儿园管理工作有哪些启示？

2. 科学规范

幼儿园的保教工作有自身的规律和特点，对保教工作的管理要遵循科学性原则。管理者应从管理实践中不断总结管理经验，提升管理水平。在总结提升有效的管理经验的同时还要注意摒弃经验主义，要从保教工作管理的现实需要出发，将保教工作与全园的整体工作统一协调，科学制定保教工作的计划，认真实施目标管理。在保教工作管理实践中需要管理者自觉运用科学的管理工具，在管理制度、管理方法、管理措施等方面体现科学性和规范化，尤其在教师工作评价、婴幼儿发展评估、保教质量管理、教科研管理等方面更要广泛吸纳先进的科研成果，做到管理思路科学、管理工具先进、管理行为规范。

3. 全面细致

保教工作管理的"核心地位"和"中心工作"决定了其全面细致的管理原则。保教工作涉及面广，需要各个部门的协调与合作。管理者在安排布置保教工作时就必须有全面的整体观，既要抓好主要工作，又要协调好部门间的配合；既要面向幼儿园内部做好管理，又要积极协调家长和社会教育资源；既要注重婴幼儿的健康和谐发展，又要关注教师的专业成长；既要安排好班级内部的一日工作流程，做好保教常规管理，又要放眼未来，做好教育科研工作。此外，保教工作管理还要在"细"字上做好文章，既要围绕婴幼儿的生活、游戏、学习等方面合理安排每日作息时间，规范保教人员的教育行为，提高日常班级工作质量，又要合理安排教师的带班、教研、学习时间和相关内容，管理者要善于在时间分配、任务分配、工作要求、质量标准方面求细求实，做到安排细致，要求具体。

第二节　幼儿园一日活动管理

幼儿园一日活动并非随意、随机安排的，而是在教育者特定教育目的的指引下，有计划、有组织、有步骤地开展的。幼儿园一日活动管理，应尊重幼儿身心发展水平和特点，满足幼儿个别需求，充分体现幼儿园管理者的专业水准。

一、幼儿园一日活动内容

幼儿园在园的一日活动内容包括学习活动、运动活动、游戏活动、生活活动以及自由活动等。每个活动有自身特定的保教目的和保教内容，但彼此之间是相互联系、紧密配合的。合理、科学、愉快及健康的一日活动设计，不仅能激发幼儿学习的积极性，还能促进幼儿身心健康发展。

(一)学习活动

学习活动是教师组织的有计划、有目的的教育活动，目的在于促进幼儿同伴分享交流，提升幼儿生活经验，促进幼儿成长与发展。学习活动的形式主要有集体教学活动、小组活动、区域活动、种植与饲养活动、社区活动等。

集体教学活动是学习活动的典型活动形式。全班幼儿集体参与活动，教师面向全体幼儿，精选教学资源，注重教学结构的逻辑性，体现教学组织的高效性。但集体教学过程中，教师容易忽视幼儿个体的特点、兴趣和需要，因材施教、个性化教学无法获得保障。

小组活动是培养幼儿合作学习方式的重要活动形式。幼儿通过分工、合作、计划、协商，甚至争论、妥协等，进行经验与思维的相互碰撞，同伴成员得到相互激励，有利于协作、合作精神的培养。

区域活动又称个别化学习活动，教师设计相关活动区域，幼儿自主选择性参与学习，完全发挥幼儿的学习自主性，有利于因材施教。但区域活动对师资、设备提出了更高的要求。

(二)运动活动

运动活动也称为体育活动，幼儿园运动活动包括早操、户外体育活动、体育课、三浴锻炼等。运动活动不仅能锻炼幼儿走、跑、跳、投掷、钻、爬、攀登和平衡能力，增强幼儿身体素质，积累更多运动经验，而且还对创造力、想象力、开朗个性的发展起着积极作用。《幼儿园工作规程》第十三条中规定："幼儿户外活动时间在正常情况下每天不得少于两小时。有计划、有准备地组织丰富多彩的户外活动，保证每天两小时户外活动时间，注意动静交替，运动量适宜，给予幼儿一定的自主选择和自由活动的空间。"

(三)游戏活动

游戏活动是幼儿园基本活动形式，通常是幼儿自主、自发、自由、自愿开展的，满足幼儿自主学习需求的，带有享乐、愉悦性等特征。一般幼儿园常见的游戏活动包括规则游戏和创造性游戏，也有学者将其细分为角色游戏、结构游戏、表演游戏与智力游戏、音乐游戏、体育游戏等。

(四)自由活动

自由活动把活动自主权完全还给幼儿，让幼儿自主选择活动内容、活动材料、活动玩伴，自主决定活动的进展和方向。在自由活动中，幼儿主动性被充分调动，获得丰富的直接经验，并可在与材料、与他人的互动中自主建构经验，获得充分、愉快、轻松的情绪体验。自由活动也是当前幼儿园课程与教学改革中提倡的一种活动形式。

(五)生活活动

生活活动是在一日活动中占时间比例最大的一类活动形式,具有时间跨度长、重复率高的特点。生活活动包括来园、离园、餐点、喝水、盥洗、如厕等生活环节。科学有序的生活活动组织,有利于促进幼儿身体生长发育,培养幼儿良好的生活卫生习惯,养成幼儿良好的心理素质。

二、幼儿园一日活动的组织

(一)学习活动的组织

学习活动是指教师采用游戏、谈话、实验、操作、实地参观、欣赏、表演等方式,有目的、有计划地引导幼儿通过直接感知、实际操作和亲身体验获取经验,帮助幼儿逐步养成积极主动、认真专注、敢于探究和尝试、乐于想象和创造等良好学习品质。学习活动包括活动准备、活动实施和活动评价三个环节,教师通过集体、小组和个别学习的方式组织学习活动。在学习活动的组织和指导中,要关注以下几个方面:

(1)关注教学方法的选择。教学方法要体现多样性,将讲解法、演示法、操作法、游戏法等进行综合运用,使教学方法与教学重难点无缝衔接,根据班级幼儿心理发展水平和经验准备设计教学。

(2)重视幼儿学习的过程和方法。学习活动过程中,要充分创设多样化的活动情境,让幼儿体验、尝试、操作和发现;尽量减少教师直接的语言讲解,多让幼儿动手动脑,在情境中与材料互动,与同伴交流,建构个体经验。

(3)对幼儿发展水平的差异有一定准备。为了让不同发展水平的幼儿都能在原有水平上得到一定发展,应该在问题设计和材料准备方面,进行充分准备,提出不同层次和难度的活动要求,预见不同水平的幼儿在学习新知识时的经验水平和可能的困难,从而满足不同幼儿发展的需求。

(二)运动活动的组织

运动活动也称为体育活动,它不仅锻炼幼儿身体的平衡能力、增强体质,而且还能对自身的创新和个人发展起到积极作用。有计划、有准备地组织丰富多彩的户外活动,保证每天两小时户外活动时间,这对幼儿的身心健康有极大的帮助。

运动活动前教师要检查活动场地,排除积水、障碍物等不安全因素;整理检查幼儿服装和鞋子,保证轻便、舒适,以免滑倒、摔伤或扭伤;进行运动量大、出汗量大的活动时应注意提前为幼儿准备汗巾;活动时间一般为上午和下午各一次,至少一次户外活动;如果遇到天气状况不适宜,如雾霾、雨雪、冰雹、烈日等天气,应具体情况具体调整。

图6-1　幼儿运动前垫汗巾

　　活动中应注意热身环节和整理活动环节，避免出现运动损伤。当幼儿运动量过大时，会出现脸色苍白、汗量增多并疲劳等现象，这时候应注意活动量的调整。

　　运动后教师应组织幼儿抽出垫背汗巾，避免着凉。运动后注意不要让幼儿过量饮水或吃冷饮，因为运动过程中全身脏器的血流量增加，饮水和吃冷饮会给心脏增加负担，长期会影响心脏功能。同时应注意避免立即洗澡，因为洗澡刺激皮肤，使肌肉毛细血管扩张，体内血液过多分布到皮肤和肌肉中，这样就会造成心脏、肝脏、脑等部位的血液流量减少，从而出现头晕、胸闷等症状。

（三）游戏活动的组织

　　游戏对幼儿有重要的发展意义，应重视游戏的组织与管理。游戏是幼儿自主、自由的活动过程，应遵循"幼儿在前，教师在后"的组织原则，教师主要任务是合理安排游戏时间、提供材料，观察幼儿游戏水平和游戏状态，做好记录、提供隐性游戏指导。游戏结束后组织幼儿分类收拾整理玩具，培养幼儿秩序感和责任心。

　　幼儿园游戏时间要"专项专用"，保证游戏时间不被其他活动所侵占，平衡创造性游戏和规则性游戏。提倡设置游戏活动区域，小班3~5个区域，中班5~7个区域，大班6~8个区域。

（四）自由活动的组织

　　自由活动虽然目前在我国幼儿园一日活动中占比例较低（13%）[1]，但作为开放性、个性化、自主建构性最强，以及幼儿最喜欢的活动类型，为了真正发挥其应有的教育效

――――――――――

[1]　张慧敏. 幼儿园组织与管理[M]. 北京：人民邮电出版社，2014：233.

果，我们应关注如下方面：

(1)增加自由活动在一日活动中的时间比例，给予自由活动时间地位。

(2)观察幼儿，抓住时机进行有针对性的教育引导。自由活动中幼儿会展示出其个性特点、兴趣偏好、能力水平等很多信息，教师应注意搜集这些重要信息，更好地开展个别化教育，也为集体教学活动中的面相个体做好准备。

(3)为了避免自由活动单一、乏味，教师应准备多种类型的可自选材料，供幼儿自选游戏，也可以采用晨谈、聊天等形式轻松地为幼儿创设社会性发展的机会。

(五)生活活动的组织

幼儿园生活活动是指满足幼儿基本生活需要的活动，主要包括幼儿入园、进餐、饮水、盥洗、如厕、睡眠、离园等环节。生活活动贯穿于幼儿的一日活动中，旨在帮助幼儿发展生活自理、与人交往、自我保护等能力，逐步养成健康的生活规则和习惯。同时，幼儿的智育、品德教育、对生活美的感受力和表现力也是从日常生活开始的。幼儿园生活活动在组织过程中要注意：

1. 保育教育相结合

生活活动不仅是对幼儿生活的护理和照顾，更应发挥教育的功能，注重保育与教育相结合，做到保中有教、教中有保。

2. 建立合理的常规

日常生活常规必须符合幼儿身心发展的特点，与各种日常生活活动的内容及幼儿自理能力、行为习惯培养的要求紧密结合；教师帮助幼儿理解、掌握、熟悉行为规则的过程；帮助幼儿形成良好的习惯，培养幼儿的自理能力。

3. 培养基本生活技能

生活技能的训练方法，要根据幼儿的年龄特点、个别差异和班级的实际情况选用；各种生活技能动作，都可以采用分解动作的方法，让幼儿按步骤练习掌握。

幼儿园一日活动理念和要求

1. 建立"一日活动皆课程"的教育理念。幼儿园应重视不同类型活动的教育价值。支持幼儿在生活活动中提高自主管理意识和能力，保证幼儿充分地进行户外活动和体育锻炼，给予充足的自主性游戏时间。关注幼儿在幼儿园各个空间里发生的学习活动，以游戏为基本方式，灵活运用集体、小组和个别的学习形式，引导幼儿生动、活泼、主动学习。

2. 促进幼儿园一日活动的整体构建。幼儿园应关注幼儿学习与发展的整体性，注重健康、语言、社会、科学、艺术五大领域之间和目标之间的渗透和整合，关注各活动环节的自然衔接，创设有利于引发、支持幼儿的游戏和各种探索活动的教育环境，建构完整的幼儿园一日活动体系。在此基础上，结合本地区、本园的文化和资源，教师、幼儿、家长和社区共建特色的、个性化的园本课程。

3. 科学、合理地组织和实施一日活动。幼儿园应根据幼儿的兴趣、需要和年龄特点，并在活动中充分考虑季节变化、天气及环境状况等，做到动静结合、室内外结合、集体与小组及个别活动相结合。

4. 在良好的关系中师幼共同建构和维护一日活动的常规。幼儿园保教人员应与幼儿建立安全、信赖的师幼关系，与幼儿共同建构一日活动常规，保证一日活动有序进行，并让幼儿在自主维护常规过程中逐步感受到规则带来的益处。

5. 关注幼儿个体的发展水平和需要。幼儿园在考虑幼儿年龄发展特点和规律的基础上，尊重幼儿个体的发展水平和需要，促进每位幼儿在自己原有水平上有所提高，为幼儿后继学习和终身发展奠定良好素质基础。

6. 原则性与灵活性相结合，结合实际落实《指引》。在参照《指引》实施一日活动过程中，各地区和各幼儿园可根据实际情况加以适当调整，还可进一步拓展和细化一日活动的内容，在遵循《指引》的基本理念和原则的基础上，做到灵活而有创造性地落实《指引》。

第三节　幼儿园课程管理

当今课程改革的多元价值取向使幼儿园课程模式呈现出多元化发展趋势，几乎每个幼儿园都作为实践主体面临着对课程的抉择与重组。幼儿园课程改革的实践表明，课程改革的成效取决于幼儿园课程管理者的课程领导力和课程管理水平。幼儿园课程管理者不单指园长，还包括所有参与幼儿园课程建设、课程实施的广大幼儿教师。幼儿教师肩负着课程管理、课程建设和课程质量提升的重任。因此，增强幼儿教师和幼儿园管理者课程管理意识，提升其课程领导力，是每一个幼儿教师必须思考和实践的重要命题。

一、课程管理的概念

课程管理是指以课程为对象所施加的决策、规划、开发、组织、协调、实施等管理活动和管理行为的总称。根据课程管理范围的大小、性质、目的和任务的不同，可将课程管理划分为课程宏观管理与课程微观管理。课程宏观管理是关于一个国家或地区的课程管理活动和管理行为；课程微观管理是一个教育机构以课程实施为重点的管理活动与管理行为。

幼儿园课程管理是课程管理的子项目，是在一定法规和政策背景下，由各级政府或幼儿园对幼儿园课程的建设和实践过程进行的规范、引导和帮助，也就是通过一定的方式介入并适度控制幼儿园课程的设计、实施和评价的过程，其根本目的是提升课程质量、改善幼儿的学习品质。① 我国目前实行的是"国家—地方—幼儿园"三级课程管理体制，幼儿园在课程管理方面拥有较大自主权，对于探索和优化适宜幼儿发展的教育路径有积极意义。

二、课程管理的意义

课程承载着一所幼儿园最核心的教育理念，课程管理是课程实施的保证，是课程实施成败的关键所在。管理者通过对课程的决策、组织、督导使幼儿园的教育理念转化为幼儿现实的发展，同时保教管理者通过课程管理既能使本园的课程与国家的课程标准保持一致，又能更好地提高本园课程的适应性，形成各自的教育特色。课程管理还有助于教师专业化水平的提升，课程管理的过程也是教师参与课程决策、编制课程方案、审议课程内容、实施教育实践的过程，能够较好地发挥教师的主动性和创造性。

三、课程管理的内容

(一) 编制课程方案

幼儿园课程方案是指按照教育目标、婴幼儿发展的特点与需要，根据机构的实际状况和课程资源条件，对本机构的课程内容、课程方法、课程编排和课程管理等方面的认识和文本表达。课程方案是幼儿园在一定时期内实施课程和课程管理的依据和行动纲领。幼儿园课程方案的编制是指幼儿园根据课程方案的目标、课程理念对课程在选择、重组、创新和策划的基础上所进行的课程策划和课程设计的管理活动。

在编制课程方案时要注意思路清晰、结构完整。课程方案应包括幼儿园课程的基本理念、课程依据、课程目标、课程特点、课程结构、课程内容与方法、课程功能与价值等内容。同时在教育内容的选择上要平衡配比，使领域间内容保持平衡，科学合理安排婴幼儿游戏、学习、生活、运动等活动，避免顾此失彼。

---

① 虞永平. 在课程管理实践中提升幼儿园课程建设的质量——厦门市思明区幼儿园课程建设的启示[J]. 学前教育研究，2005(10)：22.

表6-2 上海东方幼儿园课程体系

设置	分类	项目	主要内容	主要教材、方案选用
共同性课程	基础性课程	生活	点心、午餐、午睡、关系、整理等	1. 上海市新课程教材 2. 幼儿园园本教材《幼儿园开展游泳活动的实践与探索》《幼儿园溜冰活动的实践与研究》《以绘本学习为载体，培养幼儿语言素养的研究》《探索型音乐活动》《幼儿生活素质培养》《以创意美工为载体，促进幼儿审美素养的研究》等 3. 幼儿园主题活动资料包 4. 幼儿园幼小衔接方案
		运动	户外运动、散步等	
			特色活动：游泳、溜冰等	
		游戏	自主性游戏、学习游戏等	
		学习	个别化学习、集体学习等	
	补充活动	亲子活动	父母老师活动、亲子春秋游、亲子运动会、亲子中国年、大班毕业典礼等大型活动	
特色课程	探索性课程	方案教学	项目活动	1. 东方幼儿园特色课程方案 2. 东方幼儿园方案活动资料包 3. 园本研究丛书"走近方案教学""走进方案教学"

（资料来源：诸君（上海东方幼儿园副园长），幼儿园课程设计与管理，教育科学论坛，2015：63。）

（二）建立教育教学秩序

教学秩序是课程方案的真实展示，幼儿园教育教学效果是课程目标达成的重要体现，建立良好的教育教学秩序是课程管理最基本的任务。作为保教工作管理者应提升教师的课程开发和课程管理能力，重视一日活动实施中各个环节的课程研发与管理，使教师明确一日生活中各个环节的课程价值和意义，科学合理地安排婴幼儿的一日生活。

（三）完善课程管理制度

课程管理需要制度化和规范化，确保和维系课程运作的稳定性和科学性。幼儿园所指定的课程管理制度包括"备课听课制度""考核奖励制度""作息制度""教科研制度"

"学习制度""教师外出培训制度""教学反思制度""教学问题累积制度""对话交流制度"等。不同制度从各个角度、各个侧面、各个问题入手构建课程适宜的运行程序，确保幼儿园课程的有序开展，提升幼儿园保教质量，推进教师专业成长。

(四)健全课程评价体系

课程评价在课程开发和建设的过程中起着举足轻重的作用，课程评价虽然是课程运转的"终点"，但对于回归课程的初心起到关键作用。首先应建立健全课程评价标准，从课程编制、课程组织、课程实施、课程评价等维度进行科学性、可操作性地说明，确保《指南》与《纲要》政策的贯彻，并结合幼儿园一日活动各个环节的实施与操作。幼儿园可以依据课程管理制度，制定配套课程督导量表，如《教学活动评价表》《教师月工作绩效考核表》《教师日常教学管理检查表》《班级环境创设评价表》《自制玩具统计表》《行政日常工作坚持表》《班级幼儿发展评估测试表》《幼儿参与教育活动问卷分析表》等，还可设计各项家长、教师、幼儿问卷调查表，从而多角度督导幼儿园课程的实施。课程评价的主体从园长评价向个人自评、家长评价、教研互评等形式转变，建立教师"课程评价档案袋"，注重课程实施的过程，展示班级课程生态。课程评价可以让我们回归教育目标的初心，用发展的眼光看待教师和幼儿，从而更好地把握课程园本化的发展方向。

四、幼儿园课程开发与管理

幼儿园园本课程开发是以幼儿园为基地，依据育人理念和园所组织文化，挖掘和利用园内外优质课程资源，形成独特、开放性园本课程方案的课程管理过程。幼儿园园本课程开发不仅需要课程与教学专业理论指导，更需要幼儿园园长具有课程管理意识，重视园本课程开发工作，形成强有力的课程管理组织保障团队，建立课程管理制度，从而落实园本课程开发。

(一)课程管理的组织层面

园级层面——负责规划幼儿园的整体课程框架，根据幼儿园课程发展远景与课程目标以及各年龄阶段学期目标确立课程框架与组织形式，以"主题活动"统领、教学活动支撑、体育活动保证、区域活动拓展、自主游戏丰富、环境资源渗透、保育工作兼顾、家长工作配合为课程框架与组织形式，并在具体的实施过程中作进一步的调整与完善。

年级组层面——根据幼儿园总的课程规划，结合大、中、小班幼儿年龄特点和组内教师特长，以年级组为单位，组织实践观摩和问题研讨，着重解决课程落实过程中暴露出的共性问题，达到对课程动态管理的目的。

班级层面——班级教师结合班内幼儿发展的实际情况后，融入自己的个性特点和教学风格，进一步拓展课程的内容，创新课程的开展形式，将课程计划分解在班务计划和月、周、日计划中，从而保证幼儿一日活动的有效性。

（二）课程管理的纵向阶段

第一个阶段——年级组审议：主题活动开展前，年级组集体对教材进行审议，结合本园实际以及本土文化，删减极少数不适合本园实际的内容，并调整主题目标（如农村孩子动手能力相对强些，语言表达能力相对弱些，与此相适应地提高或降低目标），使主题目标落到本园孩子的最近发展区内，然后设计主题活动环境创设方案，讨论家庭、社区资源开发与利用的要点，集体制定出一份主题活动计划。年级组骨干教师设计好主题中的每个活动。

第二个阶段——班级审议：班级开展主题活动之前，拿出第一次审议后的主题活动计划，结合班级实际，考虑幼儿已有经验，做适当调整，对主题中的每一个活动也同样做相应调整，并写出调整理由。

第三个阶段——交流调整：年级组内交流主题活动方案实施进展及效果，共同解决存在的问题并调整活动方案。

第四个阶段——小结反思：一个主题结束后，各班总结主题活动方案实施过程中的经验与不足，写出主题的反思调整，在年级组内交流，在此基础上，年级组找出共性问题，明确下阶段重点要解决的问题。

第五个阶段——资料整理：在一学期主题活动全部结束后，将所有资料按规定的要求整理成主题课程文本资料，供其他年级组参考和创造性使用。

案例分享

常熟市颜港小学幼儿园课程审议过程

一、课程审议"前"

在《国家中长期教育改革和发展规划纲要》整合理念的引领下，我园启用由南京师范大学出版、周兢老师编著的新教材《幼儿园活动整合课程》。由于新教材灵活度较大且所提供的是素材点，因此在使用时存在着地域、周边环境等差别。我们在开展教育活动前，实行通过集体备课再回到个体反思的研讨方式，对教材进行深入研究。其具体操作方法是每个主题在实施前，由教研组长负责组织，以年级组为合作单位分组进行课程审议。

虽说课程审议在我园取得了一定的成效，但也存在着不少的弊端。为此，我们以"课程审议表"为主线，对集体备课制度做了一些改革。我们要求每位教师在审议前做好前期工作，即通过事先预习教材，发现问题、寻找问题并及

时做好记录，供课程审议时一起交流探讨。再次，我们拟通过"我的问题""我的资源""环境预案"三方面的填写来督促教师做好审议前的准备工作。以此针对课案中存在的焦点问题及困惑展开讨论，同时把以往教学实践中好的经验与做法充实进来。

二、课程审议"中"

1. 程序安排

(1)回顾总结上一主题，做好主题与主题间的衔接沟通。

(2)分析当前主题背景，结合"课程审议表"所收集的问题展开研讨，寻求同伴援助，有目的地对一些活动进行修改。如根据现阶段幼儿对"神舟六号"的关注，我们在"可爱的祖国"这一主题中增加了"关注神六"系列活动。有的主题可自行设计，也可把以往实践过的、操作性强的主题活动穿插进来。如根据教师实践的结果，中班穿插了主题活动《变化的世界》，大班穿插了主题活动《有用的报纸》，从而把具有本园特色的教育资源充实进来，做到创造性地使用教材。

(3)收集整理教育资源，由教研组长协调分配，责任到人，做好前期准备工作。我们使用的课程文本配套的图片、音像资料很少，为了使课程顺利开展，我们改变以往个别指派分配式的管理模式，在课程组长的统一调配下，各班根据自身的资源优势，主动领取任务，共享教育资源。

(4)环境预案设计。各班要在审视的基础上根据主题的核心内容与要求，进行环境预案设计，通过丰富的主题环境让幼儿充分体验和感受。两位搭班教师共同商议、分工合作，轮流担任环境的主要设计者。通过填写环境预案，教师对整个主题环境做全局考虑，明确每个活动中需要积累的作品及资源，做到计划在前、实施在后。

2. 形式安排

在课程审议中，我们更多地借助年级组之间的群体力量，即交互式的现场观摩开展反思探讨活动。如大班教研组组织课程审议，我们便组织小班、中班教研组进行现场观摩，反之，中班教研组组织课程审议，则小班、大班教研组进行观摩。如果在审议中碰到困难和有争议的问题，在本组内教师无法达成共识的时候，我们便寻求同伴的援助，请组外观摩教师参与进来，共同寻找解决问题的策略。通过循环式交流互动，教师不断变换角色，时而是组织者，时而是聆听者，时而是合作者，有助于加强幼儿不同年龄阶段课程之间的衔接。

三、课程审议"后"

教师在课程审议后要对审议中所获得的经验、问题进行认真的回顾梳理，填写好课程审议表的"解决策略"一栏，进一步明晰问题，通过同伴援助找到解决问题的策略，最终形成个人观点。在备课管理上，我们根据不同层面的教师提出的不同要求，分别实行"全放权""半放权""部分放权"的管理策略。即年轻教师备详案，有经验的教师备简案，骨干教师精备一课，使年轻教师在"规矩中渐成方圆"，使骨干教师在"精益求精中初显教学风格"。

设计"课程审议表"就是为了做好课程审议前、审议中、审议后三环节的落实工作。在这一过程中，教师们建立起民主、平等的研讨、对话模式，建立起开放、互动的教科研管理体制。每一套课程都不是尽善尽美的，关键在于我们要以从容的心态、审视的眼光来看待每一套课程，深入领会其特有的课程内涵，坚持不懈地深入钻研。相信我们沿着这条课改之路坚定地走下去，每一位教师都能在课改中找到自己的位置，发挥出各自的优势，最终实现园所的特色发展和教师个人风格的凸显。

表 6-3　《幼儿园活动整合课程》课程审议表（以主题活动《给你一封信》为例）

主题名称	给你一封信	实验时间	3.6~3.27
班级	中(4)	教师	×××
我的问题	科学活动《称称有多重》。需要准备天秤，在要求人人操作、班容量又较大的情况下，教师该如何解决材料不足问题？ 社会活动《邮局之旅》。其中的目标是体验寄信的过程，如何让幼儿完整体验这一过程？ 科学活动《好快的信》。没有传真机，该如何进行演示？		
我的资源	语言活动《符号会说话》。可让幼儿自由设计班中进行区角设置时所需的符号。 艺术活动《我们的信封》与第三周的信封玩偶可组成一个半日活动。 幼儿园附近有一个邮政分局，教师可带领幼儿实地参观，请工作人员介绍信的投递过程。		
环境预案	围绕主题，主题墙的设计可分以下几个板块： 1. 我设计的信封：收集活动《信封玩偶》中的幼儿作品，及时呈现。 2. 我设计的邮票：以幼儿作品为主，辅以简短的语言。 3. 信的旅行过程：通过参观邮局、拍摄短片，以流程图形式加以呈现。 4. 现代通讯方式：通过家长与幼儿共同从网上收集资料，以图片形式呈现。		
解决策略	科学活动《称称有多重》。可将天秤放入活动区中，引导幼儿进行个别探索。 社会活动《邮局之旅》。可充分利用家长资源与社区资源，一方面请家长协助做好前期准备，为幼儿准备一个信封，以备寄用；另一方面联系一个邮局，请邮局工作人员做现场介绍。 传真机没有，可借助网络资源，如发电子邮件就是一种快速的传递方式。		

（资料来源：宗颖（常熟市颜港小学幼儿园），幼儿园课程管理的思考与实践，好家长，2007(8)：14-15。）

五、幼儿园课程管理注意事项

(一)莫让园本课程与经济效益挂钩

由于国家当前对幼儿园课程缺乏有力的监督和规范措施,部分幼儿园在追求利益最大化的过程中,过分追求园本课程对于逐利的价值,忽略"园本课程"开发的初衷,园本课程开发成为幼儿园创收的一个"噱头"。为了降低课程开发成本,进行教材的拼凑或课程名称的换汤不换药,都是不利于幼儿园课程质量内涵发展和提升的。这种园本课程管理形式主义背后是对家长教育需求的不尊重,是对国家教育期待的不重视。

(二)莫受"流行"课程模式影响

由于缺乏文化自信,幼儿园园本课程管理过程中容易受到"流行"课程模式的影响。一会儿蒙氏之风,一会儿华德福之雨,刚才还是瑞吉欧教学,现在又成了新西兰学习故事,从而迷失了自己。很多园长热爱学习,喜欢学习是好事儿,但如果在课程管理的过程中,尤其是在园本课程开发过程中缺乏对本土、本园情况的了解,没有形成自身的育人理念,我们所管理的幼儿园课程终将成为远离幼儿文化、远离幼儿兴趣、远离幼儿经验的课程体系。因此,我们应加强文化自信,用科学的课程评价观念来诊断、甄别各种"流行"文化,不要对外来文化和"流行"文化盲从。

(三)构建科学课程理念

理念是实践的先导,科学的课程管理需要科学的课程观念作引领。首先应树立"幼儿为本"的课程理念,以幼儿生命之花的绽放为终极课程愿景,建立民主、合作、开放式的课程管理模式,使幼儿园课程管理真正体现关注儿童、尊重儿童、重视儿童的理念。其次,以幼儿为本,就要关注幼儿的学习过程,逐步除去幼儿园"小学化"陋习,关注幼儿学习的方式,采用积极体验、动手操作等方式提升其学习品质。最后,以"幼儿为本"的园本课程开发,并非挖空心思地用"特色教育"标榜自己,而是植根于幼儿真实生活生长经验,真正使幼儿园、家庭、社区形成教育合力,构筑回归生活的课程资源,从而实现幼儿生命质量的最优发展。

(四)借助专业引领,探索课程园本化

随着幼儿园保教质量的逐步推进,对园本课程的开发和课程园本化的要求日益迫切,但由于受到课程理论水平的限制,往往需要借助专家引领,采取课题研究或实验研究等形式开展园本课程实践或课程园本化探索。苏州幼儿高师花朵幼儿园积极参与虞永平教授"生活化、游戏化幼儿园课程研究"课题研究,先是以大班为实验班引进课题研

究文本，根据园所自身实际需要进行行动研究。在课题组专家团队的引领下，在反复深入实践、反思、研讨的过程中，该园在资源利用、实施途径、环境创设、区域组织、游戏创新、家长工作等方面均取得了突破进展，推进了园所课程建设的步伐。

（五）注意材料积累，重视成果转化

幼儿园应当为教师提供共享课程开发成果的机会，对成果进行记录、总结、评价和奖励，并定期把相关成果编辑出版。教师的小论文、参观记、访问录、案例集汇编出版，对教师专业成长是一个极大的鼓励。同时，幼儿园还可以利用这些成果，推进园本课程。开发与管理园本课程不是任务，而要使其真正成为一种教学常态，在课程管理的过程中促进幼儿教师专业成长。

第四节 园本教研管理

一、园本教研的概念

教研就是"教学研究"。依据教育部基础司《关于改进和加强教学研究室工作的若干意见》，中小学教研的基本任务就是以学科教学为中心的教学研究。幼儿园教研不同于中小学的"教学研究"，"因为幼儿教育有着不同于中小学教育的特点、规律和任务，'教学'不是教研的'唯一'，一日生活的各个环节都应成为教研的内容。因此幼儿园教研是指关于一日生活各个环节的教育研究"。①

幼儿园园本教研管理强调以园所自身的力量为基础，以园所自己搭建的教研平台为依托，以全体保教人员为教研主体，借助一定的外部力量，解决本园教师工作中面临的真实问题。

二、园本教研的意义

（一）园本教研使幼儿园教师的教育生活呈现教育实践与反思研究的常态格局

长期以来，幼儿园教师的基本工作，甚至全部工作就是带班、教学，管理者往往忽视教师的教研生活，教研活动处于可有可无的地位。有的管理者还将教研活动片面地理解成教师的业务培训和理论学习，教研活动走过场，影响了教师参加教研的积极性。园

---

① 李季湄. 对新时期幼教教研有关问题的思考——在全国"以园为本教研制度建设"项目教研员研修会上的报告[J]. 幼儿教育，2007(9).

本教研强调的是解决教师工作中的真问题，教研的主题产生于教育实践，教研的主体是每位教师。较好地使教育实践与反思研究结合起来，并形成教师生活的常态，有助于全面提升教师教育生活的专业品质。

（二）园本教研是教师专业化成长的重要手段

园本教研依托教师团队的支持，在专家的引领下将自身的教育实践进行科学的回顾与反思，能够指导教师不断以专业的眼光审视自己的教育行为。教师不断地挑战自我，从反思教育实践中学习，个人成长是快速而有效的。同时教师团队的互动也促进群体智慧的迸发，有助于全体教师相互切磋教育技能，取长补短、共同进步。

（三）园本教研是保教工作管理的重要内容和途径

在高质量的园本教研活动中，教师的教育教学经验得以总结和提升，教育教学中的困惑得以研讨和交流，教师自身的专业水平得以提高。实践证明，教师的成长，尤其是优秀教师的成长无一例外地都与园本教研活动相伴随，园本教研活动成为教师教育灵感的催生剂，成为教师职业生涯中教育心灵可以停靠的港湾。搞好园本教研工作是保教管理者的重要工作内容，同时，通过园本教研的开展，实现教师的专业成长，从而有效地提升保教质量也是保教管理者的重要管理途径。

三、园本教研的组织

（一）教研组的建设

园本教研的开展是依托教研组而进行的。开展园本教研首先要从教研组的建设入手，教研组依据组建方式的不同可以分为以下几类：

（1）学科教研组。依据各领域的教育目标，将教师分成语言组、健康组、社会组、科学组、艺术组，分别由擅长该领域教学的教师担任教研组长，开展相应学科的园本教研活动。

（2）年级教研组。依据教师所带班级的不同，分为托班教研组、小班教研组、中班教研组、大班教研组，并分别进行有效的教育教研。

（3）班主任教研组。将班主任老师相对集中在不同的年龄组，形成托班班主任教研组、小班班主任教研组、中班班主任教研组、大班班主任教研组，开展更为有效的班级教育教研。

（4）特色教研组。依据教师的教育兴趣点的不同、入职年限的不同、职前教育背景的不同，将老师划分为生活常规教研组、新手教师教研组、特色活动教研组等，开展有针对性的教研活动。

(二)园本教研类别

1. 诊断式教研

在课程的实施中老师们经常会产生一些困惑或疑虑，针对这些情况，我们可在教研组开展诊断式教研。诊断式教研以问题为中心进行研讨，推选一名教师实施教学案例，在平等的研讨氛围中，针对主题进行观摩、研讨、交流，从而帮助教师解决其在教学实践中遇到的困难。

2. 反思式教研

根据教师专业成长公式"教学+反思＝成长"，教师只有学会反思，才能不断推进专业成长。教研组可以充分利用教师个人的公开课视频资料，进行反思和集体教学研究，以切实提高教师们制定教学目标、重难点，观察、指导幼儿，评估课程教学效果等教学能力，从而提高教师驾驭教学、组织游戏的能力。

3. 头脑风暴式教研

头脑风暴式教研采取分组形式，小组内进行讨论、商议并发表观点，之后运用板报和发言人形式进行组间分享。这种教研活动减轻了不善言辞教师发言的心理压力，调动了每个教师参与研讨的兴趣，大家的思维在轻松的氛围中相互碰撞。在脑力激荡的过程中，教研重点得以凸显，既解决了保教工作中的实际问题，又达到了实践反思、同伴互助的教研效果。

(三)园本教研的组织形式

传统而有效的园本教研组织形式有一课多研、同课异构、教育活动全园观摩、游戏活动观摩、生活环节研讨等。

1. 一课多研

针对一个课例集体备课，并由教师团队逐一上课，每次课后大家集体研讨，提出改进意见，再由下一位教师执教，逐步推进，日臻完善。

2. 同课异构

同一个教育素材经由教研组充分讨论，设计出不同的活动方案，经由教师团队逐一展示后集体研讨，以确定本素材最为实用的年龄班和相应教育方案、教育方法。

3. 活动观摩

在地毯式的观摩活动中，促使执教者将活动的每个细节考虑周到，对教材的研究、对幼儿的了解能尽量做到烂熟于胸，并有机结合，在活动中促进幼儿的发展。通过观摩活动可以促进教师对教材的解读能力和对幼儿的理解、把握能力，同时教师的教育理念得到逐步更新，新的教学方法不断涌现，教学新秀得以锻炼、培养，教师的教育才华得以展现。因此，观摩活动既是对每位教师教学能力的集中展示，也是对全园教学水平的一次现场考评。观摩活动不仅适用于教学活动，也同样适合于游戏观摩、生活观摩等。

4. 课堂观察

课堂观察来源于中小学，通过对课堂的运行状况进行记录、分析和研究，并在此基础上谋求课堂学习的改善、促进教师发展。课堂观察是基于教师群体的园本教研组织形式，它关注教师教育行为和婴幼儿学习的细节，通过多次执教者与观察者的对话来实现园本教研的价值。课堂观察由课前会议、课中观察、课后会议组成，借助观察工具，可以分别针对教师的教学维度、婴幼儿的学习维度、课程性质纬度、教学文化纬度来观察真实的教育现场，提出有针对性的教育建议。

5. 名师工作坊

将幼儿园的名优教师组织起来设立专门的名师工作坊，由名师按照相应计划开放活动室、开办讲座、实施现场教育诊断，并选派有潜力的青年教师跟班学习，交流研讨。

四、园本教研的过程管理

(一)"问题情境"启动园本教研

幼儿园园本教研常常围绕相应主题展开，主题来源于政策，来源于社会热点，更来源于幼儿园教育实践中的真困惑和真问题。组织全体教师共同寻找日常教育实践中遇到的问题和困惑，并将其整理和归类，从而确定园本教研的主题，不仅有助于园本教研活动中教师主体性的发挥，也充分体现了课程管理的民主性。

(二)"专业引领"驱动园本教研

教师提出的园本教研问题往往比较具体，而园本教研的目标不仅是具体问题具体分析，更要以问题为线索，深入挖掘园本教研对课程建设、对教师专业成长的价值和意义。管理者应重视专业引领，选派业务精湛、理论扎实、思路清晰的教研负责人主持园本教研活动。将具体的"问题情境"转化为"教研主题"，驱动园本教研的深入开展。如教师在区域活动中，教师们提出问题的常常有："孩子不喜欢到数学区去玩怎么办？""孩子在建构区里玩打仗的游戏怎么办？""活动区活动的评价都需要以集中的方式进行吗？""我不知道提供的结构材料是否适宜？""用什么方式开启活动区活动更好呢？"等，教研负责人应把这些问题进行整理和归类，整理出关于活动区域活动的创设、活动区材料的投放以及指导评价等教研主题，由问题生成的教研主题更能成为教师感兴趣的教研话题，也更能升华园本教研活动。

(三)"巧用方法"调动园本教研气氛

实现园本教研效果的达成，还应注意园本教研气氛的调动。活跃、积极、民主、开放的园本教研气氛对于激发教师反思的积极性、深化问题的认识、拓展园本教研主题起到关键作用。可以采用一定方法引导园本教研的气氛，首先多用设问、反问和追问的方式唤起教师思维。园本教研负责人应成为问题的提出者、问题的分享者，通过引出问题、引导话题，打破对话平衡，引发观点冲突，以此获得正确的认识和有效的办法，切不可承包教师问题或直接告知问题答案。其次，园本教研负责人应科学设计教研进程与时间。教研活动进程应用多种方式来推进，一味单纯的讨论也会使教师们感到乏味和疲倦。因此教研环节的设计应将个体陈述、分组讨论、双方辩论、观摩反思等综合设计，采用团体活动或体验式活动等方式激发教师的教研热情，调动园本教研的气氛。

"教师在美术活动中有效的指导策略"园本教研过程实录

"教师在美术活动中有效的指导策略"教研活动话题讨论中，一位刚工作了两年的年轻教师提出了"教师该不该提供范画"的问题。问题提出后，我一改过去在活动组织中包揽问题并立即回应问题的做法，而是将问题抛给老师们："谁来回应一下这个问题？"此时活动室内一片安静。于是，我立即转向在幼儿园有一定美术活动教学经验的陈老师："陈老师，我知道您在这方面有经验，您能说说吗？"于是陈老师就反问年轻教师说："在你的认识中范画是什么样的？"年轻教师说："就是我们老师画好的那种绘画作品。"于是陈老师开始就这种范画的特点以及对孩子的影响发表了自己的意见。陈老师讲完后，我就转向全体老师问："陈老师的解答你们同意吗？有没有不同的意见？"大家纷纷点头表示赞同，于是我就和大家梳理出关于这个问题的第一个认识：不能给孩子提供成品的范画，否则会束缚孩子的表现和想象。紧接着我又对大家说："对这个问题你们还有没有疑虑呢？还遇到过棘手的问题吗？"这时张老师开始发问了："那孩子画不出来怎么办？"此时我知道对问题深层次的探讨来了，于是我赶紧说："是啊，没有了范画，孩子画不出来，只是一张白纸怎么办呢？谁能讲讲孩子画不出来是什么原因？"先前有美术经验的陈老师又开始接话了："那是因为孩子对素材对环境的感知少了。"于是我们又梳理出第二条：要让孩子能画出来，必须让孩子有大量感知感受的机会和条件。"怎么让孩子来感受呢？有没有好的办法呢？……"此时，研讨氛围变得越来越浓厚，老师们的思维已经被唤醒，参加的积极性高涨起来。为了让大家共同出主意想办法，让每个老师都参与其中，我开始将老师们分成几组进行研讨，于是，引导孩子去感知感受的办法又被大家一一列举出来。这一环节结束后，我又问："在孩子的绘画结束时，我常常听到老师这样的话，'小朋友画得满满的真好，你的颜色用得很漂亮，如果你把这朵花画在这个地方就好了……'这些话是什么意思？"老师们说是评价，我又提出："赞同这样的评价的请举左手，觉得有问题的请举右手。分成两组，说说自己的理由。"这次教研活动后，每个老师都很激动，她们都感到这样的教研活动很有收获，并表示喜欢这样的教研，同时也期盼下一次教研活动仍然是这样来进行。而我自己也很高兴，仿佛思维一下开了窍。

> 方法之一：教研活动进程需要依靠问题来推进，教研主持人需要清楚应对问题的解决办法，做到心中有数。

（资料来源：庞青，今日幼教，2016（9）：45。）

五、园本教研的管理要点

（一）管理者是园本教研的重要责任人

园本教研虽是"自下而上"的教研，但管理者一直起着核心、引领者与支持、合作、参与的双重作用。管理者通过活动与教师对话，了解与掌握教师专业成长的速度、方向和水平，从而给予每位教师有针对性的帮助和支持。管理者还可通过业务讲座，将先进理念结合实际工作对全体教师进行理论引领。

（二）园本教研管理的核心是创建教研文化

教研文化来自幼儿园文化。幼儿园文化作为一所园所内部成员所共同具有的思想作风、价值观念、行为态度，不但对每位教师的教育行为产生重要的影响，更对园本教研产生重要的影响。平等、尊重的教研文化要在民主开放的园所文化中得以内化；研究、学习的教研氛围需要在合作、互助、探索、钻研、求实的园所文化氛围中得到引导，求实、创新的教研文化需要在倡导并鼓励教育科研的园所文化中得以支持。

（三）园本教研管理的重点是建立并实施稳固的园本教研制度

园本教研是教师工作的常态，而不是轰轰烈烈的教育"运动"，更不是幼儿园中光鲜的"门面"和"饰物"，需要管理者以务实的心态做好园本教研工作，要从制度层面上保证园本教研的实施与落实。让全体教师明确园本教研制度的严肃性，从思想上高度重视教研工作；通过时间、地点、人员、主题的四落实使园本教研活动扎实开展；通过园本教研的考核机制使园本教研活动的骨干崭露头角，运用榜样示范带领教师做好园本教研活动。

综上所述，园本教研管理是保障幼儿园教育工作管理走向科学化、专业化的重要途径，也是幼儿园教育质量不断提升的重要保证，更是幼儿园教师专业成长的载体，应充分重视并创新园本教研管理，切实发挥其推进幼儿园可持续发展的重要作用。

 本章小结

幼儿园教育工作管理是以培养人、教育人、发展人为工作出发点，通过组织协调各种人力、财力、物力、时间、信息、空间等资源，高效率实现幼儿园育人目标的管理活动过程。高效的幼儿园教育工作管理能够切实提高幼儿园教育教学质量。幼儿园教育工作管理的内容包括一日活动安排、园本课程管理、教研管理等。

在幼儿园实际工作过程中，保育和教育工作是相互配合、互相联系、相互渗透的。保教工作管理就是为了实现保育与教育目标，遵循学前教育的规律和特点，对保育和教育的过程进行全面管理。保教工作是幼儿园的中心工作，保教工作管理是幼儿园中最重要、最核心的管理内容。保教工作管理的原则有保教结合、科学规范、全面细致。

幼儿园在园的一日活动内容包括学习活动、运动活动、游戏活动、生活活动以及自由活动等。每个活动各有自己的保教目的和保教内容，但彼此之间是相互联系、紧密配合的。合理、科学、愉快及健康的一日活动设计，不仅能激发幼儿学习的积极性，还能促进幼儿身心健康发展。

幼儿园管理者还肩负着课程管理的重任。课程管理，是指以课程为对象所施加的决策、规划、开发、组织、协调、实施等管理活动和管理行为的总称。

幼儿园课程管理可以分为行政机构的幼儿园课程管理和幼儿园自身的课程管理两大部分。幼儿园园本课程开发不仅需要课程与教学专业理论指导，更需要幼儿园园长具有课程管理意识，重视园本课程开发工作，形成强有力的课程管理组织保障团队，建立课程管理制度，从而落实园本课程开发。

幼儿园园本教研管理强调以园所自身的力量为基础，以园所自己搭建的教研平台为依托，以全体保教人员为教研主体，借助一定的外部力量，解决本园教师工作中面临的真实问题。园本教研的过程应以问题情境启动园本教研，以专业引领驱动园本教研，巧用方法，调动教师参与园本教研的积极性。管理者是园本教研的重要责任人；园本教研管理的核心是创建教研文化；园本教研管理的重点是建立并实施稳固的园本教研制度。

1. 如何理解幼儿园保教工作？
2. 如何组织幼儿的学习活动？
3. 幼儿园课程管理需要注意哪些问题？
4. 如何安排幼儿园一日活动？
5. 幼儿园教科研管理的要点有哪些？

实训任务：

请在幼儿园实习或见习时，尝试组织一次生活活动、运动活动、游戏活动、学习活动或自由活动。

1. 视频资源：《成长的秘密》《看上去很美》《幼儿园》。
2. 文献资源：

(1)覃兵. 园本课程开发的制约因素及对策探析[J]. 学前教育研究，2001 (7).

(2)诸君. 幼儿园课程设计与管理[J]. 教育科学论坛(专题版)，2015(1).

(3)董嘉城. 幼儿园园本教研管理的现状与对策[D]. 内蒙古师范大学硕士论文，2018.

参 考 文 献

1. 杜燕红. 学前教育管理学[M]. 郑州：郑州大学出版社，2012.
2. 张慧敏. 幼儿园组织与管理[M]. 北京：人民邮电出版社，2014.
3. 丛中笑. 幼儿园管理操作实务参考[M]. 北京：华夏出版社，2006.
4. 帕特丽夏·F. 荷尔瑞恩、弗娜·希尔德布兰德. 幼儿园管理[M]. 上海：华东师范大学出版社，2011.
5. 张祥华. 幼儿园管理案例与评析[M]. 北京：高等教育出版社，2015.
6. 丛中笑. 幼儿园管理操作实务参考[M]. 北京：华夏出版社，2006.

第七章　幼儿园人力资源管理

本章提要

众所周知，管理的核心是对人的管理，人力资源是各项资源中最活跃、最宝贵的资源！不断提高人力资源开发与管理的水平，不仅是当前大力发展学前教育的需要，也是幼儿园可持续发展的重要保证，更是每一位教师充分开发自身潜能、实现自我价值的重要方式。幼儿园人力资源管理可以优化教师队伍，发展教师主观能动性，有利于教师个体发展。幼儿园人力资源管理应遵循政策性、开放性、激励性、结构性原则等。为实现幼儿园人尽其才、才尽其用、人事相宜，最大限度地发挥人力资源，应做好幼儿园人力资源分析与规划、幼儿园人才选聘，创设和谐的用人环节，强化人才培育，创新人才激励机制等。

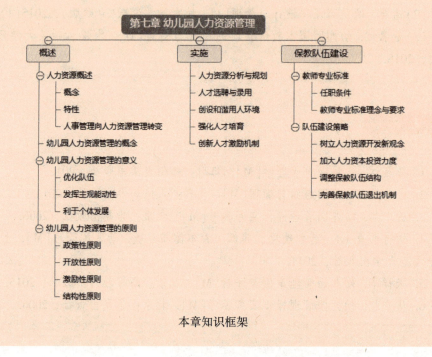

本章知识框架

幼儿园保教队伍建设应以《幼儿园教师专业标准(试行)》为依据，树立幼儿园人力资源开发新观念，加大教师人力资本投资力度，调整保教队伍结构，完善保教队伍退出机制。

【知识目标】

1. 了解人力资源的特性。

2. 掌握幼儿园人力资源管理的概念。

3. 了解幼儿园人力资源管理的意义。

4. 理解幼儿园人力资源管理的内容。

5. 掌握幼儿园保教队伍建设的策略。

【能力目标】

1. 理论联系实际，学会运用幼儿园人力资源管理的策略开展工作。

2. 针对幼儿园实际情况与问题，参与幼儿人力资源管理工作。

【教学重难点】

1. 理解幼儿园人力资源管理的内容。

2. 能够分析幼儿园人力资源管理中出现的问题及解决方法。

3. 理论联系实际，学会运用幼儿园人力资源管理的策略开展工作。

【教学课时】

3 学时

故事导入

　　新学期开始了，又到了幼儿园一年一度分班的时候，每年园领导总要为分班的事开好几次会，仔细研究调整，但分班后还是有许多老师不满意，不是因为双方合作不好，就是因为有个别老师工作不尽力、不负责任、不服从班长管理。

　　今年，园长采取了一个新的分班办法：由园领导考虑权衡后，选出各班的班长，再由班长自己挑选本班的老师。这样一来，有几位老师坐不住了，她们有的是原来工作不认真，有的是与同事不好相处，导致班长们都不愿选她们。最后，出现了她们没班可以去、班里也缺人手的情况。

　　于是，园长开始分别找这几位老师谈话，让她们总结一下自己原来的工作，帮她们分析自己落选的原因，使几位老师明白了自身存在的问题。慢慢地，这几位老师的思想工作做通了，她们向园长保证：如果班长选用她们，她们一定认真工作，与其他老师好好配合。之后，园长再次召开班长会，做班长们的工作，希望班长们从全园的保教工作出发，给这几位老师一次机会，先试用半学期，如果再干不好，下学期就请她们离班下岗。

这次分班改革后，各班的工作情况都有了改观，不仅增强了班里老师之间的集体凝聚力，调动了老师们的积极性，而且使原来工作态度不好的几位老师也逐渐改掉了自己的缺点。

　　思考题：园长在分班这个事情上，采用了什么制度方法？体现了人力资源管理的什么思想？幼儿园人力资源管理需要注意哪些问题？

　　案例分析：该案例讲述的是当前幼儿园普遍采用的一种教师人事管理方式——竞争上岗，分层聘用。从配班制度本身来看，这是对以往园领导独断配班，自上而下安排岗位这一做法的革新。现代管理强调"以人为本"，给予教师充分的自主选择权，案例中的人事改革在采用分层聘用的基础上，再引入了竞争机制，这既给广大教师以紧迫感，又能有效地调动教师的积极性，最终促进工作质量的提升。竞争上岗，无论对已经上岗的教师，还是对目前暂处于无岗状态的教师来说，都是有效促进其全心投入工作的重要手段。而且，这种逐层聘用上岗的方式，使各位老师之间能够更好地团结配合，这对于幼儿园各项工作的开展也是十分有利的。

第一节　幼儿园人力资源管理概述

　　现代教育管理思想强调在诸多教育管理的要素中，人是管理的核心。这是因为在教育管理过程中，每一个环节都要有人来操作，都要靠人去贯彻和推动，离开对人的管理，教育管理工作就无从谈起。科学的人力资源管理不再把人简单地看成保教工作的"工具"，而是将人视为幼儿园管理工作中不可缺少的宝贵资源。幼儿园人力资源管理就是要通过一系列的管理手段，将每个人的作用发挥好，做到人尽其才。

一、人力资源概述

　　人力资源是一切资源中最活跃、最重要的资源，管理的核心是对人的管理。毛泽东曾指出："世间一切事物中，人是第一个可宝贵的。"现代管理大师彼得·德鲁克也说过："企业只有一项真正的资源：人。"

（一）人力资源的概念

　　资源，英文是"resources"，《辞海》把它解释为"资产的来源"，即"资财之源"，是创造人类社会财富的源泉。资源本身并不是一个教育学术语，是一个经济学概念，把可以投入到生产生活中创造财富的一切要素统称为"资源"，如自然资源、信息资源、人力资源等。人力资源是指人类进行生产或提供服务，推动整个经济和社会发展的劳动者的各种能力的总和。

人力资源这个概念最早由管理学家彼得·德鲁克在《管理的实践》一书中提出并加以明确界定。他认为人力资源拥有当前其他资源所没有的素质，即"协调能力、融合能力、判断力和想象力"；它是一种非常特殊的资源，它不同于物力、财力资源。它必须通过有效的激励机制才能开发利用，并给企业带来可见的经济价值。英国经济学家哈比森曾说"人力资源为国民财富的最终基础。资本和自然资源是被动的生产要素，人是积累资本，开发自然资源，建立社会、经济和政治并推动国家向前发展的主动力量。显而易见，一个国家如果不能发展人们的知识和技能，就不能发展任何新的东西"。因此，哈比森也非常强调人力资源的培植、培养和管理。

人力资源的概念也有广义和狭义的理解。从广义的角度界定，人力资源指能够推动特定社会系统发展进步并达成其目标的该系统的人们的能力的总和。从狭义的角度界定，人力资源指特定社会组织所拥有的能推动其持续发展、达成其组织目标的成员能力的总和。本章所说的人力资源概念即是从狭义角度来界定的概念。

(二) 人力资源的特性

人力资源既是保教质量提高的载体，也是重要的资源要素，那么它具有哪些特性呢？

1. 能动性

人力资源在社会实践活动中居于主导地位，属于能动性资源，这与自然资源在开发过程中的被动地位截然相反。人总是处于发起、操纵、控制其他资源的位置上，有目的、有计划地与客体进行互动，调节主客体的关系，对外部资源进行选择运用或主动适应。人力资源的能动性对于知识技术的创新起到关键作用，从而制约了管理绩效的达成。

2. 社会性

人具有社会属性，人力资源的作用发挥受到历史、文化、教育、组织团队等方面的影响，需要人与人、人与社会的关系协调。这就决定了人力资源在使用和管理的过程中要考虑时间弹性、工作环境、团队配合、风险保障等非经济因素。

3. 时效性

人力资源的形成、开发、使用受时间因素的制约。人力资源使用的自然时间被限定于整个生命周期的其中一个阶段。不同年龄、不同阶段、劳动能力各不相同。人力资源管理要讲究及时性，意味着要及时给予其施展才能的舞台，以免造成浪费。

4. 再生性

自然资源和物质资源在使用的进程中不断减少。但人力资源是一种"活"资源，可以再生。这种再生包括人口的再生产和劳动力的再生产。社会一方面通过幼儿教师师资总供应量的扩大，来满足学前教育大发展对幼儿教师数量的需求；另一方面，对现有师资进行转岗培训，进行在职轮训，提升教师专业性，也是再生产劳动力并提高保教质量和管理绩效的一种重要途径。

5. 连续性

人力资源与自然资源的形成、开发过程不同。自然资源一旦开发使用，往往形成最终产品，而人力资源的开发与管理不是一蹴而就的。人力资源需要持续开发、多次使用。教师也需要不断学习、不断积累经验，更新知识，提高专业水平，增强专业能力。

（三）从人事管理到人力资源管理

1. 传统的人事管理

传统的人事管理基本属于行政事务性的工作，主要由人事部门执行，很少涉及高层战略决策。其内容主要是人员招聘、选拔、委派、工资发放、档案保管等，其工作具有范围有限、短期导向、技术含量低等特征。

2. 人事管理向人本型管理的转变

人力资源管理被提高到组织战略高度来考虑，通过制定远期人力资源规划即人力资源战略，以配合和保障组织总体战略目标的实现。重视各级管理者的培训，将有关人的管理知识和技能列为首选科目。

3. 现代人力资源管理

现代人力资源管理出现新的动向，即呈现从人本型人力资源管理向战略型人力资源管理演进的新趋势。也即人力资源管理直接参与组织战略决策，起着核心作用。其特征有：

（1）在观念上从将员工视作成本负担、管理和控制的工具，转变为视员工为有价值的重要资源和财富，尊重并满足其合理需要，充分发挥其主动性和创造性。

（2）建立科学、合理的目标责任管理制度，通过公正、公平、透明的员工绩效考核和奖惩任用制度留住人才。

（3）创建学习型组织，规划员工实现自我的职业生涯，激励员工不断学习获取以新知识、新技能，随组织发展而不断成长进步。

（4）采用更为灵活的管理方式，如弹性工作制、团队工作模式、自主管理制、民主参与制等。

（5）营造组织与员工共同成长的组织氛围，培育和发挥团队精神，充分开发和利用员工的智力资本，鼓励开拓创新。

（四）幼儿园人力资源管理

如同界定人力资源概念一样，也可以从宏观管理和微观管理两方面界定人力资源管理概念。人力资源宏观管理是对社会整体的人力资源的计划、组织、控制，从而调整和改善人力资源状况，使之适应社会再生产的要求，保证其运行和发展。[①] 人力资源微观管理是通过对组织的人和事的管理，处理人与人之间的关系，人与事的配合，以充分发

---

①　陈维政，等. 人力资源管理[M]. 北京：高等教育出版社，2004：5.

挥人的潜能，并对人的各种活动予以计划、组织、指挥和控制，以实现组织的目标。①

幼儿园人力资源管理指根据人力资源现状而做出人力需求计划，招聘选择人员并进行有效管理，考核绩效并进行合理的培训，支付报酬并进行有效激励，结合幼儿园与个人需要进行有效开发以便实现最优绩效的一系列组织和决策活动。幼儿园的人力资源管理包括求才、用才、育才、激才、留才五大方面。

二、幼儿园人力资源管理的意义

幼儿园办园想要成功有两样事情要做对：一是走对路，二是找对人。走对路涉及幼儿园办园定位，这涉及幼儿园发展战略方面。另外一个是我们需要找到合适的老师，去做合适的事情，并且要培训他们，使他们越来越符合这个岗位要求，越来越适合这个岗位，越来越能产生更多的积极性来服务于幼儿园保教工作质量的提升。

(一)科学合理的人力资源管理能够优化教职工队伍

幼儿园只有求得有用人才、合理使用人才、科学管理人才、有效开发人才，才能促进保教质量的全面提升和教职工个人价值的实现。对于幼儿园而言，对人才的选、用、培、保、留就是人力资源管理的主要内容。针对教职工个人而言，通过科学、合理的人力资源管理能够促进自身潜能开发，提高工作技能，以更好地适应社会，尽快地融入组织文化，从而创造自身价值。因此，科学规范的人力资源管理能够较好地优化教职工队伍，提高全员素质。

(二)科学合理的人力资源管理能够较好地发挥人的主观能动性

人力资源管理不再把人简单地看成"工具"，而是有思想、有个性、有兴趣、有能力的劳动者，每个人都是独特的人力资源财富。通过采取一定的措施，如制定切合实际的培训措施、制定合理的薪酬制度、采用合理的考核措施等，人力资源管理能进一步激发教职工的积极性，从而较好地发挥每个人的创造性，使每位员工能积极阳光，实现主动成长。

(三)科学合理的人力资源管理能促进教职工个体的最优化发展

对一个普通的教职工而言，任何人都想掌握自己的命运，但自己适合做什么、幼儿园的目标、价值观念是什么、岗位职责是什么、自己如何有效地融入其中、结合幼儿园目标如何开发自己的潜能、发挥自己的能力、如何规划自己的职业人生等，这是每个员工十分关心而又深感困惑的问题。而科学合理的人力资源管理会通过有针对性的培训及职业发展规划等为每位员工提供有效的帮助，使每位员工进一步了解自己，认识自己，

①　陈维政，等. 人力资源管理[M]. 北京：高等教育出版社，2004：6.

从而做最优秀的自己，实现个体的最优化发展。

三、幼儿园人力资源管理的原则

人力资源管理要做到人尽其才、才尽其用、人事相宜，最大限度地发挥人力资源的作用。为此，在人力资源管理中应遵循以下原则：

(一) 政策性原则

坚持保教工作的正确方向，必须遵循国家的政策和法规。在管理过程中一定要依照教育法律、法规的要求办事。对于保教队伍中出现的不符合教师要求的行为，如师德败坏、违背教育法的行为，决不能姑息。而在人才的选拔上，则必须坚持不拘一格，挑选德才兼备的人才加入保教工作的行列当中来。这是人力资源管理上的"硬"方法。只有坚持原则，才能够树立正确的用人观念和营造正确的舆论氛围。

(二) 开放性原则

当今的人力资源管理是在开放竞争的环境中进行的，不同类型的教师才会给幼儿园带来活力。有主见甚至是个性张扬的老师因具备胆识和才华，可能比较难以驾驭，但是从人力资源管理的角度来看，用人之道在于会看人之长，善用人之长。因此，要为有才华的老师搭建平台，使他们扬长避短，让他们能够在教育事业上建立成就感，从而激发教师成长的源动力。所以不能只满足于使用容易管理的人才，而应坚持开放性原则，敞开大门，招贤纳士，广罗人才，用好人才。

(三) 激励性原则

激励性原则是指建立健全合理的激励机制，巧妙地将物质奖励与精神奖励相结合，如树立先进人物典型和表彰激励先进事迹，建立奖励基金以及晋升职称、提职等，激励士气，鼓舞人心。在用人机制上，激励的作用是非常重要的，而激励机制贵在科学、透明、公正、合理，确实起到激励人心的作用。

(四) 结构性原则

人力资源管理要从幼儿园的整体发展来考虑。合理选择和安排各类各级保教人员，才能保证各项工作能够按时按质完成。一定要以发展的眼光配备人才，在师资的数量和质量上要保证后继有人，建立人力资源发展规划，充分考虑师资队伍数量、年龄结构、能力结构、专业结构、性格结构、知识结构、性别结构等因素。结构合理化能够推动园所健康发展。

第二节 幼儿园人力资源管理的实施

幼儿园人力资源是幼儿园持续发展的动力源泉。幼儿园人力资源管理主要包含规划、选才、用才、育才、激才、留才等方面。

一、人力资源规划

人力资源的分析预测、合理规划是幼儿园人力资源管理的一个重要因素。人力资源规划是指幼儿园确保在适当的时候，为适当的职位配备适当数量和类型的工作人员，并使他们能够有效完成机构分配给他们的任务的人力资源管理过程。包括对人力资源的需要和供给状况进行分析及估计、职务编制、人员配置、教育培训、工资规划等内容。

为合理规划人力需求，保证幼儿园长期稳定发展，应围绕幼儿园发展目标，分析教师队伍现状，明确岗位需求，进行幼儿园人力资源数量和质量方面的流动、保持、提高的相关预测，制定幼儿园年度人力资源计划。内容包括：确定教师进出、引进、测评、选拔、职业发展、培训开发、薪酬系统、教职工问题处理等。

从教师力量的分布看我园教师岗位的规划

近年来，我园的办园规模逐年扩大，伴随园所规模的扩大，我园优秀师资的缺口比较大，主要原因是聘任青年教师逐年增多，新教师的成熟速度与幼儿园规模逐年扩大的速度不成比例。以班主任培养为例，过去教师一般要跟班至少7~8年以上，并经严格挑选方能担任班主任职务，而今，教师经1~2年的跟班即任班主任，势必造成青年教师跟班培养学习周期缩短，师资质量难以保证。具体分析，我园师资力量的配备有以下特点：

第一，优秀师资的分布不尽合理。托班力量较弱，青年教师比例过大，大、中、小班优秀师资分布也不平衡。

第二，从教师分布看，重视班级内部的人员配备，对各年龄段的师资分配尚缺统筹考虑，有的组新手教师占据大多数，缺乏老教师引领。

第三，班级人员调整在一定程度上存在应急倾向而缺少规范。

第四，在教师的岗位分配问题上，对家长因素的考虑多于对教师个性特色因素的考虑，使部分教师对本阶段的工作不甚适应，不能尽情发挥。

总而言之，从目前我园师资力量的情况看，应加强教师岗位的规划意识。何为教师岗位的规划呢？即对目前我园的教师岗位作出细致的划分与设计，突破师资培养瓶颈。为此，保教处尝试将教师岗位做以下规划：

(一)教师的划分

1. 幼儿园名师：以幼儿园名师工程为基础，筛选而产生。(综合类教师)

2. 幼儿园优秀教师：以幼儿园名师工程为基础而产生。(综合类教师)

3. 幼儿园资深大班(中、小、托)教师：从考察教师的个性特点、教学风格、教育业绩确定，此类教师可长期(3~5年)带某一年龄班，积累与总结丰富的带班经验，对此年龄段幼儿的身心特点、课程设置达到熟知、擅用水平，教研组长应从资深教师中产生。

4. 幼儿园各学科拔尖教师：此类教师应有突出的专业特长，在各自教学领域有较好建树。

(二)教师岗位的规划

1. 将以上四类教师均匀分配到各年龄班作为骨干对象，然后再配备青年教师。

2. 各年龄班幼儿升班时，教师实行小循环制。

如：

教师A留托班继续带托班，朝资深托班教师方向培养

某托班：教师A ⎫ 升小班 ⎧教师B与孩子一同升班⎫ 三人带小班
(第一年)教师B ⎬ (第二年) 教师C与孩子一同升班⎬ 此时该班有两位
教师C ⎭ ⎩新配教师D ⎭ 原班教师

教师C留小班朝资深小班教师方向培养

⎧教师B与孩子一同升中班⎫ 教师B、D、E带中班，升中班
(第三年) 教师D与孩子一同升中班⎬ 此时该班有一位教师为孩子熟知
⎩配教师E ⎭

⎧教师B与孩子一同升大班⎫ 教师B、E、F带大班，
升大班 教师D留中班朝资深中班教师方向培养⎬ 孩子既有非常熟悉的
(第四年) 教师E与小班一同升大班 老师，也有相对熟悉
⎩新配教师F ⎭ 的教师

资深教师以托—小班、中—大班为循环单位，以培养我园小年龄段名优教师、大年龄段名优教师，充分发挥教师的个性优势和教学风格。

3. 鼓励教师朝综合型名优教师方向发展，结合教师的职业规划设计，将教师的自我发展愿望与幼儿园的教师岗位规划相结合，促进教师富有个性地发展。

(资料来源：河南省实验幼儿园徐菁。)

二、人才的选聘与录用

人才选聘与录用是在人力资源规划的基础上，选择和配备适合的人员承担幼儿园中的各项职务，以保证幼儿园工作的正常运转，进而实现管理目标的管理过程。人员的选聘能够满足幼儿园发展对人员的需求，保证组织的稳定性；而且能够确保保教人员素质和专业性，通过人员选聘树立幼儿园形象。

（一）人才选聘的原则

1. 公开原则

指把招考机构、职务种类、人员数量、报考的资格、条件，考试的方法、科目和时间，均面向社会公告，公开组织招聘。一方面给予社会上的人才以公平竞争的机会，达到广招人才的目的，另一方面使招聘工作置于社会的公开监督之下，信息透明。

2. 竞争原则

指通过考试竞争和考核鉴别确定人员的优劣和人选的取舍。为了达到竞争的目的，一要动员、吸引较多的人报考，二要严格考核程序和手段，科学地录取人选，防止"拉关系""走后门""裙带风"等现象的发生，通过公开、公平的竞争，选择优秀人才。

3. 平等原则

指对所有报考者一视同仁，不得人为地制造各种不平等的限制或条件（如性别歧视）和各种不平等的优先优惠政策，努力为有志于学前教育事业的人才提供平等竞争的机会，平等选拔、录用各方面的优秀人才。

4. 全面原则

指对报考人员从品德、知识、能力、智力、心理、过去工作的经验和业绩进行全面考试、考核和考察。因为一个人能否胜任某项工作或者发展前途如何，是由其多方面因素决定的，特别是非智力因素对其将来的作为起着决定性作用。

5. 择优原则

择优是招聘的根本目的和要求。只有坚持这个原则，才能广揽人才，选贤任能，为单位引进或为各个岗位选择最合适的人员。为此，应采取科学的考试考核方法，精心比较，谨慎筛选。特别是要依法办事，择优录取。

（二）人才选聘的途径

幼儿园人才选聘有两种途径：内部选聘和外部选聘。内部选聘是从幼儿园内挑选合适的教职工进行聘用，具体包括内容提升、内部调动、内容招标等。

内部选聘成本较低，人员熟悉，选聘人员能够较快熟悉岗位，进入角色。内部提升为教职员工提供了上升空间和发展机会，有利于调动教职员工的积极性。外部选聘是从幼儿园园外的人才招聘渠道进行人员公开选聘的方法。它扩大了选聘范围，为幼儿园发展注入新鲜力量，有利于获得幼儿园人才规划的合适人员。

(三) 人才招聘的流程

(1) 拟订招聘标准。

(2) 拟订招聘方案，开展必要的公关活动。

(3) 接待来访及应试人员，介绍机构情况，保持与备选人的联系。

(4) 组织面试及专门的考试、测验。

(5) 对应聘人员的历史及背景进行必要的调查。

(6) 记录及保存记录。

(四) 人才录用的流程

(1) 对照招聘方案，决策出需录用人员的数量及质量。

(2) 参考测试结果决定初步录用人员。

(3) 查阅个人档案资料，进行深入筛选。

(4) 确定最终录用人选。

三、创设和谐的用人环境

(一) 用人所长

园所管理者应全面了解每一位教职员工的思想状况、文化业务水平、工作态度、爱好特长、健康情况和家庭状况等。在此基础上妥善安排每位教职员工的工作，做到用人所长，确保每位教职员工的业务能力和特点专长得到适当发挥。

(二) 结构合理

园所管理者应根据教职员工的特点进行配置，使组织结构更科学合理，力量更平衡，更有利于发挥其互补作用，减少矛盾和冲突，使工作顺利高效开展。如新老教师配班，使活力与经验得到更好的结合；学科门类搭配，使孩子们获得更全面、更广泛的知识和能力；性格调和配置，使班组成员人际更和谐。

1. 年龄结构。年龄结构应是老、中、青三结合，使每个年龄段都有骨干力量和不同的优势，以便相互取长补短，并把幼儿园的先进经验和优良传统不间断地传递下去，发扬光大，防止出现"断层"现象。

2. 学历结构。学历结构要求园长、教师应是高等、中等幼儿师范学校毕业，经济发达、开放地区的实验幼儿园或示范性幼儿园园长、部分骨干教师应达到大专程度。医务人员应是卫生学校毕业的医士，200人以上的寄宿制幼儿园还应有医学院毕业的医师。其他保健员、保育员、会计等应经过系统的专业训练，并取得相关行政部门的资格认可。

3. 素质结构。素质结构除文化素质外，还应在思想意识、政治观点、道德修养、业务水平、个性品格、心理状态及社会行为等方面的素质达到一定要求。

4. 智能结构。智能结构是一个由知识、技能、能力所组成的多要素、多序列、多层次的动态综合体。它包括具有从事幼儿教育必备的科学文化知识和幼教专业理论知识，较熟练的专业基本技能，较强的表达能力、操作能力、组织能力、综合实践能力，还应有一定的对知识信息的摄取、协调、驾驭能力，对社会、环境的适应能力。

5. 能级结构。能级结构指人才的类型与层次构成。人才因为具有多样性、层次性等属性，在发挥作用的能量上有差别，所以存在能级差异。例如，人才有"一般人才"和"创新型人才""特殊人才"之分；在专业职称上又有"高级""中级""初级"之别。具有不同类型、不同层次的人才群体，可以产生协调、互补的功能。欲创一流的幼儿园，尤其需要创新型的人才。

6. 性别结构。性别结构即男女教职工的合理搭配。女性具有性格温柔、心理细腻、感情丰富、思考周全、对人亲切、待人体贴、工作细心、处事耐心，以及能歌善舞、形象思维活跃等优点，适合担任幼儿教师。但我国从幼儿园到小学的师资过于女性化的问题十分突出，令人担忧。幼儿的成长需要接受男教师与女性教师双方面共同的影响，大力克服基础教育中的女性化倾向是目前值得重视的问题。解决这个由历史形成的社会现象尚需一个过程，但应采取鼓励措施吸引男性担任幼儿教师，至少应加大医务、财会、保管、司机、传达等工作人员中的男性比例，规模较大的幼儿园配备一位男性园长，更有利于开展管理工作。

（摘自张慧敏主编《幼儿园组织与管理》，人民邮电出版社，2014年版，第63页。）

（三）授权机会

根据幼儿园的实际工作内容，给予教职员工力所能及范围内容的工作授权，承担多样化的工作。为教职员工提供创造性工作的机会，使其在创新工作的过程中发挥自己的才能。组织一些挑战性任务，营造积极进取的工作氛围，调动教职工的工作热情，从而不断提升幼儿园管理绩效。

四、强化人才培育

教师是人力资源的核心力量，幼儿教师的培养和教育是幼儿园保教质量得以不断提高的重要保证。园所管理者要认真做好新教师的入职前培训、上岗前培训，使新教师尽快融入本机构的文化之中。此外，还要针对不同发展阶段的教师做好相应的业务强化和培训，使整个队伍充满活力。培训的方式包括传帮带、师徒结对、观摩学习、专题教研、互助与竞争、外派进修等。以上业务培训方式不宜机械模仿，应根据幼儿园保教工作实际，因地制宜地开展，强化教职员工业务能力。

(一)各发展阶段的教师培训

新教师培训主要通过骨干教师小组的传帮带活动，帮助新入职教师尽快熟悉本园教育教学常规工作，提升新教师工作责任感；成熟教师培训可以通过师徒双向结对、观摩教研等形式，使教师在师德修养、教育理论、课堂教学、教育科研、班级管理方面有明显提升；骨干教师培训可以通过外派交流、竞赛活动等形式，促进其独特鲜明教学风格的形成，提升其教科研能力。

表 7-1　某幼儿园新教师继续教育安排表

时间安排		学习目标	内容与方法	资料准备	实施人
第一周	周二下午	了解熟悉幼儿园的历史、制度及园风园貌；熟悉幼儿园的教养特色和工作方式与步骤	学习幼儿园的历史、传统与相关管理制度；业务园长介绍保教工作的一日常规及方法要求	园史、幼儿园的各种规章制度；一日常规工作程序和工作要求	业务园长和保教主任
	周四下午	熟悉保教人员的职责要求	保教主任与新教师一起学习保教人员的职责规定，了解相关岗位的工作任务与职责	各类岗位责任制	保教主任
	周六下午	了解幼儿园的岗位设置、组织机构与运行方式	以阅读材料、座谈讨论等方式了解幼儿园的岗位设置，部门人员配置以及相互关系及其职责范围	幼儿园组织机构系统表；其他有关文字材料、文件等	园长或行政秘书

续表

时间安排		学习目标	内容与方法	资料准备	实施人
第二周	周二下午	入班、熟悉幼儿及班级环境	学习工作常规与规程，熟悉环境	日常保教工作	教师和保育员
	周四下午	见习保教人员的工作方式，学习置顶保教工作计划	通过听课和随班观摩进行业务了解，对更了解的现象进行探讨反思，确保保教工作计划和方法科学合理	游戏活动；班级保教计划	教师和保育员
	周六下午	了解本园的幼教理念，具备在该理念指导下进行园本课程设计能力	听报告、观摩游戏活动课，了解幼儿园的幼教理念及其实施措施，并根据该理念进行日常游戏活动设计	游戏活动；有关园本幼教理念的报告	业务园长和保教主任

（资料来源：摘自蔡华，周先莉编著，《幼儿园管理》，东北师范大学出版社，2009年版，第90页。）

（二）制定教师个人专业发展规划

人才培育方面，教师内在成长动机的激发是关键所在，因此应关注并支持教师个人专业发展规划。教师专业发展规划可以提升教师自主发展的目的性和计划性，调动教师个人成长的内驱力，充分挖掘教师的成长潜力。

幼儿园要做好相关教育与培训，通过主题教研方式，激发教师个人成长的热情，提升教师的问题意识、反思能力与职业精神，并为教师专业化及专业发展提供条件，做到事业育人、情感留人，促进教师实现个性化的专业发展，从而提高园所保教队伍的专业水平。

五、创新人才激励机制

（一）建立科学的教师评价机制

2012年8月，国务院《关于加强教师队伍建设的意见》提出"要健全教师考核评价制度"。可见教师评价机制是教师队伍质量保障不可或缺的一部分。教师评价机制作为一种重要的激励方式在现代人力资源管理中发挥着重要作用。为了更好地发挥教师评价的激励作用，在制定考核评价制度时要考虑本园教师的实际工作能力和水平，充分发扬民主，防止出现考核标准过高或过低的情况。在具体执行考核评价时应公正公平，避免双重标准。只有公平合理的考核评价才能获得教师的认可，真正起到激励作用。如果管理者暗箱操作，教师的积极性将受到严重损伤，该机制的激励价值不复存在。此外，对考核最终结果应作进一步沟通和引导，鼓励做出成绩的教师再接再厉，适当引导考评效果不理想的教师。在正强化和负强化的过程中要适时适度，防止被鼓励者产生骄傲情绪，被教育者产生怨恨情绪，并对教师提出的问题进行深入研究和改进。

（二）建立公平合理的物质激励制度

建立公平合理的物质激励制度，不仅能够吸引人才的加入，也能留住优秀的幼儿教师，减少教师流动性对幼儿园办学水平的影响，最终提升整个幼儿园的形象和实力。从外部公平来看，教师通常有意无意地与同行业其他从业者进行比较，如果其所在幼儿园工资福利水平与同类型幼儿园相差较大，且付出努力相差不多的话，就会使教师产生一定心理失衡，引发职业倦怠和消极工作情绪，甚至导致教师流动。就内部公平而言，工资福利的高低应根据工作性质和难易程度而定：岗位所需专业知识和技术越高，工资越高；工作条件和环境越差，工资越高；岗位对幼儿园总目标贡献越大，工资越高。当然也可考虑教龄、教学质量、家长评价等维度，根据教学成果建立绩效工资制度，使工作积极的教师得到更高报酬和物质激励。

（三）建立高效的精神激励制度

马斯洛需要层次理论让我们认识到人类的全面需求。人是有情感的动物，不仅需要吃饱穿暖，还有精神方面的需求。为了全面地发挥人力资源能动性，还要从精神方面激励教师。

第一，真诚关怀。教师对幼儿的情感养成有着非常重要的影响，如果教师每天的工作是情感付出，那么情感劳动没有收到外界情感关怀，也会影响到教师的工作情绪。幼儿园管理者要对全员教职工付出关怀和情感慰藉，及时解决教师生活中出现的困难，让教师们感受到园所对其关心与爱护。

第二，目标激励。根据期望理论，园所将组织价值观、愿景与教师个人发展目标相结合，采取目标激励的方法使教师在一定时间内明确要达到的目标，从而不断激励教师的工作积极性。通过目标激励，使幼儿园人人都有小目标，共同努力完成大目标，实现了个人和集体目标的紧密相连。

第三，民主管理。通过教代会等民主管理制度，使全体教职工都能参与管理幼儿园事务，保障教职工的民主权利。特别是关于教职员工切身利益的奖惩方法、福利措施等一定透明公开，使普通教师更有归属感。

第三节　幼儿园保教队伍建设

"善之本在教，教之本在师"，幼儿园保教队伍建设是幼儿园保教质量提升的关键。

建设一支师德高尚、热爱儿童、业务精良、结构合理的幼儿园教师队伍是幼儿园人力资源管理的重要课题，也是幼儿园发展的重要基础。

一、保教队伍专业标准

（一）保教人员任职条件

《幼儿园工作规程》明确指出"幼儿园按照编制标准设园长、副园长、教师、保育员、医务人员、事务人员、炊事员和其他工作人员"，"幼儿园工作人员应拥护党的基本路线，热爱幼儿教育事业，爱护幼儿，努力学习专业知识和技能，提高文化和专业水平，品德良好、为人师表，忠于职责、身体健康"。

为保障幼儿园保教队伍的高水平、专业性，要依据相关法律法规严格选聘保教人员，不能擅自降低录用标准。根据《幼儿园工作规程》，幼儿园教师应持教师资格证上岗，保育员应受过幼儿保育职业培训，幼儿园医师应取得医师资格，幼儿园保健员应受过幼儿保健职业培训。

（二）幼儿园教师专业标准

2012年教育部颁布《幼儿园教师专业标准（试行）》，提出"师德为先、幼儿为本、能力为重、终身学习"的基本理念，从"专业理念与师德、专业知识、专业能力"3个维度列出了14个领域，并进一步划分为62条基本要求。该文件是国家层面对合格幼儿园教师专业素质的基本要求，是幼儿园开展保教活动的基本规范，是引领幼儿园教师专业发展的基本准则，也是幼儿园教师培养、准入、培训、考核等保教队伍建设的重要依据。

1. 师德为先

热爱学前教育事业，具有职业理想，践行社会主义核心价值体系，履行教师职业道德规范，依法执教。关爱幼儿，尊重幼儿人格，富有爱心、责任心、耐心和细心；为人师表，教书育人，自尊自律，做幼儿健康成长的启蒙者和引路人。

2. 幼儿为本

尊重幼儿权益，以幼儿为主体，充分调动和发挥幼儿的主动性；遵循幼儿身心发展特点和保教活动规律，提供适合的教育，保障幼儿快乐健康成长。

3. 能力为重

把学前教育理论与保教实践相结合，突出保教实践能力；研究幼儿，遵循幼儿成长规律，提升保教工作专业化水平；坚持实践、反思、再实践、再反思，不断提高专业能力。

4. 终身学习

学习先进学前教育理论，了解国内外学前教育改革与发展的经验和做法；优化知识结构，提高文化素养；具有终身学习与持续发展的意识和能力，做终身学习的典范。

二、幼儿园保教队伍建设

幼儿园人力资源开发的核心是幼儿园保教队伍建设，保教队伍整体水平的提高关系到幼儿园管理质量的提升。在新时期幼教改革背景下，有序推进幼儿园保教队伍建设，贯彻和落实《幼儿园教师专业标准》，充分进行保教队伍人力资源开发和利用，是幼儿园教育质量提高的有效途径。

（一）树立幼儿园人力资源开发新观念

观念是行动的先导，幼儿园保教队伍建设首先应把观念的更新放在首位，并渗透于幼儿园工作的各个层面，形成特定的组织文化氛围。

1. 教师是幼儿园第一人力资源

习近平总书记强调"教师是立教之本、兴教之源，承担着让每个孩子健康成长、办好人民满意教育的重任"。教师的修养高度往往决定了孩子的发展高度。只有给予教师更多发展空间，才有教师给予孩子更广阔的发展空间。只有幼儿园把教师看作幼儿园第一人力资源，关注教师的发展，才能有越来越多教师把幼儿科学成长看作第一使命。虽然幼儿园不一定可以保证给予教师优厚的经济待遇，但可以为教师发展搭建平台，帮助教师实现专业价值。

幼儿园的发展归根结底要依靠教师的发展，教师的发展势必带动幼儿园的发展。只有坚持人才强园，重视教师资源的投入、开发和利用，维护保障教师的切身利益，调动广大教师的积极性，才能更好地实现教师与园所同步成长，实现双赢。因此，幼儿园应确立教师在幼儿园中的主体地位，坚持"尊重教师、依靠教师、服务教师"的观念，将教师作为幼儿园第一人力资源，重视教师专业发展，加强教师专业化建设。

2. 用人所长，人尽其才

传统观点认为人才是全才、通才，需要"十八般武艺样样精通"。而多元智力理论认为，每个人的智力组成结构是不同的，正所谓"尺有所短，寸有所长""金无足赤，人无完人"。幼儿园保教队伍建设固然注重整体专业性的提升，但也需要在某些领域有专长的人才。管理者应当作到知人善任、任人唯贤、人尽其才，将每一位教师安排到合适的岗位，为其搭建广阔的展示平台。在人尽其才的过程中也要注意通过年龄、学历、特长等结构性配备，提高用人的互补度。并在幼儿园人力资源管理过程中，注意提高用人透明度，体现竞聘的公开性、任用的公平性和监督的公正性，调动广大教师的工作积极性。

（二）加大教师人力资本投资力度

观念的更新如果不能与政策的实施相结合，观念更新也就流于形式。保教队伍建设还应从实际出发，加大教师人力资本投资力度，包括物质待遇、晋升机会、专业培训等。

（1）保障物质待遇。物质条件是人类生存的基本条件，也是马斯洛关于人的需要层次理论的基础层面需要。幼儿园管理者要努力改善教职工的工资待遇，提高教师收入水平，打破"平均主义"的潜规则，鼓励优劳优酬，利用物质待遇的杠杆，调动引导保教队伍工资积极性和创造性，并吸引优秀人才任教。

（2）创设晋升机会。教师职务等级的晋升是对教师工资质量和专业性的最直接肯定，可以满足教师受尊重和自我实现的个人价值需要。如果教师职务等级晋升能够得到全体教师的普遍认可，那么这会在园内起到良好的导向作用，激励员工士气，反之可能会挫伤保教队伍的工作积极性。所以，幼儿园管理者应创设公平、公正、多途径职务晋升机会，激励教师向更高层次努力，带动幼儿园保教队伍良性发展。

（3）组织专业培训。根据幼儿园实际，定期组织专业培训，探索保教队伍专业成长模式，构筑学习型幼儿园。如建立学习型教研组，开展教研沙龙、传帮带，或师徒制进行教学反思，从而提高保教队伍的理论水平，改善教育教学行为。除了内部互助式培训外，还可以通过园内外专家引领、名师引领和课题研究等方式促进保教水平不断提升。如，洛阳市实验幼儿园鼓励教师根据自身兴趣与班级幼儿特点，开展幼儿心理档案建设，组织教师积极申报研究课题，一方面为科学研究积累素材，另一方面使教师们通过课题研究在理论和实践层面都有了质的飞跃。

（三）调整保教队伍结构

从当前幼儿园人力资源现状看，主要存在学历偏低、年龄断层明显等主要问题。关于学历偏低的问题，当前国家也在不断做出政策的调整，幼儿师范专业学校也要做好相应的层次提升准备，培养出更多高水平、高素质学前教育专业人才。幼儿园也要把好招聘关，不仅关注保教人员的技能水平，还要全面衡量其综合素质、课程意识和理论基础，使招聘来的教师具有良好的发展后劲。对于现任教师，可以鼓励其通过在职学习等途径，提升专业素养和学历水平。关于年龄断层明显的问题，应加大园所培训力度，保障幼儿园在平稳发展的情况下，实现人员的新老交替。

在进行保教队伍结构调整的过程中可以采用知识互补、年龄互补、能力互补、气质互补、技能互补、经验互补等方式，合理搭配保教团队，在尊重教师个体差异的前提下，全面提升教师的综合素质。

（四）完善保教队伍退出机制

退出机制的研究是人力资源管理的研究热点之一。退出机制能够增加教师的危机感，从而激发教师的积极性和创造性。保教队伍的合理流动能够给教师带来新的挑战和机遇，应重视教师队伍的合理流动。合理有效的解聘制度是保障保教队伍质量的关键，该制度能够在一定程度上给予教师约束和规范，督促教师不断丰富和完善自我，提高工作积极性。当然也可以在连锁园之间适当建立流动机制，有助于教师间交流的增加，促使教师不断发现新的专业生长点，提升自身素质。

 **本章小结**

人力资源是一切资源中最活跃、最重要的资源，管理的核心是对人的管理。人力资源的概念也有广义和狭义的理解。本章所说的人力资源概念是从狭义角度来界定的概念。人力资源具有能动性、社会性、时效性、再生性、连续性等特性。现代人力资源管理出现新的变化动向，即呈现从人本型人力资源管理向战略性人力资源管理演进的新趋势。也即人力资源管理直接参与组织战略决策，起着核心作用。

幼儿园人力资源管理指根据人力资源现状而做出人力需求计划，招聘选择人员并进行有效管理，考核绩效并进行合理的培训，支付报酬并进行有效激励，结合幼儿园与个人需要进行有效开发以便实现最优绩效的一系列组织和决策活动。

科学合理的幼儿园人力资源管理能够优化教职工队伍，较好地发挥人的主观能动性，促进教职工个体的最优化发展。幼儿园人力资源管理要做到人尽其才、才尽其用、人事相宜，最大限度地发挥人力资源的作用。为此，在人力资源管理中应遵循政策性原则、开放性原则、激励性原则、结构性原则。幼儿园人力资源管理主要包含人力资源分析与规划、人才的选聘与录用、创设和谐的用人环境、强化人才培育、创新人才激励机制等内容。

幼儿园保教队伍建设是幼儿园保教质量提升的关键。为保障幼儿园保教队伍的高水平、专业性，要依据相关法律法规严格选聘保教人员，不能擅自降低录用标准。2012年教育部颁布《幼儿园教师专业标准（试行）》，提出"师德为先、幼儿为本、能力为重、终身学习"的基本理念，从"专业理念与师德、专业知识、专业能力"3 个维度列出了 14 个领域，并进一步划分为 62 条基本要求。该文件是从国家层面对合格幼儿园教师专业素质的基本要求，是幼儿园开展保教活动的基本规范，是引领幼儿园教师专业发展的基本准则，也是幼儿园教师培养、准入、培训、考核等保教队伍建设的重要依据。幼儿园保教队伍建设应以《幼儿园教师专业标准（试行）》为依据，树立幼儿园人力资源开发新观念，加大教师人力资本投资力度，建立合理的保教队伍结构，完善保教队伍退出机制。

思考题

1. 幼儿园如何做好人才选聘制度？
2. 幼儿园用人方面需要注意的基本原则有哪些？
3. 如果你是园长，你将如何建设一支保教队伍？

4. 结合实例，谈谈你对"师德必须是满分"的理解。

5. 调查一所幼儿园的人力资源管理实际情况，运用本章所学知识完成一篇调查报告。

6. 案例分析。

李老师自毕业后一直在寻找自己心中理想的幼儿园。第一次她被应聘到一家规模不大的私立园，工资待遇高，管理也严格。但一段时间后她感觉该幼儿园将招生的压力强加在教师身上，在对教师的考核上过于注重家长对教师的评价。教师的奖金按照招生数提成，且当月考核只要有家长投诉就一票否决。

思考：该幼儿园的做法对吗？请运用相关理论分析应如何实施幼儿园的人力资源管理。

1. 音频资源：听樊登读书会《赋权》。

2. 文献资源：

(1)许继欣. 幼儿园人力资源的开发与利用研究[D]. 山东师范大学硕士论文，2017.

(2)岳丹丹. 幼儿园教师队伍质量保障机制的个案研究[D]. 东北师范大学硕士论文，2019.

1. 时松. 幼儿园管理实务[M]. 南京：东南大学出版社，2016.

2. 张慧敏. 幼儿园组织与管理[M]. 北京：人民邮电出版社，2014.

3. 丛中笑. 幼儿园管理操作实务参考[M]. 北京：华夏出版社，2006.

4. 帕特丽夏·F. 荷尔瑞恩，弗娜·希尔德布兰德. 幼儿园管理[M]. 上海：华东师范大学出版社，2011.

5. 蔡华，周先莉. 幼儿园管理[M]. 长春：东北师范大学出版社，2009.

6. 刘娜欣. 人力资源管理[M]. 北京：北京理工大学出版社，2018.

7. 马振耀. 人力资源管理理论与实践新探索[M]. 天津：天津科学技术出版社，2017.

第八章　幼儿园公共关系管理

本章提要

公共关系是现代社会的产物且日益成为现代组织参与社会竞争的有效手段。幼儿园作为一个兼具教育性与福利性的社会组织，会经常与家庭、社区、新闻媒体及社会各领域产生这样或那样的联系，要想求生存、谋发展，就必须重视学习和应用公共关系的相关策略与技巧，处理好幼儿园与内外部公众间的关系，做好幼儿园公共关系管理。通过本章的学习，理解幼儿园公共关系管理对幼儿园生存与发展的重要意义，掌握谋求内外公众信赖、理解、合作与支持的公共关系管理策略和方法。

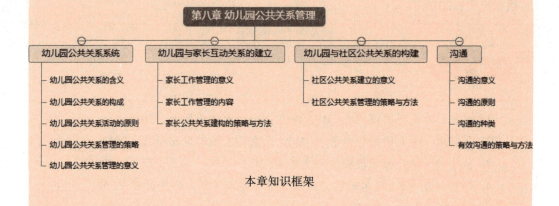

本章知识框架

【知识目标】

1. 理解幼儿园公共关系系统的构成及意义；

2. 掌握幼儿园与家长工作管理的内容、策略与方法；

3. 掌握幼儿园与社区公共关系的管理策略与方法。

【能力目标】

1. 掌握幼儿园公共关系管理的要点、原则、方法、策略与应该注意的问题；

2. 能运用相关策略与方法，并通过有效沟通处理幼儿园与内外部公众间的关系，做好幼儿园公共关系管理。

【教学重难点】

教学重点：1. 幼儿园家长工作管理的意义、内容、策略与方法；

2. 幼儿园社区公共关系管理的策略与方法。

教学难点：针对不同的内外部公众，灵活运相关策略，做好幼儿园公关工作。

【教学学时】

4 课时

从小环节看幼儿园形象

一天早上，园长巡班到了中二班门口，正好遇到冬冬的爷爷送孩子，只听他说："快进去吧，你看老师在吃早饭呢，你也要好好吃啊！"园长向班里看去，只见两个老师都坐在桌旁吃早餐，孩子们则自己动手进餐，吃完的孩子散乱无目的地呆坐在那里。接着，园长巡视了全园，发现许多班都存在着类似的现象。

回到办公室，园长立刻着手分析原因。由于幼儿园位于市郊，很多老师上班的路程都很远，又怕上班迟到，所以常把早饭带到幼儿园来吃，这确实是实情。但自己作为一园之长，没有及时注意到这一情况并采取相应的处理措施，这是造成这种现象的根本原因。在之后的教职工大会上，园长首先向全体老师做了检讨，指出自己工作的失误之处，并宣布了园务会的决定：今后，食堂将保证每天七点准时为老师们提供早饭，园里也将拨出一部分钱在后院装修一个小餐厅，给老师提供用餐场所。接着，园长对教师吃早饭时孩子的散乱情况予以纠正，告诫全体教师在任何时候都必须认真负责地对待工作和孩子。

问题思考：

(1)如何理解幼儿园每位教职工都是"公关员"这个身份？

(2)试谈谈幼儿园可以通过哪些途径或措施，提升其在公众心目中的形象。

第一节　幼儿园公共关系系统的构成及意义

　　计划经济体制下的幼儿园因其办园经费主要由国家或上级部门划拨,办好办坏都不存在竞争压力和生存危机,因此,那时的园所管理主要是遵从上级指示和命令,关注幼儿园内部管理,呈现出一种自组织的封闭状态。社会主义市场经济体制的逐步建立,客观上把幼儿园推向了市场,面对竞争,园所管理的目光不得不从盯上级转向为盯市场,幼儿园需要通过分析市场、研究家长需求、核算办园成本、加强制度管理、挖掘园本特色、打造行业品牌等方式来求得生存和发展。可见,市场经济把幼儿园从旱涝保收的依附型组织转变成为自负盈亏的经营型组织,幼儿园管理已处在一个需要对公共关系进行整合管理的时代。从内部管理走向外部管理,建立公共关系意识,通过开放办园,主动与外部沟通联系,通过公关工作赢得社会公众信赖,取得市场竞争的主动权,是当前幼儿园生存与发展的必然选择。

一、幼儿园公共关系的含义

　　幼儿园公共关系是在借鉴一般公共关系的理论和实践经验基础上发展起来的。幼儿园公共关系是指幼儿园为实现办园目标,有计划、有组织地借助有效的沟通和传播手段,在幼儿园内外部公众之间建立理解、信任、支持与合作的关系,以塑造幼儿园良好形象,创造最佳教育环境的管理活动。

公共关系

　　公共关系是一种新型的管理思想和管理哲学,也是一种新的管理职能,当下学界对公共关系的基本认识如下:

　　(1)公共关系状态。客观上,世界上有了两个人就有了人际关系;有了两个集团、组织,就有了"公共关系"。这就是说,公共关系是一种客观存在,是自古就有的,不管我们主观上承认与否,它都会影响组织的生存与发展。

　　(2)公共关系活动。当人们逐渐认识到外界关系的重要性,并主动去调整这种关系时,就产生了一些类似于现代公共关系的活动。

　　(3)公共关系意识。它是在对公共关系状态和公共关系活动的认识过程中所形成的,是对于公共关系活动具有指导作用的思想、观念和原则。

国际公共关系协会将公共关系定义为："一项经营管理的功能，属于一种经常性与计划性的工作，不论公私机构或组织，均通过它来保持与其相关的公众之间的了解、同情和支持，也就是审度公众的意见，使本机构的政策和措施与之配合，再运用有计划的大量资料，争取建设性合作，而获得共同利益。"①可见，公共关系是社会组织借助双向传播、沟通手段，促进组织与公众之间的相互了解、信任与合作，树立良好组织形象的经营管理行为和过程。

公共关系作为一种特殊的社会关系，其特征主要有：以公众为对象，以美誉为目标，以互惠为原则，以长远为方针，以真诚为信条，以沟通为手段。

二、幼儿园公共关系的构成

公共关系学中的"公众"这一概念特指公共关系工作对象之总和，即与一个社会组织发生直接或间接联系，对该组织的生存和发展具有现实的或潜在影响力的个人、群体和社会组织。那么幼儿园公共关系的对象也是公众，它具有多样性和多变性，从不同的角度可以划分为不同的种类。

根据公众与幼儿园关系所在领域划分，可以分为内部公众和外部公众。

根据公众和幼儿园的密切程度划分，可以分为非公众、潜在公众和知晓公众。

根据公众对幼儿园的认可度划分，可以分为顺意公众、逆意公众、独立公众。

我们主要从常见的内部公众和外部公众的角度来阐述幼儿园公共关系的对象。

（一）幼儿园内部公共关系

1. 与教职工的公共关系

教职工是与幼儿园关系最紧密、最核心的公众群体之一，他们在幼儿园公共关系中具有双重身份，既是幼儿园内部公共关系的客体，又是幼儿园对外开展公关活动的主体，与教职工公共关系的质量直接影响到幼儿园的声誉和形象。在处理与教职工的公共关系上，主要的工作内容包括：了解教职工的生活需要（包括工资、住房、医疗），学习需要（包括学习进修、取得合格学历，提高业务水平），自尊需要（包括希望得到幼儿、家长及同行的尊重、信任以及领导的器重），政治需要（包括得到政治信任和组织关心），成就需要（包括个人能力的充分发挥，事业有成及得到公正的评价），通过情感沟通增强教职工的归属感，满足教职工的物质需要，并重视其精神需要；通过教育、创造良好的工作环境和积极向上的工作氛围，向教职工描绘未来幼儿园发展的宏伟蓝图，恰当运用奖励机制或物质刺激等方式，激发并调动教职工的工作主动性、积极性和创造性。

---

① 陈孝杉.教育管理学(修订版)[M].北京：北京师范大学出版社，1999：447.

2. 与幼儿的公共关系

幼儿是幼儿园最庞大、最直接、最重要的公众群体，他们既是教职工的主要工作对象，也是幼儿园各项工作的出发点和归宿。与幼儿的公共关系应潜移默化落实在日常的工作和生活中，尊重幼儿的人格和权利，尊重幼儿身心发展规律和学习特点，促进每个幼儿富有个性的发展；创设一个能使幼儿感到被接纳、关爱和支持的良好环境，建立良好的师幼关系，提供有质量的保教服务。幼儿是幼儿园工作水平的直接反映者，是幼儿园的"形象代言人"，同时也是幼儿园对外宣传的"新闻发言人"。

3. 与主办单位的公共关系

幼儿园的主办单位可能是企事业单位，也可能是个人，他们是幼儿园的投资方，也是幼儿园发展规划和重大决策的主要制定者，是幼儿园内部的重要公众。他们需要做到：尊重投资方的权益，贯彻投资方决定，自觉接受检查和监督；主动邀请主办单位参加幼儿园的管理决策，征求他们的意见和建议；加强幼儿园与主办单位的信息沟通与交流，定期汇报幼儿园的发展情况，包括取得的成绩、存在的问题，争取主办方的理解与支持。

(二) 幼儿园外部公共关系

1. 与家长的公共关系

家长是幼儿园工作的重要支持者、评价者和定位者，他们是最敏感、最具影响力，也是与幼儿园有着最直接利益关系的外部公众和潜在公关代表。幼儿园应秉承"尊重家长、爱心敬业、热忱公正、优化服务"的理念，树立为家长服务的意识，提高为家长服务的质量，以优质、良好的服务让家长放心和满意，让家长心甘情愿、主动自发地为幼儿园做对外宣传；同时，幼儿园要采取多种方式加强与家长的沟通与联系，以确保教育影响的一致性和连续性，进而实现家园共育，形成教育合力。

2. 与社区的公共关系

社区是与幼儿园生存和发展关系最密切的外部环境，为幼儿园提供不可或缺的日常服务。社区里主要的公众包括所属居委会、居住小区、左邻右舍的居民等。社区是幼儿园重要的教育资源，也是园所实现社会共育的重要场所。幼儿园需要树立居民意识，了解社区教育需要，发挥教育辐射作用，开展多种形式的为社区公众所认可的社区教育服务工作，实现社区各种教育资源的有效利用，积极参与社区活动、社区公共事务及社区公益事业，强化与社区的良好关系，为幼儿园的生存和发展创造良好的外部环境。

3. 与上级主管部门的公共关系

上级主管部门是幼儿园所有沟通对象中最具权威性的对象，他们对幼儿园工作起着监督、指导和检查作用。幼儿园要与上级主管部门建立良好的关系，熟悉上级主管部门运作的特点，理顺工作关系，服从和尊重管理，在业务上虚心接受上级主管部门的监督、检查和指导；有关幼儿园办园方向、办园特色、重大决策、各项成就、人员变动、自身不能解决的问题等要主动向上级主管部门以口头或书面的形式进行汇报，主动争取上级主管部门的指导和资源支持，为幼儿园发展争取有利的政策、法律、经济帮助以及更大的发展空间。

4. 与同行的公共关系

同行公众是与幼儿园经常性直接或间接发生关系的兄弟园所，他们与幼儿园联系紧密，信息传播沟通更具有专业性，他们既是幼儿园的合作伙伴，也是幼儿园的竞争对手。幼儿园要多向行业翘楚请教学习，与同行间要建立共同责任、共同发展和资源共享的意识，重视专业形象的建立，重视同行专家、机构的持续支持，提高行业内的认可度。

5. 与新闻媒介的公共关系

随着信息化社会的到来，幼儿园形象的宣传也依赖于各种新闻媒介，同时，新闻媒介的宣传报道又具有一定的舆论导向作用，影响着幼儿园在公众中的社会形象。因此，幼儿园应研究不同媒体的工作特点与需求，平时主动地与社会相关媒体做好沟通、交流工作，使相关媒体了解幼儿园的工作特点，熟悉幼儿园的情况，树立优质的园所形象，增强幼儿园的影响力和竞争力；建立良好的媒介关系，尊重新闻媒介，主动、系统、有针对性地将媒体工作纳入幼儿园的管理范畴。

三、幼儿园公共关系活动的基本原则

公共关系是一种"内求团结，外求发展"的职能活动，其实施与活动方式多样，在实施具体的公共关系活动中，需要遵循以下三点基本原则：

(一)信誉至上，诚实守信

信誉是指组织在公众心目中的信用与声誉，信用与声誉是组织的生命。良好的信用与声誉一定要以出色的工作成绩和和谐的组织气氛作为保证与前提。幼儿园要想在社会公众中树立良好形象，提升信誉，就必须做好自己的本职工作，即教育好幼儿，服务好家长，较好地履行所担负的社会职责，这是幼儿园管理水平与工作质量的体现。信誉不是一朝一夕建立起来的，它需要全体教职工长期共同努力，认真做好日常工作，练好内功，抓好思想工作与组织建设，真诚与社会公众交往，切忌夸大其词、搞花架子、突击式、运动式、展示性等急功近利的做法。良好的信誉有利于幼儿园广结良缘，广招人才，使园所获得良好生源，也有利于赢得社会各方的理解、支持与合作，从而在激烈的竞争中立于不败之地。

诚实守信也是幼儿园公共关系工作中必须遵守的原则。幼儿园在公共关系活动中，要实事求是，杜绝虚张声势、弄虚作假的宣传手法。特别要避免经营过程中发生哄骗公众的现象，否则只能导致适得其反的公关效果。此外，诚实守信还意味着幼儿园可以开诚布公地向公众说明幼儿园工作中的弱点和不足以及面临的问题和挑战，提出自己的改进方案。这种做法体现了幼儿园坦诚相见、认真负责的工作态度和不断追求卓越、努力改进工作的决心，同样可以取得公众的信任。

（二）互惠互利，双向沟通

在社会网络中，幼儿园与公众相互间关系错综复杂，你中有我，我中有你，彼此利益密切相关。幼儿园在处理自身与社会公众利益关系时，不论是面对个人，还是面对单位、团体，都应本着平等尊重的原则，秉承长远的战略眼光，始终将公众利益放在首要位置上，树立公众利益第一和为社会服务的观念，在此基础上，再寻求和公众彼此的利益联结共同点，如此才能保持和提升自己在公众心中的地位，赢得良好的信誉、形象。切忌以自我为中心，片面强调本单位需要，只想索取、不想付出的公关思想，做到互惠互利、共存双赢，其实质也就是为自身发展和增强竞争实力创造良好条件。

在现代社会，任何一个社会组织与公众打交道，实际上是通过信息双向交流和沟通来实现的。正是通过这种双向交流和信息共享过程，才形成了组织与公众之间的共同利益和互动关系。在幼儿园外部公共关系处理中，幼儿园向外部公众宣传自己，是为了让公众了解、认识幼儿园的工作性质和工作成绩，以树立幼儿园的良好形象，让公众更进一步地理解、支持、配合幼儿园的工作。同时，幼儿园还要提供机会让公众坦率地说出自己对幼儿园的看法，提出意见和建议，这既体现了幼儿园对公众的重视和尊重，也给幼儿园提供了采集信息、发现问题、调整改进工作的机会，可以为幼儿园的下一步决策提供可靠的资料。同样，在幼儿园内部公共关系管理中，幼儿园领导可以向教职工勾画幼儿园的美好发展前景、提出要求、下达任务、明确标准、要求质量，但也要允许教职工向上反映情况、发表意见，以便相互理解、达成共识、高效协作、达成目标。

（三）全员公关，开拓创新

幼儿园公关工作不是园长和少数几个人的事情，更不是停留在口头宣传，要搞好公共关系必须调动全体教职工（领导、教师、保育员、后勤工作人员等）的力量，因为他们每个人都是公关员，都有接触外界公众的机会，他们的一言一行、一举一动都是幼儿园组织文化的缩影，都代表着幼儿园的集体形象，同时，个人与组织的命运是紧密联系在一起的。因此，幼儿园要增强全体教职工的公关意识，通过各种教育手段提高教职工的公关能力，让教职工能自发地将公关工作视为自身分内之事，能以饱满的精神状态、大方得体的言谈举止出现在公众面前，以自身良好的职业风范、优秀的个人修养建设和维护幼儿园的良好形象。同时，幼儿园还应该营造浓厚的公共关系氛围，凡是为幼儿园赢得声誉的言行，都应该得到积极的评价和奖赏，凡是有损幼儿园形象的言行，都应该作为形象事故来处理。

> 　　一名家长带着 3 岁的男孩到一所幼儿园实地考察，准备为孩子联系入托的事。在园长的陪同下，他们进入了小班，看到幼儿园的孩子们正在开心地玩游戏，小男孩也不由自主地参与其中。园长和老师向家长介绍幼儿园的情况时，突然小男孩大声哭起来，保育员连忙上前，看到男孩脚下一片湿地，原来孩子尿裤子了。保育员马上抱起男孩，找来一套干净的园服，先帮他清洗干净，再帮他换上裤子，男孩又若无其事地和其他小朋友一起玩去了。保育员又将尿湿的裤子洗干净，交还给家长。这位家长随后就给男孩办理了入园手续。
>
> 　　分析：家长会有后面的做法是理所当然的，他感受到了园长、老师的热情和保育员的敬业。
>
> 　　（资料来源：张慧敏. 幼儿园组织与管理［M］. 北京：人民邮电出版社，2014：88。）

幼儿园除了要注意引导全体教职工的公关意识，提升其公关能力外，还要注意激发他们的主人翁意识和洞察力。具体来说，就是要能在敏锐捕捉公众需求和行业变化的基础上，积极开拓创新，无论在公关活动的形式、内容、途径、策略等方面，都力求推陈出新，使幼儿园始终能抓住公众"眼球"，在公众面前始终呈现新鲜活力、与众不同的良好形象。

四、幼儿园公共关系管理的策略

（一）广泛收集信息

信息是决策的依据，园所要发展，需要"眼观六路，耳听八方"。幼儿园要广泛收集与己有关、与己有用的信息，通过适当的方式和必要的手段汇集在一起，以此为基础做出正确的决策。可以通过接送幼儿时的随机沟通、亲子活动、家长座谈、发放问卷、家园联系手册等方式来了解家长对幼儿园的评价、意见和建议；可以通过教师座谈或对上级领导以及有关专家进行访谈来听取对幼儿园的各种反馈。有条件的园所还可以通过外出参观、学习等形式了解其他幼儿园在管理上的新举措，为本园管理提供参考。

（二）树立良好形象

良好形象的树立与幼儿园的公关活动密不可分，形象需要表现，需要得到认可，更需要进一步完善。幼儿园不仅要向公众宣传自己、展示自己，还要根据公众需要做出调整，不断完善园所形象。

（三）协调多方关系

园长要把握好幼儿园发展的正确方向，理顺内部关系，树立幼儿园良好形象，使园所始终处于和谐状态。重视和积极开展组织内部的各项公共关系活动，培养广大教职员工敬业乐业、积极向上的精神风貌，用全园教职工的共同信念和他们认可的目标来动员和激励全体教职员工，充分调动他们工作的主动性、积极性和创造性。

园所与外部公共关系是决定园所良性发展和教育教学质量的重要因素，管理者要充分认识园所外部公共关系的影响作用，时时处处注意自身形象的塑造。同时，要充分理解外部公共关系的复杂性，打破封闭保守的思想，对外界进行深入的了解和细致的分析，慎重对待不同的外部公共关系。

（四）积极宣传传播

早期的传播学研究者们认为，大众传播像"子弹"，而受众则像"靶子"，处在消极被动的地位，只要被某种信息"射中"了，就会接受这种信息。公共关系就是组织的"喉舌"和"外交官"。传播推广必然立足于提高传播的效果，为此，幼儿园公关应该做到：根据园所发展的不同阶段、面临的不同问题，确定不同的任务，宣传不同的内容；善于选择适当的媒介作为传播的手段和途径；研究不同类型公众的不同特点，有针对性地进行宣传。

五、幼儿园公共关系管理的意义

幼儿园的健康发展离不开良好的内部环境和外部社会环境的支持，所以良好的公共关系建构是幼儿园得以生存和发展的重要手段和制约因素。

（一）良好的公共关系有利于优化育人环境，提高办园质量

教育是一项系统工程，学前儿童的成长受到来自幼儿园、家庭和社区等方面因素的影响，学前教育机构若能通过各种手段构建公共关系，对内形成和谐人际关系与组织氛围，增强凝聚力，对外与家长、社区加强信息交流和情感沟通，积极宣传学前教育机构的教育理念、教育目标、教育措施，取得家长、社区公众的理解、支持与配合，共同营造和优化健康的育人环境，形成教育合力，从而协调一致地促进学前儿童健康发展。

（二）良好的公共关系有利于树立幼儿园的信誉，建立良好形象，提高竞争能力

信誉是一个组织在公众心目中的地位、形象、威信、影响力与知名度的综合体现。幼儿园是服务组织，其办园质量的高低必然要接受社会各方的评判，争取舆论支持和公众信任，是其生存发展的重要条件之一，建立良好的信誉是其经营成功的诀窍，所以，良好形象和声誉就成为其无形的宝贵财富。为此，幼儿园必须努力在公众中树立良好形象，采取各种有效措施扩大园所的社会知名度，增强信誉感和美誉度，以其良好的口碑和社会声誉吸引大众，不断提高自身竞争力，促进园所的可持续发展。

（三）良好的公共关系有利于争取社会广泛支持，开发教育资源

学前教育是启蒙教育，学前教育内容和手段寓于社会生活活动之中，良好公共关系的建立可以争取社区内许多部门和单位对学前教育机构工作的支持与配合，争取更多的教育资源，既可以扩大学前儿童的学习生活空间，开阔视野，又可以让学前儿童身临其境，感受身边的事物和环境，能够真正地理解和内化所要掌握的知识内容，激发学前儿童的探究欲望。

（四）良好的公共关系有利于协调纠纷，化解公共信任危机

幼儿园是一个集体教养的环境，在具体的保教活动中，由于存在认识理念差异、信息交流不畅，抑或教职员工失职等种种问题，在公共关系中难免会出现各种矛盾，甚至产生公共关系纠纷，导致严重的公共信任危机。因此，建立良好的公共关系机制，一方面，可以增进了解、避免产生纠纷；另一方面，一旦出现公共关系危机事件，也可以通过危机管理，运用公关手段将已经发生的信任危机所造成的组织信誉、形象损失降到最低限度，进而因势利导，使坏事变为好事。

总之，良好的幼儿园公共关系，有利于改善幼儿园的办园条件，争取更多的资金来源；有利于增强公众对幼儿园相关信息的了解，扩大幼儿园的知名度与美誉度，从而赢得更好的生源，进而提高幼儿园的整体竞争力，塑造良好的公众形象；最终有利于创设良好的育人环境，让社会、家庭理解和认识幼儿园教育，获得公众在教育上的配合，形成更好的教育合力，促进幼儿全面发展，争取更好的教育效果和教育影响。

第二节　幼儿园与家长互动关系的建立

一、幼儿园与家长工作管理的意义

《国家中长期教育改革和发展规划纲要》指出"家庭是幼儿园重要的合作伙伴。应本着尊重、平等、合作的原则争取家长的理解、支持和主动参与，并积极支持、帮助家长提高教育能力"。家庭是幼儿成长的重要环境，家长是幼儿的第一任教师，对幼儿的发展有着不可估量的重要影响。现实中，许多家长往往只是按照自然法则扮演家长的角色，并不了解幼儿教育的真正含义，也缺乏科学的育儿方法。因此，幼儿园及其教师要了解和分析家庭教育的特点与问题，通过家长工作，引导、帮助家长树立正确的教育观，提高科学育儿的自觉性，发挥家庭教育的优势，给幼儿以积极良好的影响。同时，家长作为幼儿园的服务对象兼教育合作者，是幼儿园的首要公众，幼儿园需要谋求家长对幼儿园教育的理解、接纳与参与，做好家长工作，密切沟通，主动宣传，不断实现新的幼教改革背景下的家园合作共育，加强家园一体化建设。这已成为幼儿园公共关系建构的核心，也是幼儿教育系统工程中的重要子工程。

（一）做好家长工作，实现家园共育，促进幼儿身心和谐发展

幼儿身体的发育和心理的成长都处在关键期，为人的终身发展奠定良好基础的素质教育必须是促进幼儿体、智、德、美各方面得到健康和谐发展的教育，因此"保教并重"是幼儿教育的重要原则之一，幼儿园的家长工作首先要让家长了解幼儿的心理特点，理解先进的教育思想和教育理念，认识到幼儿园和家长都是幼儿保育和教育任务的重要担当者。在新型的家园共育中，幼儿园要正确认识园所与家长关系，增强服务意识，摆正服务关系，主动做好家长工作，为家长提供方便。在 20 世纪 90 年代，我国已提出"家园共育"这种观念。其本质特点就是一个"共"字，即幼儿园与家庭、教师与家长的相互配合，共同促进幼儿的发展。幼儿园作为正规教育机构，要想发挥主导作用，必须将家长工作列入议事日程，把家长工作放在与保教工作同等重要的位置上，充分重视并主动做好家长工作，使幼儿园与家长在教育思想、原则、方法等方面取得统一认识，形成教育的合力，家园双方配合一致，促进幼儿的身心健康和谐发展。

（二）有助于开发家长资源，能够为幼儿园教育增添智慧和活力

家长来自不同的家庭和职业背景，他们具有各种各样的资源优势，是幼儿园重要的教育力量，他们的积极性一旦被调动起来，将会对幼儿园教育发挥重要的作用。为充分挖掘、利用家长的教育资源，幼儿园可以先对家长的爱好、特长、经历、职业等进行全面调查，根据家长的不同特点，创设条件和空间，让家长走进幼儿园课堂，走进孩子们中间，这样幼儿不仅感觉新鲜，而且可以获得不同来源的知识经验。例如，邀请部队上的幼儿家长身穿军装，为幼儿展示军营生活的风采；邀请当交通警察的爸爸现场为幼儿示范交通指挥，讲解交通法规知识；邀请当医生的家长为幼儿讲解疾病防治的常识等。亲子教育不仅使幼儿教育和社会实践紧密结合起来，而且增强了家长参与策划、组织、实施幼儿园教育活动的主人翁意识。因此，做好家长工作，争取他们的关心与支持，调动他们参与园所教育与管理的积极性，提供机会让他们对园所工作和保教质量作出评判或提出建设性意见，是办好幼儿园的重要保障。

康斯薇洛是婴儿学步二班的教师，她计划让家长参与志愿者教师的方案，并且获得了园长的支持。她组织几名家长讲故事、唱歌、帮助幼儿进餐。凯莉的妈妈玛丽，在最近两周参加了该方案。玛丽在女儿身上花了很多时间，并经常与其他人交流，建议他们参加这个小组。康斯薇洛无意中听到玛丽与另一名家长议论其他工作人员，内容完全是说三道四。因此，康斯薇洛决定和园长讨论这个问题。请大家思考以下问题：

1. 您希望园长做些什么？
2. 如果您是园长或者康斯薇洛，你会怎样处理和玛丽的关系？
3. 康斯薇洛应该怎样动员玛丽继续当志愿者？
4. 如果您是园长，该如何处理涉及事件的员工？

（资料来源：[美]Phyllis M. Click. 托幼机构管理（第6版）[M]. 韦小冰，刘杨，等，译. 北京：北京师范大学出版社，2007：405。）

(三) 有助于教师的自我成长与家长的科学育儿

如今的幼儿园对教师的素质与能力要求越来越高，而开展家长工作已成为每个幼儿教师必须具备的基本能力之一。做好家长工作管理，于教师而言，能有效助推其开展形式多样的家长活动，通过家园互动了解孩子在家的表现，进而促进教师及时发现自己在教育工作中的不足，从而调整教育目标、优化教育策略；同时，家长工作中遇到的各种实际问题也有利于激发教师加强教育反思、学习专业知识、提升专业素养，进而实现自身专业上的精进成长。于家长而言，多种途径、多种形式的家长工作让家长更有机会接触到先进的教育理念、育儿方法，从而有利于增进亲子关系，有效实现高质量的亲子互动，进而更好地担当家庭教育者的角色。

披着花被的孩子

新生入园，我发现欣欣总是抱着她那条薄薄的花被不放，连户外活动也不例外，她双手抓住一个被角，放在鼻子前蹭来蹭去地闻，因身后总拖着长长的一截被子，与小朋友游戏起来很不方便，有时玩到兴头上，花被一时撒了手，等回想起来找不到时，她就会哇哇大哭，边哭边把整条被子抱在胸前，无论老师怎么引导，她也不肯再参加任何活动，因为这条花被，欣欣整天情绪波动很大，无法像其他小朋友一样快乐地生活、游戏。

欣欣的现状令我深感不安，经过和欣欣父亲的沟通，我得知欣欣这个不良习惯是自小养成的。由于欣欣父母平时工作忙碌，欣欣由奶奶一手带大，奶奶年纪大了，还要干一些家务，抽不出更多的时间来陪她，就把这条柔软的大花被给她搂着玩，一来二去就形成了习惯，睡觉时抱，吃饭时抱，连外出玩耍也要抱。欣欣的父母曾试图把花被拿走，但每次欣欣都会大哭，这时奶奶就会站出来阻拦："欣欣还小呢，等长大了自然就会好的。"由于奶奶的庇护与纵容，欣欣和这条花被就更加形影不离了……

根据欣欣父亲提供的这些情况，我认为要帮助孩子改变不良习惯，首先要转变奶奶的观念，只有在家庭教育观念达成一致的情况下，家园对幼儿的同步教育才是最有效的……

我意识到花被对于欣欣来讲已经不只是一条单纯的被子，而是一种精神寄托与心理安慰，因此不能急于求成，而应循序渐进，从花被的大小上寻找突破口。

这是一位非常用心、非常注意做家长工作的教师，而且懂得策略，让家长心服口服。经过她的努力，孩子最终从对花被子的依赖中解脱出来，她主要采取以下方法解决了问题。

第一步，引起奶奶关注。因为每次亲子活动都是由奶奶参加，所以老师特意安排了两次亲子活动。在第一次亲子活动中，让奶奶看到由于花被给欣欣活动带来的极大不便。

第二步，花被变方块。在第二次亲子活动中，老师趁欣欣午睡时把花被叠成书包大小的方块，并用包装绳捆好以防散落，欣欣游戏时方便多了。

第三步，花被变手绢。建议家人从花被上剪下一块给欣欣当手绢……欣欣睡觉醒来后奶奶故作惊讶地说："看你总是哭，被子都变成这么小啦。"这样一来既不伤欣欣的自尊心，让她欣然接纳这块花手绢，也给她活动带来很大方便。手绢成了她生活中的朋友。

第四步，手绢变手表。利用小朋友把苹果皮缠在手上当手表的机会，建议奶奶把手绢剪成小布条，变成"手表"戴在手上，最终把她的小手解放出来。

第五步，手表变小花。手表变成了缝在衣服上的一朵小花。

就在教师一天一天的坚持与努力下，欣欣真的远离了对小花被的依赖。

（资料来源：摘自《学前教育》，2006年第4期。）

（四）有助于传播幼儿园的形象，扩大知名度与美誉度

家园共育一直是幼儿教育的重要原则和方法，但是现实中的家园共育，教师往往是唱主角，而家长则通常被动地配合教师的工作，双方的地位是不平等的。事实上，从园所的社会生存及对外交流看，家长是园所走向社会，获得更广泛理解与支持，从而扩大影响力的中介和桥梁。因此，注重家园关系的平等性，以优质的服务让家长满意和放心，通过爱心教育和敬业精神来感动家长，充分激发家长的爱园之情，让家长自然而然地成为幼儿园的活体广告，扩大对外宣传，进而提升幼儿园的知名度和美誉度。

二、幼儿园与家长工作管理的内容

（一）向家长介绍和宣传幼儿园，实现家园同向、同步教育

幼儿园的家长工作从家长选择幼儿园或者从家长送孩子来园第一天就开始了。做好家长接待工作，向家长说明园所理念与教育目标，宣传自己的办园思路、办园特色，有利于家长了解幼儿园的整体情况。此外，还可以通过微信公众号、家长群、网络平台、教育公报、宣传手册、幼儿园 App 等形式向家长介绍幼儿园的教育计划、发展规划、近期的课题研究、各种活动开展、参与地区教学评比活动成绩等，让家长有途径、有机会全面了解幼儿园工作开展的具体做法，从而赢得相应的协作、支持和宣传。

教师也应在日常工作中向家长介绍幼儿园教育的方法、形式和原则，介绍幼儿学习、成长的身心发展特点，根据本班（或个别）孩子特点制定有针对性的家园共育计划或目标，争取家园配合，让家长与幼儿园共同承担起幼儿全面发展的任务，实现家园同向、同步教育。

案例分享

小班上学期家园共育方面的培养目标

（×××幼儿园）

九月

1. 家长按时接送孩子，不入园者须向老师请假，以保证幼儿的出勤率。
2. 培养幼儿热爱幼儿园，喜欢老师和小朋友。
3. 幼儿明确自己的毛巾、水杯的标志符号，知道用自己的水杯、毛巾。
4. 培养幼儿自己进餐、如厕、入睡，知道饭前便后洗手，餐后洗手漱口。

睡前小便，摆好鞋子，脱掉外衣，盖好被子。

十月

1. 进一步培养幼儿进餐、如厕、入睡的习惯，使幼儿有一定的独立性。

2. 培养幼儿互相谦让、团结友爱的好品质。

3. 培养幼儿正确取放玩具，养成良好习惯。

4. 教幼儿擦屁股的方法(从前往后)。

十一月

1. 进一步指导幼儿擦屁股。

2. 培养幼儿学习整理衣物。

3. 培养幼儿养成喝水的习惯。

4. 培养有序的观察能力。

十二月

1. 进一步指导幼儿整理衣物。

2. 培养幼儿学习整理床铺。

3. 培养幼儿的口语表达能力。

一月

1. 进一步指导幼儿学习整理床铺。

2. 指导幼儿学习扣纽扣、穿外套、戴帽子。

3. 培养幼儿自己能干的事情自己干。

4. 培养幼儿爱劳动的好习惯。

(资料来源：屈玉霞. 幼儿园经营与管理[M]. 北京：科学出版社，2011(8)：171-172。)

(二) 了解幼儿家庭教育情况，指导家长开展科学合理的家庭教育

幼儿园要密切教师与幼儿家庭的联系沟通，主动了解家庭环境，家长对子女教育的态度、内容、方法，家长的文化水平、教育方式，了解幼儿的健康状况、心理发展水平、生活习惯、兴趣爱好及在家表现，以便家园双方配合一致地对幼儿实施教育。通过加强联系、及时沟通情况，幼儿园可以更有针对性地向家长宣传科学的育儿知识，指导家长正确合理地开展家庭教育。

具体来说，对家长的教育指导可以从以下三个方面进行。第一，帮助家长树立正确的儿童观、教育观，向幼儿家长介绍正确的教育思想，交流成功的家庭教育经验，使家长对幼儿教育产生正确的认识，并能够在正确教育思想的指导下，反思自己在家庭教中的失误，接受正确的教育主张，配合幼儿园对幼儿进行正确的教育。第二，指导家长认识家庭教育的重要性。美国心理学家布鲁姆研究发现，一个人的智力发展如果把他本人

17 岁时达到的水平算作 100%，那么 4 岁时就达到了 50%，4~8 岁增加 30%，8~17 岁获得剩下的 20%。可见，幼儿期是人一生发展的关键期，家庭对孩子早期的智力开发十分重要。第三，指导家长科学的教育内容，如家庭人生观教育、智力教育、非智力因素培养、家庭劳动教育、家庭美育与体育等。第四，指导家长了解幼儿不同年龄阶段身心发展的特点，教会家长家庭教育的基本方法。

(三)发挥幼儿园辐射功能，为家长提供有效服务

服务好家长是幼儿园双重任务之一。幼儿园要增强服务意识，以质量求生存，以服务求发展。例如，可以设立家长意见箱了解家长的需求、存在的困难和问题；合理、弹性地安排接送幼儿时间；寒暑假照常收托和组织教育活动；让家长参与幼儿园保教工作的评价等。总之，幼儿园要结合自身条件分析家长需求，通过发掘内部潜力，全方位为家长提供有效服务，全面提升家长满意度。

(四)争取家长的配合支持，树立良好园所形象

做好家长工作的关键其实就是要清晰明确与家长的关系。首先，教师需要认识到自己与家长在教育幼儿的过程中是平等关系，只是各有职责。其次，教师要善于沟通、共情，充分信任、理解家长，让家长了解幼儿园工作情况、各阶段计划与重点、教育活动安排等，争取家长对园所工作的配合支持和积极参与。同时，征求家长的意见和建议，不断改进工作，提高保教质量；特别在幼儿入园适应、生活自理和非智力因素的培养等方面，动员和依靠家长，群策群力，最大限度地争取家庭教育的配合并注意探索家长参与幼儿园教育与管理的有效方式。

三、幼儿园与家长公共关系建构的策略与方法

(一)以班级为单位的个别方式

1. 个别交谈

全美幼儿教育协会制定的《高质量早期教育标准》中明文规定："教师每学年至少与每个孩子家长约谈一次，并可根据需要随时安排，讨论孩子在家和在园的进步、成绩与问题。"教师与家长在接送孩子时的短暂交谈，是一种最简便、最常用的沟通方式。一般时间较短，内容不宜过多，主要是教师与家长交流孩子教育的相关情况，必要时可另外约见。

2. 家访

家访是教师走入幼儿家庭，和家长面对面交流沟通的重要方式，它最能深入了解幼儿家庭教养环境、家庭结构、教养态度、教育方法、亲子关系等，也有助于倾听到家长对幼儿园教育的希望和要求，以便更好地开展工作。家访可以分为入园前家访和入园后

家访。

幼儿入园前进行家访，通过教师和小朋友交流、游戏，能够使幼儿认识教师，有助于减轻幼儿的入园焦虑。教师还可以了解孩子的性格、生活自理能力等情况，以便入园后根据不同幼儿的特点因材施教。

幼儿入园后家访又可以分为定期集体家访和个别不定期家访。定期集体家访是指幼儿园规定每学期或每年，教师要对本班孩子普遍进行一次家访，以全面了解本班幼儿的家庭教育状况。个别不定期家访主要针对有特殊问题或状况，需要家园双方合作教育的家庭。如性格孤僻内向、攻击性行为强、体弱多病的幼儿或生活自理能力差的幼儿，是个别不定期家访的重点。

家访的注意事项：家访前要制定详细的家访计划，包括家访的目的、主题以及时间；家访中教师态度要诚恳、谦和，尊重家长，认真倾听家长的发言；教师对幼儿的评价应以表扬为主，在介绍幼儿在园存在的问题时，要客观、委婉，与家长共同商讨教育幼儿的措施，争取家长与幼儿园的密切合作；教师要认真填写家访记录，及时整理和归档并进行家访总结。

3. 电话交谈

电话家访是一种更方便、更简洁的家园沟通方式，可以使家园双方更及时地互相了解孩子的发展情况，沟通教育策略，对孩子进行督促纠正更具实效性。

4. 网络平台

信息化发展的今天，家园互动的形式更加多样化，网络更是突破了时间、空间的局限，让沟通变得更加便捷，可以通过 QQ、微信、App 平台、家校路路通短信交流平台、电子邮件、班级网站等，与家庭随时沟通。在沟通时，注意信息发布的措辞有理，内容简明扼要，有针对性。但是要注意，网络这个新的沟通平台作为信息化时代的产物，在给我们带来便捷的同时，也给幼儿园家长工作乃至整个公共关系管理提出了前所未有的挑战，如何更好地开展网络化的家园联系工作、避免潜在危机是幼儿园需要面对和考虑的。

5. 家园联系册

家园联系册是家长和教师之间保持教育连续性与一致性的重要渠道，写家园联系册时要注意：教师要客观、真实反映幼儿在园表现，尤其要用具体、精练的语言写出幼儿的典型行为表现和个性特点，针对不同类型的家长，注意语言交流的艺术；要指导家长抓住重点，写出幼儿在家的真实表现；教师要根据家长的意见和建议及时调整或更正自己工作中的缺点，同时对家长教育孩子过程中遇到的问题给予具体指导和帮助。

（二）全园性的集体方式

1. 家长会

家长会是幼儿园普遍采用的一种家长工作方法。家长会可以分为全园家长会、年级家长会和班级家长会。全园家长会要求全体幼儿家长参加，一般安排在学期（或学年）

初或学期(或学年)末,让家长了解幼儿园全年的工作计划及重点,或者向家长公布学期年度工作总结、向家长展示幼儿作品,还可以就幼儿园的工作等进行家园交流互动。年级或班级家长会针对性更强,既可以使家长及早了解幼儿所在班级的教学内容和活动计划,也可以就某个教育主题展开讨论。家长会切不可流于形式,不要让家长只做一个听众和受教育者。家长会的形式应该灵活多样,更重要的是实现教师和家长、家长与家长之间良好的交流与互动。家长会之前也可以先对家长进行相关的调查,了解家长主要育儿观点和家长对幼儿园教育的期望。调查获得的信息可以使家长会更有针对性。家长会的准备工作必须要充分,例如时间的选择、场所的准备(接待工作、会场布置)、资料准备(可以通过前期调查,有针对性地收集本班幼儿相关资料、档案、作品集、家长关心的育儿话题等)、情绪调整等都十分重要。

2. 家长开放日

家长开放日是指幼儿园定期或不定期对幼儿家长开放,家长可以观摩或参与幼儿园的教育活动。幼儿园除了计划内定期的家长开放日之外,还可以利用各种节日、运动会等对家长开放。家长通过开放日的观摩活动可以观察到自己孩子在各方面的表现,得知孩子的发展水平及与伙伴交往的状况,也有助于了解幼儿园的办园理念和教育理念、幼儿园的物质环境和精神环境、幼儿园的教育模式和教育特色以及教师的教育行为。家长在家庭教育中可以学习借鉴教师好的教养态度、教育模式和方法,在观摩过程中发现的问题和生发的观点可以随时和园长、教师进行交流。家长还可以参与到幼儿园的各种活动中,如每年"六一"儿童节、"元旦",家长、幼儿和教师一起联欢,亲子同台演出;"春季(或秋季)运动会"家长和幼儿合力角逐等。通过亲身参与幼儿园的各项活动,家长能更加全面地了解幼儿园、教师和孩子,为家园合作奠定良好的基础。

3. 家教园地

很多幼儿园利用橱窗、板报、园报、刊物阅读区、家园论坛、家园联系栏等形式,介绍保教新理念、季行病的预防、亲子游戏、幼儿园一周或一月保教工作计划和活动内容等。家教园地应办得生动活泼,文章、资料要短小精悍,可由教师编写,可摘录家教报刊上的内容,也可以由家长提供经验、体会等。家教园地应设在家长接送孩子必经处,内容要经常更新,字迹不可太小,不仅让家长从提供的资料中获取育儿的知识和经验,还应给家长提供发表看法的机会。

4. 家长学校

家长学校是普及家庭教育知识的有效渠道。幼儿园可按幼儿年龄将家长分班,也可根据家长类型分班,如母亲班、父亲班、隔代家长班,还可以根据不同教育对象或热点教育问题,有针对性地展开培训。为了指导帮助家长更好、更科学地教育好自己的孩子,幼儿园可以通过举办专家讲座、专题讲座、家长工作坊等形式来开展互动交流,以解决家长们教育孩子过程中遇到的困惑,传达最新的家庭教育观念与做法,真正丰富家长知识,扩大其视野,提高育儿水平。

5. 家长委员会

家长委员会是以家长代表为主体构成的家园共育组织，是连接家庭和幼儿园的桥梁和纽带。其主要任务是帮助家长了解幼儿园工作计划和要求，反映家长对幼儿园工作的意见和建议，协助幼儿园组织交流家庭教育的经验。

家长委员会可以分为幼儿园家长委员会和班级家长委员会，幼儿园家长委员会可以在班级家长委员会的基础上产生。家长委员会成员可以采用家长推荐、自愿报名、教师推荐以及幼儿园审核的方法产生。幼儿园家长委员会成员应选择具备"四有"条件的家长，即有人品、有态度、有能力、有时间，且成员构成上还应注意丰富性，来自不同学历、职业、年龄的代表都应该有，这样才能代表大多数家长的利益。为使家长委员会明确自己的职责，幼儿园应根据本园实际情况，制定家长委员会章程。家长委员会章程应该包括组织、职责、权利、活动内容以及活动方式等。幼儿园需要创设条件让家长委员会参与到管理工作中来，并对其成员进行明确的职责分工，使其主体性得以充分发挥。要让所有教职工和家长明确家长委员会的工作任务，并建立一套完整的管理制度和检查措施，以确保各项工作的落实。家长委员会是家园联系的重要组织机构，它在家园共育中起十分重要的作用。要制定相应的制度和章程，保证家长委员会正常行使其职能。

第三节　幼儿园与社区公共关系的建构

联合国教科文组织编写的《教育——财富蕴藏其中》一书中指出："家庭、社区成员和社区内各组织的参与是确保教育质量的一个重要因素。"中共中央、国务院联合颁发的《关于深化教育改革全面推进素质教育的决定》指出："积极发展以社区为依托的、公办与民办相结合的幼儿教育。"社区是若干社会群体或社会组织聚集在某一个空间领域里所形成的一个生活上相互关联的大集体，是宏观社会的缩影。幼儿园是地方性社会公益服务设施，是社区的重要组织，社区是幼儿园扎根的土壤和生存发展的根基，幼儿教育从来就是一种社区性的教育，具有地方性、地域性特点。近年来有关幼儿园与社区合作共育的理论和实践研究日渐增多，其研究成果表明了幼儿园充分利用社区资源为社区服务的重大意义。毋庸置疑，一个社区内的自然地理环境、人文气氛、民俗传统、设施配备、社会风气、生活方式等因素，对生活在其中的孩子有诸多影响。

一、幼儿园与社区公共关系建立的意义

(一)社区环境对幼儿园的教育意义

社区的自然环境和人文环境在幼儿的成长中，特别是在其精神的成长中有着特殊的

意义。成年人回忆起童年生活过的街道、村庄、小镇、山山水水时总会伴随着十分美好、温馨的情感，这些情感是人生积极情感的重要组成部分，对人的一生都产生影响。因此，幼儿园教育扩展到社区的大背景下进行，从"以幼儿发展为本"的原则出发，整合社区资源，充分利用社区环境中富有教育意义的自然和人文景观、革命历史文物、遗迹等，扩大幼儿教育的空间，增加和拓展教育的途径，丰富和深化教育内容。

(二)社区资源对幼儿园的教育意义

社区作为一个生产功能、生活功能、文化功能兼备的社会小区，能为幼儿园提供教育所需要的人力、物力、财力、教育场所等方面的支持。不仅幼儿教育的事业发展需要广泛动员社会各方面的力量，幼儿园教育本身的发展也离不开社会力量的支持。不少幼儿园在与社区的合作中，直接利用社区丰富的教育资源，让幼儿走进社会的大课堂。

走进社区，让幼儿感受自然和社会生活。社区内不仅有良好的自然环境和物质条件，而且包括人文环境、各种人力资源、社区团体和单位等。如让幼儿参观社区中的各种机构、设施(医院、邮局、警署、银行、文化中心、书店、超市、饭店、公园、植物园、公交站、中小学、大学、敬老院等)，认识社会不同职业及职业特点(社区的劳动模范、解放军战士、医护人员、警察等)，利用社区丰富的幼儿园主题活动(如在社区环境中找"生活中的数字"；观察社区环境，培养环保开展意识等)，都会使幼儿受到良好的教育，提高幼儿基本的社会生活适应能力。

(三)社区文化对幼儿园的教育意义

社区文化无形地影响着幼儿园教育，优秀的社区文化是幼儿园教育的宝贵资源，幼儿园可以充分利用社区生活从不同角度让幼儿体验社区中蕴涵的多元文化。如社区的历史、风俗、革命传统等可以作为有地方特色的乡土教材成为幼儿园重要而有特色的教育内容；社区中不同文化背景下的餐饮店(肯德基、麦当劳、日本料理、韩国料理、中餐厅等)可以让幼儿体验不同国家的饮食文化；少数民族服装和首饰可以让幼儿体验不同民族丰富多彩的服饰文化等。

二、幼儿园与社区公共关系管理的策略与方法

(一)建立健全社区公关管理机制

幼儿园的社区公关工作既是幼儿园整体工作的重要组成部分，也是幼儿园的一项专项工作，建立健全公共关系管理机制，可以从以下几点着手：成立幼儿园公关工作领导机构，园长带头做好公关的组织领导；制定社区公关的工作目标和实施方案，有计划、有步骤地开展社区公关工作；做好社区公关工作的经验总结。

同时，也可以发动社区成立专门的社区教育机构，负责管理和协调整个社区教育。专门的社区教育管理机构可以使家庭、幼儿园、社区合作纳入政府管理范畴，改变目前比较松散的合作状态，使社区学前教育质量有所保障，职能更趋明确，使经费与资源得到最佳配置，从而让家、园、社区真正发挥各自的优势并产生最大的整体效益。

（二）开放幼儿园教育资源，服务社区居民

幼儿园应当认识到，园所的资源是社会社区的共有资产，取之于社会特别是社区，自然也应用之于社会社区。幼儿园管理者要破除资产归部门所有的观念，开放办园，利用自身优势，开展多种形式的社区教育服务，实现幼儿园教育资源共享。具体来说，可以从以下几个方面入手：

1. 在不妨碍正常教育教学的情况下，对社区内所有个人、团体、组织开放幼儿园园舍、玩具及各种教育设施，为社区内散居居民与儿童提供多种形式的教育服务。开放时间可以在周末、假期，也可以是晚上。例如，有的幼儿园每周定期对幼儿、家长开放部分场地和材料（如大型玩具、体育器材、益智玩具、图书等），让家长们带着孩子来幼儿园自由活动；有的幼儿园利用本园的操场组织社区婴幼儿家庭趣味运动会；有的幼儿园定期为社区家长开展亲子阅读活动，以专家讲座、家长工作坊、家长学校等形式组织开展社区教育，充分发挥幼儿园的教育辐射作用，实现幼儿园教育资源的共享。

2. 开办亲子班，为0~3岁婴幼儿提供一定的早期教育并对家长进行育儿指导。幼儿园可以选择对亲子教育和家长工作非常有经验的教师，利用双休日或节假旦举办亲子班，为社区内0~3岁的幼儿提供一个学习和探索的环境，促进亲子关系和幼儿社会交往能力的发展，同时实现育儿咨询和家庭教育指导。值得注意的是，亲子班的孩子往往会成为幼儿园的潜在生源，因此，其教育质量必须要有充分保障，教师要制定严格的教育计划，让家长提前了解教育内容、方法、时间以及如何在活动中与孩子互动。

3. 发挥社区精神文明阵地的辐射作用。幼儿园是专业的文化教育机构，教师是专业的文化教育工作者，幼儿园要通过提高人员素质和加强园风建设，在社区公众中树立良好形象，发挥社区精神文明阵地的影响作用。如幼儿园作为社区一分子，对社区地段的卫生、绿化、交通安全及社会治安等活动，不能置身事外，而是要主动关心，配合支持并积极参与社区建设，为创设良好的社区公共环境作出应有的贡献，这也是教育机构主导作用的一种体现。同时，一些办园规范、人员素质较高、教育质量较好的幼儿园还可以凭借自身优势对社区内其他幼教机构或同行姐妹园发挥指导作用，例如，可以建立固定联系、组织交流、观摩学习，或是形成教研网络，协助师资培训和指导多种教育活动的开展，带动本地区幼教质量的不断提高，使本地区的幼儿园乃至整个幼儿教育系统能够为促进和谐社会及经济建设发挥应有的重要作用，形成教育与社会发展双赢的局面。

(三)积极参与社区公益活动

幼儿园参与社区活动有很多形式。一是节假日共庆活动。幼儿园组织教师和幼儿准备精彩节目和社区居民同台演出，共庆佳节。二是慰问、捐助等献爱心活动。如幼儿去敬老院表演节目，与老人共度老人节；在世界助残日去看望聋哑小朋友，以捐零用钱、玩具等形式献爱心。三是幼儿园与社区共建活动。如幼儿作为环保小卫士，为社区环境保护做宣传活动。幼儿园通过参与社区活动，不仅能提高幼儿的基本素质，也能为社区文明建设增添新鲜活力。

(四)履行幼儿园的社会宣传职责

幼儿园作为专门的学前教育机构，还应担当起向所在社区及公众宣传党和国家的教育方针，进行正确教育思想观点的引导和影响，传授科学育儿知识的任务。从社区学前教育即大教育的观点看：幼儿教育的对象不应仅限于机构内的幼儿，而应扩大到社区公众，幼儿园要发挥自身作为专业教育机构的传播、引导、影响作用，要注重提高社区成员的教育意识，积极向社会进行教育和宣传，影响家长乃至社区公众的教育观念和教养方式，树立起"儿童优先""尊重儿童"的公民意识，让全社会逐步形成正确的教育价值观、教育质量观，使优质的幼儿教育得到更广泛的理解与支持。

总之，幼儿园应充分发挥自身作为专业学前教育机构的教育能力和资源优势，强化社会服务职能，积极向所在社区和家庭开展早期教育服务，主动承担和参与社区早期教育和家庭教育宣传、指导以及社区文化建设等方面的工作，使幼儿园成为社区早期教育的资源中心。如果社区公众认识到，幼儿园各种形式的公关活动可以使他们获得更多、更好的教育服务，他们就会对幼儿园形成良好的印象，进而乐于参与、支持幼儿园的各种教育活动，真正实现幼儿园和社区公众互惠互利的共赢关系。

第四节 沟 通

一、沟通在管理中的意义

沟通是管理过程中最为基础性的工作，它涉及组织成员之间或者组织成员与外部公众之间发生的，旨在完成组织目标而进行的多形式、多内容、多层次的信息的发送、接受与反馈的交流过程。在管理过程中，不管我们是在进行书面还是口语的沟通，都要试图说服、告知、娱乐、解释、信服、教育对方或达到任何其他目的。一般有四个主要目标：第一，被接收(被听到或被读到)；第二，被理解；第三，被接受；第四，使对方采取行动(改变行为或态度)。只要没达到其中任何一个目标，沟通就失败了。

管理心理学中有一个著名的"蜂舞"法则：奥地利生物学家弗里茨经过细心的研究，发现了蜜蜂"舞蹈"的秘密。蜜蜂的舞蹈主要有"圆舞"和"镰舞"两种形式。工蜂回来后，常做一种有规律的飞舞。如果工蜂跳圆舞，就是告诉同伴蜜源与蜂房相距不远，约在100米。如果工蜂跳镰舞，则是通知同伴蜜源离蜂房较远。路程越远，工蜂跳的圈数越多，频率也越快。如果跳"8"字形舞，并摇摆其腹部，舞蹈的中轴线与巢顶的夹角，正好表示蜜源方向和太阳方向的夹角。蜜蜂跳舞时头朝上或朝下，与告知蜜源位置之方向有关：跳舞时头朝上时，表明找寻蜜源位置必须朝着太阳的方向飞行。

"蜂舞"法揭示的道理是：信息是主动性的源泉，加强沟通才能改善管理的效果。管理者要像蜜蜂采蜜一样，吸取各种沟通方式的特点，将"蜂舞"揉到自己的管理艺术中。

（资料来源：https://wiki.mbalib.com/wiki/%E8%9C%82%E8%88%9E%E6%B3%95%E5%88%99）

有关研究表明，管理中70%的错误是由于不善于沟通造成的。沟通能力在管理中很重要。沟通是解决一切问题的基础，管理学家西蒙提出管理的主要工作是决策，而决策的过程就是信息交流和处理的过程，也即沟通。从更细致的角度来思考，对决策的执行，其实质是组织成员对自己的行为进行自我管理，而自我管理必然是自我沟通的行为过程。那么，决策是沟通，执行也是沟通，因此，管理的行为过程，也就是沟通的行为过程，管理就是沟通的串联。

每人每天都在反复地与人沟通，管理者更是如此。具体地说，沟通在管理中的重要作用体现在以下几个方面。

（一）良好的组织沟通有助于振奋士气，提高工作效率

畅通无阻的上下沟通，可以起到振奋士气、提高工作效率的作用。随着社会的发展，人们开始了由"经济人"向"社会人""文化人"的角色转换。人们不再是一味追求高薪、高福利等物质待遇，而是要求能积极参与组织的创造性实践，满足自我实现的需求。在幼儿园，良好的沟通，使教职工能自由地和其他人，尤其是管理者谈论自己的看法和主张，使他们的参与感得到满足，从而激发他们的工作积极性和创造性。

（二）在有效的人际沟通中，沟通者互相讨论、启发，共同思考、探索，有利于组织创新

专家座谈法就是最明显的例子。一线教职工对于组织有着更为深刻的理解，他们往往能最先发现问题和症结所在。因此，有效的沟通机制使组织各阶层都能分享他的想法，沟通者互相讨论、启发，共同思考、探索并考虑付诸实施的可能性，而这是组织创新的重要来源之一。

(三) 沟通有利于获得各种有关环境变化的信息

顾客需求信息、行业发展信息、财务信息等都需要准确而有效地传达给相关部门和人员。各部门、人员间必须进行有效的沟通，以获得其所需要的信息。一个组织出台任何决策，都需要凭借书面或是口头的，正式或是非正式的沟通方式和渠道传达给适宜的对象。任何一个组织只有通过信息沟通，才能成为一个与其外部环境发生作用的开放系统。尤其是在环境日趋复杂、瞬息万变的情况下，与外界保持着良好的沟通状态，及时捕捉行业发展动态，避免危机是管理者的一项关键职能，也是关系到组织兴衰的重要工作，这对幼儿园而言同样适用。

幼儿园要想顺利成功地开展工作，首先必须获得各种有关环境变化的信息。幼儿园对外的信息沟通可以获得有关外部环境的各种信息和情报资料，如政府关于学前教育发展的方针、政策，同行业发展的现状与趋势，社会对于学前教育的价值观念，外部公众对于幼儿园的评价、口碑等，这些信息的获得将有助于幼儿园确定正确的办园方向，提出科学的战略决策。幼儿园内部的沟通可以了解教职工的意见倾向、价值观和工作成效，他们的积极性源泉和需要，各部门之间的人际关系、管理的效率等，为及时控制、指挥幼儿园的运转，实行科学有效的管理提供信息。

二、沟通的原则

人与人之间因各自生命经验、禀赋习性、生活背景的差异必然会有不同的认知，唯有通过沟通，人们内心的认知才有机会摆在同一个层面。沟通作为人类最基本、最重要的活动方式和交往过程之一，在人类社会组织群体的维系中起着不可或缺的作用。人是群体性动物，必然隶属于一定的关系和社会组织，而沟通是维系组织存在，保持和加强组织联系的纽带，也是创造和维护组织文化，提高组织运转效率，支持组织不断稳固发展的必要手段。在管理过程中，沟通不只是一般人眼中的说话技巧，更是一种打破自身局限、在交流中实现自我，并且进一步帮助他人自我实现的技能。但从沟通结果来看，沟通分为无效沟通和有效沟通。要达成有效的沟通，必须遵守一定的原理，只有遵循这些基本原理，沟通才能达到预期的效果。

关于有效沟通的原则，很多专家学者均有论述，比较著名的有"有效沟通 7C 说"和"有效沟通三原则"。在此，我们从管理的角度分别从沟通内容和沟通方式两方面来谈沟通的基本原则。从沟通内容的角度讲，可以总结为 4C 原则，即完整原则(Completeness)、简明原则(Conciseness)、清楚原则(Clarity)、正确原则(Correctness)。从沟通方式的角度讲，主要有尊重原则、适度原则、了解原则、双向沟通原则。

（一）沟通内容的 4C 原则

1. 完整原则

完整原则是指沟通过程中，发送和接收的信息要完善，必要时要做适当的补充。沟通效果的好坏，与信息传递后接收者所得到的信息是否完整有直接的关系。因此，在信息传递过程中，首先要将所传递的信息进行概括和归纳，并且要考虑到信息的沟通方式选择是否能够完整传递所要表达的内容。另外在信息沟通过程中，还要使得信息接收者和发送者对信息传递过程中的环境因素有全面了解，以便信息在一定的情境中得到更好的传递和理解。

2. 简明原则

简明原则是指沟通时，尽可能对信息进行筛选，梳理出鲜明突出的特点，概括成精练的话语。良好的沟通应该简洁，力求以简单的表达方式传达出大量的信息。每个人的时间都是宝贵的，没有人喜欢进行不必要的冗长沟通。但言简意赅并非一味缩短长度和省略必要的细节，而是在确保完整的基础上采用简洁的表达方式。

3. 清楚原则

清楚原则包含明确的思路和清晰的表达两个方面。一方面，要求信息发出者进行严密的构思和充分的准备；另一方面，选择对方熟悉、明确和清楚的词语，组合成有效的沟通句式和段落。

4. 正确原则

正确原则即数据、事实和词语的表述要精确，以可接受的书面方式和恰当的用语进行沟通。避免数据不足、数据解读错误、不了解关键信息等情况发生，提高自身可信度。

（二）沟通方式的四原则

1. 尊重原则

尊重沟通的对象，在沟通双方地位平等的基础上，以礼貌得体的方式进行沟通，尊重原则是实现沟通目的的重要前提。人际沟通中，尊重是一切沟通顺利开始的前提，每个人都希望被尊重，希望被别人认可、赞扬、尊敬，甚至崇拜，即使身份再卑微的人也有被他人尊重的愿望，只有尊重自己的交往对象，交往对象才会尊重自己。一切有效的沟通是建立在对个体的尊重和接纳之上，我们的沟通对象来自不同的环境背景，有不同的性格特征和价值观，将他们放在平等的"人格"上看待，可以最大限度地消除误解和敌意。贯彻尊重原则可以满足渴望收到尊重的人的心理需求，可以赢得交际对象的信任和支持，沟通才能顺利进行。

2. 适度原则

适度原则主要是指根据不同对象把握言谈的深浅度，根据不同场合把握言谈的得体度，根据自己的身份把握言谈的分寸度，包括体态语也要恰到好处。说在该说时，止在该止处，这才叫适度。讲究适度原则包括沟通时间适度、沟通方式适度、沟通分寸适度、沟通频率适度。比如，有的人见面时不及时问候、分手时不及时告别、失礼时不及时道歉、对请教不及时解答、对求助不及时答复、在热闹喜庆的气氛中唠唠叨叨诉说自己的不幸、在别人悲伤忧愁时嘻嘻哈哈开玩笑、在交谈对象心绪不安时仍滔滔不绝发表宏论等，这都是属于说话不注意分寸，沟通没把握度的表现。

3. 了解原则

了解原则指发言者应尽可能对沟通对象和沟通内容进行充分了解，遵守相应的沟通规范，以便采取合适的沟通渠道和沟通方式。任何沟通都必须遵守一定的规范。这些规范有的是成文的，如组织或者单位明文规定的办公纪律；有的是不成文的，体现为日常生活中人们普遍遵守的道德规范和行为准则。成文的规范具有明确性、清晰性的特征，而易于被人所掌握，不成文的规范和准则则成形于人类社会的长期发展历程之中，是文化的一种表现形式，这些规范较难理解和掌握。在沟通中，要尽可能对沟通对象进行了解，了解不同的文化孕育出不同的规范，建立一种双方能真正相互理解的、相对稳定的沟通渠道。如为表达对沟通对象的尊重之意，人们常会赠送鲜花。大家对鲜花有一种共同理解，认为是表示尊重和敬意的，达成这种共识，沟通就有了良好的开始，这种做法本身就是一种沟通渠道。但是，在一些国家和地区，菊花意味着不幸或悲哀，被用作丧葬、扫墓之用，如果不能为双方所共同理解，就会触犯对方的忌讳。

4. 双向沟通原则

沟通是发出者和接受者双方互动的过程，因此双向沟通原则是交往艺术中最基本的原则之一。所谓双向沟通，是指在双方交往中，应当进行彼此之间的积极沟通，及时接收对方反馈信息，每一个人既是发信者又是受信者。双向沟通原则以相互理解作为双方交往的基本前提。在沟通中，也就是指对沟通对象的理解，不仅理解其身份、职业、性格，也包括对其需求的理解。要使沟通顺利，就应当对这些需求有所理解和准备，在沟通过程中尽量满足对方的需求，及时接收反馈信息，调整沟通策略。

三、沟通的种类

从公共关系维系的角度，我们可以把幼儿园沟通的类型分为组织内部沟通和组织外部沟通两大类。

(一) 组织内部沟通

任何一个组织要想正常、高效运转，其内部的沟通渠道必须通畅无阻。而信息沟通的渠道，又可以分为两种：正式通道和非正式通道。正式通道是通过组织正式结构或层次系统运行；非正式通道则是通过正式系统以外的途径来进行的。在组织中，这两种渠道是同时存在的，管理者应该有效地利用这两种通道来提高组织沟通的效率。

1. 正式沟通渠道

在幼儿园，正式沟通指由组织内部明确的规章制度所规定的沟通方式，它和组织的结构息息相关，主要包括按正式组织系统发布的指示、文件，组织召开的正式会议，组织正式颁布的规章、制度、手册、简报通知、公告，组织内部上下级之间和同事之间因工作需要而进行的正式接触。正式沟通是否畅通直接影响到一个组织的工作效率，在幼儿园中直接关系到园所的保教质量和办园效益。按照信息的流向可以分为上行、下行和平行沟通三种形式。

（1）上行沟通。这是组织中信息从较低的层次流向较高的层次的一种沟通。主要是一线教职工依照规定向上级所提出的正式书面或口头报告。除此之外，许多机构还采取某些措施以鼓励向上沟通，例如态度调查、征求意见座谈会、意见箱等。如果没有上行沟通，管理者就不可能了解教职工的需要，也可能不知道自己下达的指示或命令正确与否，因此上行沟通十分重要。

（2）下行沟通。这是组织中信息从较高的层次流向较低层次的一种沟通。许多人认为下行沟通就是从管理者流向操作者的沟通，其实不然，很多下行沟通都是发生在管理层内部的。下行沟通是传统组织中最主要的沟通流向。一般以命令方式传达上级组织或其上级所决定的政策、计划、规划之类的信息。

（3）平行沟通和斜向沟通。所谓平行沟通，是指在组织中同一层次不同部门之间的沟通，而斜向沟通，是指信息在不同层次之间的不同部门之间流动时的沟通。虽然这两种沟通跨越了不同部门、脱离了正式的指挥系统，但在现实中，各种组织广泛地存在横向沟通和斜向沟通，因为事实证明它们有助于提高效率，只要在进行沟通前先得到直接领导者的允许，并在沟通后把任何值得肯定的结果及时向直接领导汇报，这种沟通便值得积极提倡。

2. 非正式沟通渠道

正式沟通的优点是沟通效果好，比较严肃而且约束力强，易于保密，可以使信息沟通保持权威性。以重要消息和文件来传递组织的决策一般都采取这种形式，但其缺点是沟通速度慢、刻板，易于使信息失真，因此组织为顺利进行工作，必须依赖非正式沟通以补充正式沟通的不足。

非正式沟通是一类以社会关系为基础，与组织内部明确的规章制度无关的沟通方式。它的沟通对象、时间及内容等都是未经计划和难辨别的。因为非正式组织是由于组织成员的感情和动机上的需要而形成的，所以其沟通渠道是通过组织内的各种社会关系，这种社会关系超越了部门、单位及层次。非正式渠道不是由管理者建立的，所以管理者往往很难控制。非正式渠道无所谓好坏，主要在于管理者如何运用。在相当程度上，非正式沟通是形成良好组织氛围的必要条件，相比较而言，这种渠道有较大的弹性，可以是横向的和斜向的，而且速度很快。

在很多情况下来自非正式沟通的信息反而易于获得接收者的重视。因为这种沟通一般是采取口头方式，不留证据、不负责任，有许多在正式沟通中不便于传递的信息却可以在非正式沟通中透露。

非正式沟通往往起源于人类爱好闲聊的特性，闲聊时的信息称为传闻或小道消息（并非谣言）。根据专家的研究，组织中80%的小道消息是正确的。但幼儿园不能过分地依赖这种非正式沟通途径，因为这种信息遭到歪曲或发生错误的可能性较大，而且往往无从考证，尤其是与教职工个人问题紧密相连时（如晋升、待遇、人员调配等），常常会发生所谓的"谣言"，这种谣言的散布往往会对组织造成较大的麻烦。

非正式沟通往往具有如下一些特征：

（1）非正式沟通的信息往往不是完整的，有些是牵强附会的，因此无规律可循。

（2）非正式沟通主要是有关感情或情绪的问题，虽然有些也和工作有关，但常常也会带上感情的色彩。

（3）非正式沟通的表现形式具有多变性和动态性，因此它传递的信息不但随个体的差异而变化，而且也会随环境的变化而变化。

（4）非正式沟通并不需要遵循组织结构原则，因此传递有时较快，而且一旦这种信息与其本人或亲朋好友有关，则传递得更快。

（5）非正式沟通大多数在无意中进行，其传递信息的内容也无限定，在任何时间和任何地点都可发生。

非正式沟通有以下作用：

（1）可以满足职工情感方面的需要。

（2）可以弥补正式通道传递的不足。

（3）可以了解职工真正的心理倾向与需要。

（4）可以减轻管理者的沟通压力。

（5）可以防止某些管理者滥用正式通道，有效防止正式沟通中的信息"过滤"现象。

非正式沟通的优点是沟通不拘于形式，直接明了、速度很快，容易及时了解正式沟通难以提供的内幕新闻。其缺点是难于控制，传递的信息不确切、容易失真，而且可能导致小集体、小圈子，影响组织的凝聚力和人心稳定。所以管理者应该予以充分注意，警惕小道消息的负面作用，并利用非正式沟通为组织目标服务。

就沟通所采取的具体方式和手段而言，在组织内部的沟通中，有指示、汇报、会议、个别交流、书面、口头、语言和非语言沟通等多种方式。

（1）指示。指示是上级指导下级工作、传达上级决策经常采用的一种下行沟通方式，它可以使一项任务启动、更改或终止。指示一般是通过正式渠道进行沟通的，具有权威性、强制性等特点。指示可以分为书面指示和口头指示、一般指示和具体指示、正式指示和非正式指示。在决定指示是书面的还是口头的时候，应考虑的问题是：上下级之间关系的信任程度和持久性，以及避免指示的重复性。如果上下级之间信任程度较高，持久性好，则采用口头指示和通知即可。对于重要的决议或命令，为了避免司法上的争执和增加其权威程度，或是为了对所有有关人员宣布一项特定的任务，则应该用书面指示。

（2）汇报。汇报是下级在总结工作、反映情况、提出建议等而进行的一种上行沟通方式。汇报也可分为书面汇报、口头汇报、专题汇报或一般性汇报、非常正规的汇报或较为随意的汇报。有些汇报不仅仅要用书面的形式，而且还要加上口头的方式（如学年工作报告、年度工作总结等），有些汇报则只需要书面或口头的，不同的组织，其对于汇报方式的规定是不同的。

（3）会议。组织内部沟通的本质是组织成员间交流思想、情感或交换信息。而采取开会的方式，就是提供交流的场所和机会。会议这种沟通方式具有如下一些特点：会议可以集思广益，在意见交流后，容易产生一种共同的见解、价值观念和行动指南，而且还可以密切相互之间的关系；会议可以使人们了解决策的过程，从而更加竭尽全力地执行会议的决议；通过会议，可能发现之前所未曾注意到的问题，并加以认真研究和解决。

（4）个别交谈。个别交谈则是指组织成员之间采用正式或非正式的形式，以交流思想和情感，或征询谈话对象对组织中存在问题和缺陷提出他自己的看法和意见。相对而言，个别交谈则具有无拘无束，双方都感到亲切并且相互信任的优点。这对双方统一思想、认清目标，体会各自的责任和义务都有很大的好处，而且个别交谈中，人们往往愿意表露真实思想，提出有些不便于在会议场所提出的问题和意见，从而使沟通双方在认识、见解等方面更加容易取得一致。

（5）内部刊物。内部刊物主要是反映组织最近的动向、重大事情以及一些提醒职工、激励组织成员的内容。不同的组织，内部刊物的形式、周期、反映的内容差异很大，所以沟通的效果也就千差万别了。当前，内部刊物开始向无纸化方面转变，其类似的方式有组织内的网络通告、职工群等。

（6）宣传告示栏。许多幼儿园在园所公众区域都有海报栏、信息栏等，这是一种非常有效的组织沟通方式，它具有成本低、沟通面广、沟通较为准确和迅速的优点。随着信息技术的飞速发展，公共宣传告示栏已向无形化转变，如微信公众平台、掌通家园App平台等。

（7）意见箱与投诉站。当组织内部沟通出现障碍时，基层职工的各种设想、意见很难反映到上层。即使组织沟通系统正常，也会因为沟通过程中信息的"过滤""扭曲"等原因而使教职工的思想传递受阻，所以一般组织中都设有意见箱，以便高层领导能够直接收到下层传达来的信息。当下级的正当权益得不到有效的保护，而通过沟通来解决又失败后，往往可以通过组织内部的投诉站来加以协调。

除了以上列举的几种沟通方式之外，组织内部沟通方式还有许多正式或非正式的沟通方式，如领导见面会、群众座谈会、讲座、郊游、联谊会、聚餐等，这里不再一一详述。

（二）组织外部沟通

组织是生存于一定的环境之中的，除了要进行内部沟通以外，还必须进行外部沟通，处理好与其周围的家庭、社区及新闻媒体的关系，有效地同其他组织进行业务往来或合作。

1. 幼儿园与家庭沟通的方式

家长是幼儿园最重要的外部公众。以优质的保教服务赢得家长满意是幼儿园生存与发展的基础，也是园所价值得以体现的根本所在。幼儿园的教育和服务是与家长沟通的基本载体，幼儿园需要不断调查以明确家长的教育期望、教育诉求，同时要随时检验自己是否做到了与家长的充分沟通。同时，还需要掌握与家长沟通的方法，提高沟通的效果。

如前所述，幼儿园与家长沟通的方式大致包括接送幼儿时的个别交谈、家访、家园联系册、电话交谈、利用网络平台开展网络化的家园联系工作、家长会、家长开放日、家教园地、家长学校、家长委员会等。

2. 幼儿园与社区沟通的方式

没有一个组织是远离社会的"孤岛"。幼儿园总是与周边环境发生千丝万缕的联系，而社区则是幼儿园最直接的外部环境。在相对开放的社区中，社区的民意、社区资源与幼儿园间存在着十分密切的关系。

如前所述，幼儿园可以通过以下几种方式实现与社区的沟通：建立健全公关管理机制，制定社区公关的工作目标和实施方案，有计划、有步骤地开展社区公关工作；根据社区需要，通过开放幼儿园教育资源（如园舍、玩具、图书、教育设施等）、开办亲子班等形式，服务社区居民；发挥社区精神文明阵地的辐射作用，积极配合、支持并参与社区建设；多种形式积极参与社区公益活动；向所在社区及公众宣传党和国家的教育方针，进行正确教育思想观点的引导和影响，传授科学育儿知识，履行幼儿园的社会宣传职责。幼儿园要重视社区公关工作，通过富有意义的活动形式以及有效的沟通，增进社区公众对园所的了解，提高知名度，树立良好形象。

3. 幼儿园与新闻媒体沟通的方式

新闻媒体是幼儿园同一般公众进行沟通的最经济、最有效的沟通渠道之一。处理好与新闻媒体的公共关系，学会与新闻媒体合作已成为信息化时代幼儿园的必修课程。可供幼儿园利用的大众沟通媒体有：报纸杂志、行业刊物、广播、电视、书籍以及网络媒体等。

新闻媒体对幼儿园而言兼具多重重要意义：第一，新闻媒体是有效的传播工具，其信息传播有着超越时空的广泛性、渗透性和快速性的特点，通过它做一些于人有利的宣传活动，与各种各样的公众进行沟通，有助于树立园所良好形象。第二，媒体新闻有助于让幼儿园快速了解行业发展动态、同行优势，便于园所吸收先进的管理办法，进而提高园所竞争力。第三，一些媒体报道有助于唤醒幼儿园的危机意识，引发管理者思考自身管理中的问题，为幼儿园危机管理、危机疏导提供决策依据与思路。

但值得注意的是，新闻媒体对社会舆论有着很大的影响力，因此，幼儿园要处理好媒体对危机情境的负面影响和积极贡献之间的关系。负面新闻会影响幼儿园声誉，威胁幼儿园的生存。作为管理者，绝不能坐视不管。如果报道内容属实，幼儿园遭遇媒体公关危机，则要在保护幼儿的前提下，积极配合媒体公开具体细节，让公众看到幼儿园对于该事故的重视，争取获得大众的了解和谅解，并采取有效措施，尽快解除危机；如果存在误会，则要积极解释，建立有效的公关工作机制，做好危机发生后的传播沟通工作，让媒体对事件进行正确的报道。

总之，幼儿园需主动、系统、有针对性地进行媒体工作，建立和维护与新闻媒体的信赖关系，将媒体工作纳入幼儿园战略管理范畴，研究不同媒体的工作特点和需求，平时主动地与社会相关媒体做好沟通、交流，使相关媒体了解幼儿园工作特点，熟悉幼儿园情况，使之成为幼儿园的宝贵资源十分重要。

四、有效沟通的策略与方法

尽管每个组织都不可避免地存在着沟通障碍，但情况也不是令人悲观的，因为许多沟通障碍是可以防止和排除的。为此，建议幼儿园管理者从以下几个方面去排除沟通中的障碍，以达到增强有效沟通的目的。

(一) 强化沟通意识

幼儿园管理者要牢固树立"沟通是管理的灵魂"的观念，从战略高度认识加强组织内外部沟通的重大意义。只有在此前提下，管理者才有可能在个人沟通技能、组织建设、制度建设、软硬件改良等诸环节下功夫，为优化组织沟通创造积极的条件。为此，幼儿园的管理者必须解放思想，辩证地认识先哲所谓"君子讷于言而敏于行"的教诲，清醒地认识到：在现代社会，一个优秀管理者必须既敏于行，又敏于言，善于言。

(二) 提高信任度

幼儿园的管理者在内外部公众心中的信任度，对于改善沟通有重要的影响。一个有效的管理者，不仅要取得下属和公众的信任，而且必须保持这种信任，提高这种信任。若管理者在下属面前丧失了信任，那他的命令再正确也不会有人去执行，其任何沟通都是无效的。所以，管理者要特别注意言行一致，言必行，行必果，以实际行动来赢得信誉。

提高信任度还体现在管理者应容忍并善于接纳部属和公众的各种真实想法。尤其在幼儿园内部，管理者要让教职工感到有什么话都敢跟领导说，不可让教职工在"报忧"时有惧怕心理，或只爱听报喜，不爱听报忧。教职工对管理者在某一方面的不信任可能会波及其他方面的不信任，因而，管理者尽量在各方面得到教职工的信任是有利于相互之间的有效沟通的。

(三)认清沟通的目的和意义

管理者在沟通之前应检查沟通的目的，经常自问"为何要进行这次沟通？我希望在这次沟通中获得什么？"切忌毫无目的地沟通。此外，还应该认清这次沟通对沟通对象的意义何在，即这次沟通对部属或外部公众来说有何意义，他/她能从这次沟通中获得什么。要了解沟通对于接受者的意义，就应该认清他们需要什么。

(四)慎用语言及文字

语言和文字是沟通中信息传递的重要工具，语言文字使用的好坏影响着信息是否能准确迅速地传递，蹩脚的语言表达和拙劣的文字表述都不利于信息的有效传递，不利于沟通的有效进行。因此，管理者应在实践中不断提高语言及文字表达能力，提高自己的表达技能，且在沟通中应尽量使用通俗易懂的语言，对容易产生歧义的话语应尽量避免使用，或者对于可能产生误解的话语，做必要的解释说明。

(五)充分利用反馈信息

反馈是沟通的重要保证措施，没有反馈，管理者无法知道信息是否传递到了对象那里。因此，管理者应尽量鼓励反馈，同时也应善于从接受者的表情中获得反馈信息，接受者的表情、眼神、身体姿势是接受者潜意识的感情流露，通常都暗含着无法用言语表达的态度和心理倾向，这种反馈信息有时是最真实、最确凿的，沟通者应该充分利用。

(六)加强组织建设，优化组织沟通

加强组织建设，积极改善组织结构和组织文化，是优化组织沟通的重要途径。一个能较好地发挥沟通功能的组织必须具有以下特点：第一，具有团队精神。特别提倡不同意见的发表，保护有独创性的见解，决策部门能及时而科学地对这些意见作出综合处理。第二，机构精练，层次简化，职责分明。不管信息来源组织中的哪个部门，都能由有关的部门作出积极处理。第三，建立各类人士、职能部门、上下级之间的协商对话制度，定期或不定期地交流对主要问题的看法，增进相互了解，统一基本认识，保证上下沟通与水平沟通都能得到理解。第四，信息中心专门负责信息沟通网络的正常运行，对各类信息认真筛选加工，向决策者输送准确、完整、有用、适量的信息。

(七)建立建议制度

通过征求一线教职工改进工作的意见来加强上行沟通。它们体现出一种鼓励提出有益的意见，并防止其通过指挥链条被过滤掉的正式意图。建议制度的最简单的例子是利用意见箱，提供每一项建议得到如何评价的反馈，并可以加强下行沟通。

(八) 开展教职工调查和调查反馈

对教职工的态度和意见进行调查，是一种有利于上行沟通的手段。为使教职工可以自由表达他们的真实观点，调查通常利用保证无个性特征回答的调查表来进行。一次有效的调查包含教职工确实关心的问题和有益于实际目的的信息，定期调查能帮助管理者们察觉到教职工情感方面值得注意的变化。调查结果反馈将加强下行沟通，调查反馈向教职工表明，他们的评论已被管理部门听到和考虑。

 本章小结

在现代社会，缺乏公共关系意识和公共关系管理能力的组织不仅难以赢得社会公众的信赖，而且难以取得市场竞争的主动权。本章从公共关系管理的基础知识入手，探讨了幼儿园公共关系系统的构成、幼儿园公共关系活动的基本原则、幼儿园公共关系管理的策略及意义三大基本问题，重点阐述了幼儿园与家庭、社区公共关系建构的策略与方法，同时，从有效沟通的角度探讨了幼儿园与组织内外部公众之间进行沟通的原则、策略与方法。

思考题

1. 谈谈你对幼儿园及其教师与家长关系的认识。
2. 找一所幼儿园，分析其园所条件及社区环境，提出园所为社区服务的设想。
3. 试为一所幼儿园设计一套公关方案。

推荐读物

1. 陈琳. 构建家园共育新空间：幼儿园亲子社团的创建[M]. 成都：四川人民出版社，2017.
2. 李兵. 现代公共关系管理[M]. 昆明：云南大学出版社，2016.
3. 金丽，李天田. 超级中层商学院之沟通有结果[M]. 北京：北京大学出版社，2012.
4. 何树宇，朱媛，邹永志. 现代幼儿园经营管理[M]. 北京：新华出版社，2017.

1. 张慧敏. 幼儿园组织与管理[M]. 北京：人民邮电出版社，2014：83-101.

2. 屈玉霞. 幼儿园经营与管理[M]. 北京：科学出版社，2011：168-182.

3. 王普华. 幼儿园管理[M]. 北京：高等教育出版社，2005：195-209.

4. 张燕. 学前教育管理学[M]. 北京：北京师范大学出版社，2009：272-295.

5. 邢利娅. 幼儿园管理[M]. 北京：高等教育出版社，2010：206-230.

6. 杜燕红. 学前教育管理学[M]. 郑州：郑州大学出版社，2012：87-200.

7. 王琢. 论秘书与领导的沟通原则[D]. 暨南大学硕士生论文，2013.

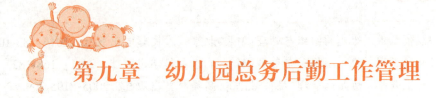

第九章　幼儿园总务后勤工作管理

📖 本章提要

　　幼儿园管理是对人、财、物、事、时间、空间、信息等资源的管理，这些方面的管理都是通过总务后勤工作进行运筹和保障的。幼儿园总务工作包括创建良好工作环境，不断改善教学条件；管理好幼儿园的财务和财产；改善教职工与幼儿的生活福利；做好幼儿园档案管理，保障幼儿园保教任务的完成等。因此，总务后勤工作管理是幼儿园管理的重要组成部分，直接影响幼儿园各项

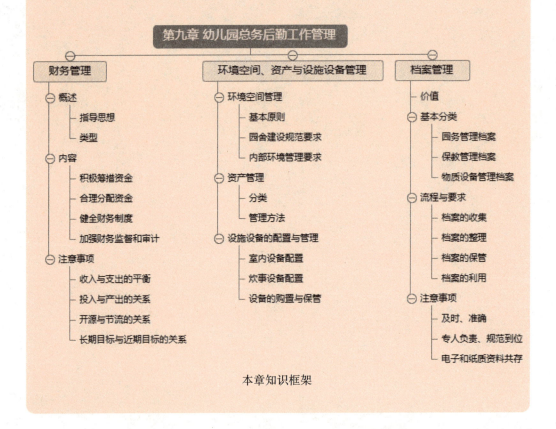

本章知识框架

工作的顺利开展和保教工作质量。通过本章的学习，重点需要理解幼儿园总务后勤工作管理在幼儿园管理工作中的地位和意义，掌握幼儿园财务管理，环境(空间)、资产与设施设备管理，以及档案管理的内容与方法。

【知识目标】

1. 理解幼儿园财务管理的主要内容及工作基本要点。

2. 掌握幼儿园环境(空间)管理的内容，资产与设施设备管理的类型及其方法。

3. 掌握幼儿园档案管理的具体内容与基本程序。

【能力目标】

能运用相关的管理策略与方法，解决现实中幼儿园财务管理，环境(空间)、资产与设施设备管理、档案管理过程中所面临的问题。

【教学重难点】

教学重点：

幼儿园财务管理，环境、资产与设施设备管理、档案管理的内容及管理要点。

教学难点：

运用相关管理原则与策略，解决现实中总务后勤工作所面临的问题。

【教学学时】

3 课时

断水的幼儿园①

近日，×××幼儿园出现了这样的状况：孩子们每天自己带"水"，水瓶各式各样、大小不一，"水"也是什么都有，橙汁、可乐、运动饮料……有的家长怕孩子一天下来一瓶水不够喝，中午还会再送水过来。

该幼儿园的肖老师说："问题就出在近期幼儿园的管理上。以往，幼儿园饮用的开水是由工勤人员每天送两次，后来每天送一次，再后来干脆就不送了。当班的老师和保育员一开始也给孩子们打水，但是在这个幼儿园干多干少一个样，后来一些主动打水的老师也不打水了。"

园长虽然知道这些情况，但每天忙着在外面拉赞助、开会，实在是分身之术，她说："我每天都去拉社会赞助，添置了电子琴、电脑、玩具，几乎每个

---

① 张晓焱. 幼儿园管理[M]. 北京：航空工业出版社，2014：167.

月都提高了奖金和福利待遇，可员工们还是不好好干，我心软也不愿处罚他们。工勤不送水，老师们聊天不组织幼儿活动……真让人寒心！我聘请专家来指导工作，可是专家又不能天天盯着……"

　　家长们知道这些情况，纷纷要求退园，园长拦也拦不住。幼儿园刚开的时候有260多名幼儿，现在只剩下50多名幼儿，这样的变化引人深思。

　　问题思考：幼儿园供水属于哪个部门的工作？这个部门的管理有哪些基本要求？

　　总务后勤管理是幼儿园工作管理的重要组成部分，它是对全体人员的全部事务进行管理。一所幼儿园想要有一流的保教质量，就必须有优质的总务后勤服务作为后盾。总务后勤工作复杂琐碎，大到幼儿园的整体规划、经费预算、基建维修、大型设备购置与维护，小到一桶油、一支笔、一张纸都要总务后勤工作进行计划、供给、监督和检查。可见，总务后勤管理涉及面广、事情杂、头绪多、跨度也很大，通常还需要各个部门的相互配合才能保证幼儿园秩序正常的开展和教学工作的顺利进行。因此，总务工作更凸显的是统筹管理的职能，它侧重于通过一系列过程性的管理，最大限度地服务于一线保教工作，最终实现幼儿园的保教目标。幼儿园总务后勤工作有如下特点：

　　第一，服务性。"后勤"原本是军事用词，它来源于军队，是军队"后方勤务"的简称，指的是后方对前方的一切供应工作和保障系统。相对于前线的作战部队而言，其他一切部门都可以称作后勤。那么在幼儿园里，除去一线的保教工作，其他的服务和保障系统都可以统称为"后勤"。服务性是后勤总务工作的本质特点所决定的。在幼儿园，总务后勤工作的宗旨是为保教工作服务。保教工作是幼儿园的中心工作，幼儿园教育的启蒙性、基础性看起来很简单，实际上非常琐碎繁杂，这就必须要求有相应的后勤工作给予支持和配合。另一方面，幼儿园作为学前的公共教育机构，招收进来的大多是自理能力差、身心发展不充分的3~6岁儿童，因此，在注重教育的同时，还必须兼顾对幼儿实施相应的保育工作。比起中小学而言，幼儿园的总务后勤涉及更多的生活管理，也更注重对环境方面的管理。总务后勤工作服务的对象涉及哪些人呢？首先，服务的对象是幼儿，它要为孩子们提供安全舒适的生活学习环境、提供丰富的玩具、搭配合理的膳食以及做好常见疾病的预防与控制等方面的工作；同时，总务后勤工作还要为教职工的工作、生活提供便利和服务，比如给教职工买五险一金，让教职工工作无后顾之忧，为其提供工作餐，使其子女可以优先入托、入园等；在服务好这两类人群的同时，也就意味着间接地为家长提供了服务。

　　第二，全局性。总务后勤工作影响着全局的工作，涉及幼儿园的方方面面，大到园舍的扩建、翻修与维护、大型保教设备的购置，小到柴米油盐、肥皂卫生纸的购买，事无巨细，都是总务后勤的工作。总务工作做到位了，其他工作就可以顺利开展，相反，如果没到位，相互推诿责任肯定少不了，不但浪费精力，还给正常工作添堵。总务后勤管理其实就像居家过日子，不仅要考虑家里每个人的需要，还要顾全大局，考虑怎么妥善安排有限的资源使家里人一团和气，并且还要从长远考虑整个家族怎么发展壮大，因此总务后勤管理需要仔细打点和经营各方面的事情。这也就要求总务后勤在管理上，考虑总体的同时也要方便他人，大处着眼、小处着手地提供优质的服务。

第三，先行性。总务后勤工作为幼儿园各项工作的开展提供基本物质保障，因此必须走在常规工作的前面，这就是常言所说的"兵马未动，粮草先行"。幼儿园各项工作，如建园、招生、编班、开园等，都要求总务工作先行一步。先行性实际上就是加强工作的计划性和预见性，不仅要把有限的资金用到刀刃上，还要做到未雨绸缪，有备无患。例如，幼儿园的一些基建工作，一定要从长计议、搞好远景规划，而不是三年两年又在拆墙揭瓦，反复施工。再比如，每学期前，总务后勤部门都要做好物质方面的准备：教学用品的配备、桌椅修缮、膳食工作、卫生工作都要提前做好；园所也涉及一些季节性的工作，如果你幼儿园所在地区夏季多雨，那么在春季时就应该想到去检查房屋是否漏雨，如果有问题就提前做好维修工作；北方幼儿园到 10 月份就要检修取暖设备，为冬季供暖取暖做好准备。另外，一些不定期的临时性工作也要求总务工作及时处理好，如外来人员的观摩参观、节日庆典活动等，都需要提前做好预案处理。

第四，政策性。总务后勤工作与人、财、物等方面联系密切，工作接触面广，要跟许多部门打交道。这就需要了解各个相关方面的政策，例如财务政策、基建政策、贸易工商、职工福利待遇、知识分子政策等，又如招生、编班、收费等也涉及国家有关教育的政策法规。所以一定要在认真研究政策和相关法律法规的基础上去落实贯彻园内各项工作，按规定办事，使幼儿园的管理和经营不走或少走弯路，朝着健康的方向发展。

接下来，本章将从幼儿园财务管理、环境（空间）管理和设备设施管理、档案信息管理三个方面来谈谈总务后勤工作管理的具体内容。

第一节　幼儿园财务管理

在计划经济条件下，幼儿园经费全部由上级行政主管部门划拨，上级行政主管部门领导重视、经济实力雄厚，幼儿园的日子就比较好过，相反上级若不重视或经济实力较弱，幼儿园的生存就比较困难，不论如何，计划经济时代的幼儿园既撑不死也饿不死，对资金的管理相对简单。随着市场经济的推进，大中型企业改制把许多幼儿园推向了市场，经济上给幼儿园断了奶，加上行业竞争的加剧，自筹资金对幼儿园来说显得越发重要，幼儿园要靠自己养活自己，这就必然增加幼儿园的经济活动，导致幼儿园的财务管理比以前复杂，这就要求园长不仅要懂业务，还要懂经济，要了解财务管理工作的规律。

幼儿园的经营管理虽然和企业以盈利为目标存在着很大的不同，但学前阶段的非义务教育性质使得幼儿园收费的自由度相对较大，从经营的角度来看，盈利的产生是幼儿园管理者科学合理地使用园内外各种可用资源的结果，有效地进行财务管理对幼儿园来说有着举足轻重的作用和意义。规范的财务制度、细致严格的财务管理程序可以使有限的资金发挥最大的效益。幼儿园财务管理的任务是开源节流，增强经营意识，以有限的投入取得最大的效益。

一、幼儿园财务管理概述

幼儿园财务管理是对幼儿园资金、财产进行管理的活动，具体内容包括幼儿园依法通过多种渠道筹集办园资金；做好预决算，加强核算，合理使用资金，保证有足够的资金维持运转；建立健全幼儿园财务制度，对幼儿园的收入支出等经济活动进行控制和监督；做好定期性和临时性的财务分析工作，如实反映幼儿园财务运行状况，对幼儿园经济效益进行科学评估。幼儿园财务管理是幼儿园各项管理活动的重要组成部分，渗透和贯穿于幼儿园一切经济活动之中。

(一) 幼儿园财务管理的指导思想

幼儿园管理者和财会人员应遵循的指导思想有三点：第一，认真贯彻执行党和国家财政方针、政策、法令，执行和宣传《中华人民共和国会计法》，维护财政法规、财务纪律，保护国有资产的安全。第二，坚持勤俭办学的方针，按照"量入而出、收支平衡"原则，精打细算，厉行节约，合理分配，提高资金使用效率。第三，正确处理事业发展和资金供给的关系，社会效益和经济效益的关系，国家、集体和个人三者利益的关系。

幼儿园经营主要有两种效益，一种是社会效益，一种是经济效益。无论是公办幼儿园还是民办幼儿园都应该把社会效益放在首位，这是由幼儿教育事业的性质决定的。公立幼儿园财务自主权不如民办幼儿园高，受约束的条件较多，但公办园的开办一般不追求经济效益最大化，更多的是在保证成本的基础上，合理收费，解决老百姓照顾子女的后顾之忧，具有公益性和福利性。民办幼儿园办园体制更加灵活，财务自主权较大。民办园的发展也需要考虑社会效益问题，但是与公办园不同的是，在保障教育质量的前提下，一部分幼儿园以取得合理回报为目的，但也有少数民办幼儿园以追求经济效益最大化为目的，中共中央国务院《关于学前教育深化改革规范制度的若干意见》明确提出要"规范制度民办园，遏制过度逐利行为"。开办幼儿园需要平衡经济效益和社会效益之间的关系。因此，幼儿园管理者需要有两颗心：一颗坚硬之心，严格按规范管理财务，开源节流，为幼儿园的运营保障足够资金；一颗善良之心，提高保教质量，热爱孩子，为幼教事业的发展做出贡献。

（二）幼儿园财务管理的类型

公立幼儿园，政府全额拨款，一切财产均属公有，园长由教育局或上级机关任命，建设经费、办公经费、教师及保育员工资均为财政拨付，收费标准按政府定价，具有一定的公益性。

机关企事业幼儿园，政府差额拨款，利用机关或企事业单位的校舍办园。在编幼儿园教师都是事业编制，幼儿园经费、在编教师工资均为财政拨付，而编制外的人员工资和部分资产是由举办单位自筹。收费标准按政府定价，同时享受政府奖补资金，具有一定的公益性。

民办幼儿园，办园资金全部由举办者自筹自支，独立核算，自主经营，自负盈亏。由举办者根据生均成本定价收费的民办幼儿园不享受政府给予的奖补资金。而按政府定价收费的民办幼儿园被称为"普惠性民办园"，享受政府给予的奖补资金。民办园则更关注教育的成本以及剩余的发展基金问题。

不管是公办园、企事业办园还是民办园，都需要有足够的资金维持运转，这就需要进行科学的财务管理。

二、幼儿园财务管理的内容

(一) 积极筹措资金

资金是财务管理的主体，幼儿园资金的来源有多种渠道，一般来说，幼儿园的资金来源可能由以下几个部分构成：国家划拨的幼教经费，这部分费用可能因国家政治气氛、教育福利改革而有所波动；各级政府给予的政策性补贴；主办单位或投资方的拨款；经教育部门、物价部门批准的管理费、伙食费；企业、社会团体或个人捐赠赞助款；幼儿园自主创收费用等。园长应了解全部经费来源中各项经费所占到的比例，按照国家有关方针政策和现行财务制度，积极正确地筹措资金，以保证幼儿园发展对财务的需求。但要注意，幼儿教育是一项教育事业，因此通过提高教育质量来吸纳资金，这是筹措资金的主要渠道。

(二) 合理分配资金

提高资金使用效率是财务管理的根本任务之一。因此，幼儿园财务管理的任务是开源节流，增强经营意识，注意经费的合理使用，以有限的投入取得最大的效益。幼儿园的各项工作对资金的需求不平衡，园长在支配资金时应本着照顾重点、兼顾一般的原则，将有限的资金合理分配，以确保幼儿园能稳步、高速、全面地发展。

除去幼儿园工程建设费、大型设备器具购置费等基本建设费以外，幼儿园经费支出项目主要有人员费和公用费两项。人员费也就是大家常说的人头费，包括职工工资、奖金、医疗、福利费用等。公用费包括办公费、业务培训费、水电气暖费、玩教具材料和设备购置费、维修费、房舍租金及小型房屋修缮费等。幼儿园通常为幼儿提供膳食服务，需要收取相应的伙食费，幼儿的伙食费要执行专款专用原则，必须全部用在幼儿的膳食上，确保幼儿的饮食数量和质量，伙食费的使用情况要定期向家长公布，不得侵占挪用。

对于资金的分配与管理，必须按照国家和上级财政部门的规定，优先满足保教一线工作的需要。为了做好经费分配工作，关键要把好预算关，做预算要量入为出，瞻前顾后，统筹安排，保证重点，加强对资金使用的计划管理。预算内容一般包括下一年度（或本学期）预计收益情况、人员工资、设备添置、设备维修、业务培训、日常办公、职工福利等费用，除了要报上级财务主管部门审核批复备案以外，做预算具体还要做到以下三点。第一，分清主次，保证重点，将幼儿园的各项工作按照轻重顺序排列好，首先保证最重要的事情的完成。如各类人员的工资、奖金、社保款等均属预留款充足的项目，每月如此，不能挪用。第二，预算要留余地，有一定机动性，以便解决计划外的特殊需要。第三，要有规范的预算程序，即由财会人员制定，园务会讨论，园长审批，并上报有关部门。

预算制定后不仅要遵照执行，还要做好决算工作，财务决算的核心具体内容可以反映幼儿园财务状况，也便于了解全年经费使用情况，分析各项经费之间的比例关系，探索经费使用规律，为下年度预算的制定提供依据与指导。财务决算通常用决算报表体现。财务决算报表由资产负债表、损益表、现金流表、应上缴税金表等组成。编制财务决算报告要认真执行有关财务核算办法，严肃财经纪律，遵循真实性、准确性、客观性三个原则，做到账实相符、账证相符、账账相符、账表相符。

(三)健全财务制度

要使财务管理有章可循、有据可依、杜绝漏洞、合理支出，必须建立一整套关于教育经费安排、使用及效益评估的规章制度，通过教职工代表大会的监督和财务人员的控制来保证资金的规范运行。

健全的财务制度涉及完整的表册制度、各项经费入账制度、报账制度、财务和出纳制度、财产分类制度等。财务制度既要严格，又要合理；既要相对稳定，又要根据实际情况进行必要的调整和修改。

值得注意的是，幼儿园财务管理是一项专业性、政策性很强的经济管理工作，做好这项工作需要一支素质优良的财务管理队伍，他们的政治思想、品质作风、业务水平决定了财务工作的质量。因此，幼儿园需要按要求给园所配备业务精良、责任心强、职业操守良好的专业人员承担财务工作。不仅如此，财务人员还应通过园内培训或"送出去"培训的方式，持续了解新的财改方针、政策，学习国家财政法规、财务规章制度，不断充实业务学习。

会计职责[1]

1. 服从领导，热爱本职工作，忠于职守，坚持原则，当好领导的参谋。
2. 认真学习《会计法》和《会计基础工作规范》标准，按照上级规定的财务制度和标准，管好、用好幼儿园一切经费和资金。贯彻勤俭节约、勤俭办园的方针，充分发挥资金的经济效益和社会效益。

---

[1] 王海霞. 幼儿园经营与管理[M]. 济南：山东人民出版社，2013：110-112.

3. 对所有经费和资金做到计划管理、计划使用、计划开支、留有余地。定期检查、分析计划执行情况和各项资金使用情况,定期向领导汇报经费和资金来源、开支、结余情况。

4. 认真审核报销凭证,做到收有凭、出有据,不符合规定的拒绝付款。对往来款项及时清理。

5. 按时记账、结账、报账,按规定处理账务,制度严密、手续完备、账账相符、账款相符,按时月报、季报、年报(决算),要做到数字准内容完整,报送及时。

6. 根据单位的收入、支出有关数据进行分析,肯定成绩,找出问题,制定改革措施,并及时向领导汇报有关会计资料,为领导制定计划、改进工作提供依据。

7. 每年定期对会计资料进行整理、立卷、装订成册、编制目录,及时归档。

8. 会计主管和会计人员离职或调动工作时,应按规定办理交接和审计。

出纳职责

1. 严格按照国家有关现金管理和银行结算制度的规定,根据审核后的收付款凭证办理款项收付。库存现金不得超过银行规定的限额,不得以白条抵库,更不得任意挪用。

2. 严格控制签发白条支票,及时办理银行结算业务,不准签发空头支票,不准出租银行账号,发出支票时必须实行登记制度,支票丢失时立即向银行办理挂失手续。

3. 根据已办理完毕的收付款凭证,及时登记现金和银行日记账,并结出余额,做到日清月结。及时与银行对账,做到账实相符,并做到及时传递会计记账凭证。

4. 对于现金和有价证券,安全保管,保险柜的钥匙不得任意转交他人,保管好有关印鉴、票、证,保守各种秘密。

5. 出纳人员不得监管收入、费用、债权、债务、账本的登记和稽核及会计档案保管等工作。

6. 对违反财经、法规和手续不完备、不符合制度的开支有权拒绝办理,并及时向有关领导汇报。

财务安全工作细则

1. 收费期间收取的现金要及时存入银行。

2. 库存现金不能超过银行规定的限额。

3. 印鉴、票据、空白凭证要分开保管。

4. 保证空白支票、收费单据的安全，不能丢失。

5. 对收付款凭证要及时粘贴、记账，以免单据的丢失。

6. 保险柜的锁不能对准密码线，保险柜的钥匙要保管好，不能交与他人。

7. 会计要随手关门，每天下班要关好门窗。

8. 检查微机是否关机，电源是否关掉。

9. 会计室要备有灭火器，不能存放易燃物品。

×××幼儿园财产管理办法

一、财产使用与保管

(1)建立财产登记制度，根据不同财产进行分类，建立固定资产、低值耐用品、低值易耗品三本账。

(2)仓库每天打扫一次，玻璃窗应保持清洁，财产应分类放整齐。

(3)全体教职工都要爱惜财产，注意保管，防止遗失。如有缺损应查明原因加以处理。

(4)财产在学期初发放、在学期末验收入库，做到账目清楚，账账相符、账物相符。

(5)对各组、室所保管的物品，要做到心里有数，每年年初登记，年终核实，如有缺损应追究责任并赔偿。

(6)对贵重物品要指定专人保管，要按照说明书指定方法保管和使用。

(7)凡办公需要的用品，应及时供应，做好记录，注意节约。

(8)教室中的电教仪器要经常擦拭并及时加盖布，延长使用寿命。带班教师调岗或换班前应办好移交手续。

(9)运用园局域网建立财产信息，做好资产的登记，便于财产保管与使用。

(10)办公室中的贵重物品要小心保管，贵重物品应上锁，防止失窃。

(11)安装自动报警系统，门卫负责早、晚关启报警装置开关，严防盗窃事故发生。

二、物品领用

(1)园内各类财产统一由总务处管理，领用或借用物品必须登记，如遇调动要办理财产移交手续方能离园。

(2)领用物品如有自然损坏(质量问题),应本着勤俭节约、物尽其用的原则,能修复再用的一律不予领新的;不能修的应以物调换。如遗失或人为损坏,借用人负责修理或照价赔偿。

(3)不得随意挪用其他教室物品,特殊情况需挪用时用毕要及时归还原处。

三、财产、物品外借的规定

(1)幼儿园的一切财产、物品的外借必须凭借用人的借条或单位的介绍信,写明物品名称、规格、数量、归还日期,经园领导同意后向总务处借取,并开出门证,如有损坏或遗失,借用人员负责修理或照价赔偿。

(2)幼儿园所属财产出门必须要有出门条,如无出门条,门卫要阻止。

四、物品的报废报损

(1)教学仪器、设备及教具、玩具因自然老化或无法修理,可予以报废。

(2)教学仪器、设备及教具、玩具一次修理费用超过原价的一半,可予以报废。

(3)报废报损的仪器、设备及教具、玩具须填写报废报损申请单,经幼儿园主管领导批准,方可报废报损。

(4)财产的自然报废要填写报告单,经领导批准后登记注销。

(5)报废报损的仪器、设备及教具、玩具,要及时到财务部门销账,同时调整教学仪器、设备账册。

(6)报废报损的仪器、设备及教具、玩具,可拆零件作维修用,或交总务部门处理,不得再存放在仪器室内。

(资料来源:张晓焱.幼儿园管理[M].北京:航空工业出版社,2014:180-181。)

(四)加强财务监督和审计

财务监督是贯彻国家财经法规以及幼儿园财务规章制度,维护财务纪律的保证,幼儿园必须接受国家有关部门的财务监督,并建立严密的内部监督制度,以加强财产审计监督和财务检查。幼儿园的资金来之不易,要做到收费有依据、开支有计划,避免盲目花钱、不讲经济效益,也要杜绝出现损公肥私、贪占挪用等违法乱纪行为。实践证明,财务公开的透明度越高,资金的使用效益就越好;财务公开的范围越广,监督的力度就越大,园长、财务人员的威信也就越高。

三、幼儿园财务管理的注意事项

(一) 处理好收入与支出的平衡

本着"量入为出，统筹兼顾，保证重点，收支平衡"的原则，每年做好预算、决算。可以参照以往同期的经费支出情况，根据本身财力可能，结合每学期各项计划，在保证教职工福利待遇的前提下制定出预算草案，经园长审核正式定稿。幼儿园要善于分析收入与支出的情况，不断总结收支平衡中存在的问题；积极探索幼儿园经费使用特点，摸索出幼儿园资金分配和运用的规律。

在收支管理层面，凡是幼儿园的一切事业收入均开具正式收据入账。收取的捐资助学金一律开具上级主管部门的事业收据，统一入账管理。每笔支出票据都要有经手人、证明人、审核人三方签字，且票据是正规发票，非正规的收据不收。重大的建设、维修业务开支都要有使用资金计划，要有园长的批示，要有上级主管部门的审批字据和加盖的公章。大规模的维修、建设须报请有关主管部门审定，再按规定程序放款。对于大额的支出要最大限度地使用转账支票，尽量避免直接使用现金往来。幼儿伙食费要按规定收取，且必须专款专用，坚决杜绝挤占、挪用幼儿伙食费现象，每月底可以向家长公布伙食费使用情况，接受家长监督。

(二) 处理好投入与产出之间的关系

幼儿园投入和产出的关系是指培养人才的质量、数量要求和工作成果的关系。教育成本与生产成本不同，它是一种软性因素且具有滞后性，不像生产成本那样可以测量，所以容易被忽视。在进行成本核算时要注意将教育成本纳入财务管理之中，科学地计算成本，充分发挥各种资源的优势，努力降低成本，挖掘教育资源的潜能，使其发挥最大的效能。

(三) 处理好开源与节流之间的关系

在市场经济条件下，开源已成为幼儿园一项十分艰巨的任务，园长不仅要考虑教育教学质量，还要考虑多种渠道筹措资金。同时，开源要与节流结合起来，不能因为有了资金来源就不勤俭办园，处理好开源与节流的关系就是少花钱、多办事、办好事。

(四) 处理好长期目标与近期目标之间的关系

幼儿园应该有自己长远的规划，这些规划可能不是短期内可以实现的，它需要长期的过程。如师资队伍的建设，这不是短期可以完成的。教师数量的增加不等同于师资队伍的建设，师资队伍的建设包括更广泛的内涵，其中提高教师的素质和水平是核心的问题。因此，平时就要注意教师队伍的建设，要有计划、有投入。不要认为它周期长、不易见效，就不给予投入，眼睛只盯着那些短、平、快的项目，例如装修、购买大型玩教具。财务预算要处理好长期目标与近期目标的关系，既要有远见，又要解决好当前出现的问题。

园长要认识到强化财务管理是幼儿园管理的中心工作，只有做到科学管理和合理使用各项经费，才能确保幼儿园稳步、全面地向前发展。

第二节　幼儿园环境(空间)、资产与设施设备管理

一、幼儿园环境（空间）管理

环境是重要的教育资源，幼儿园环境作为一种隐性课程，在开发幼儿智力、促进幼儿良好个性发展方面起着重要而独特的作用。在早期教育日益发展的今天，幼儿的生存质量受到普遍关注，改善幼儿生存环境，通过对幼儿园环境进行合理的规划管理，创造出一个健康、丰富、优质、科学的幼儿园环境是幼儿园管理的基本内容。

幼儿园环境有广义和狭义之分。广义的幼儿园环境除了包含幼儿园内部环境，还包括与幼儿园教育相关的外部环境，如社区环境、社会环境、教育环境、行业环境、经济环境、政治环境等。这些不同特性的环境是影响幼儿园发展的重要因素。狭义的幼儿园环境专指幼儿园内部环境，是指幼儿园内支持和影响幼儿身心发展的一切物质条件和精神条件的总和。它是由幼儿园的全体工作人员、幼儿、各种物质器材、人事环境以及各种信息要素，通过一定的文化习俗、教育观念所组织、综合的一种动态的、教育的空间范围和场所。这种空间范围既是物质的，又是精神的；既要具有保育性质，又具有教育性质；既是开放的，又是相对封闭的；它不仅受到特定的地理环境、空间方位的影响，又受到特定历史阶段的社会氛围的影响。

(一)幼儿园环境创设的基本原则

1. 安全性原则

安全性原则是幼儿园环境创设的首要原则。由于幼儿年龄小，自我保护能力差，如果环境的安全系数不高，一旦出现意外后果不堪设想。因此，要使幼儿在适合他们健康成长的环境中生活、学习、游戏，安全、卫生是重要的条件。幼儿园环境创设必须服从于卫生和安全的要求，以保证幼儿身心健康发展。在环境创设中，教师必须顾及幼儿两个方面的安全：

一是心理安全。考虑环境对幼儿的心理影响，以全体幼儿为立足点，提供尽可能丰富的物质条件和和谐、平等的心理环境，让幼儿能深切地感受到教师的关心和爱护、大家的尊重和欢迎，从而可以轻松愉快地在环境中生活、游戏和学习。

二是身体的安全。教师要把对设施、设备、玩具、教具、操作材料等所有物质材料的安全和卫生要求放在首位。幼儿园环境的创设一方面要注意设备设施、玩具器材、操作材料等放置的位置要安全、适宜，还要注意创设材料对幼儿是否容易造成伤害。幼儿园应当采用坚固性比较好、不宜破碎、无锐边利角、无毒、无害、无细小零件脱落的材料，使用前应先将这些材料进行清洗，设计制作要尽可能做到轻巧、美观、易保持清洁、可清洗、可消毒。区域投放的材料要符合卫生要求，定期更换、清理、消毒，让幼儿在活动时有安全感和舒适感。大型体育玩具如转盘、蹦床的螺丝要定期检修，破损的地方要及时修补，要确保孩子在活动过程中不会因为器材的不安全而出现意外。对较为贵重的设备材料，要先教会幼儿掌握操作规则，并在教师的指导和帮助下进行操作活动。幼儿活动的场地应平整，避免有凹凸。不同界面之交角处应做成圆弧形，还应采用适当的、有相当柔性和防滑的材料，绿地不得选种带有毒性、带刺状或有黏液排出的植物及有极强染色特性的植物。基地边界、游戏场地、绿化等用的围护、遮拦设施应安全、美观、通透。另外，还要关注安排的场地空间是否狭小、拥挤，活动时是否会互相干扰，检查场地是否平整，场地周围是否有破碎的玻璃、铁钉。同时，还要教育幼儿不要接近危险的地方，如电源插座、电线等。

2. 目标一致性原则

幼儿园环境是幼儿园教育的重要资源，是幼儿园课程设计和实施的要素，在创设幼儿园环境时，应使环境创设的目标与幼儿园教育目标相一致，使幼儿园环境能够影响幼儿的行为，引发幼儿符合教育目的与要求的行为，充分发挥幼儿园环境的教育性功能，避免只追求美观、盲目提供材料布置环境的现象，做到环境为教育目标服务。

(1)环境创设要有利于教育目标的实现

幼儿园教育目标是促进幼儿的全面发展，要求幼儿园在环境创设时，要根据幼儿身心发展全面性的特点，关注幼儿的体、智、德、美四方面教育，从整体上设计安排，克服随意性和盲目性，把它渗透在整个幼儿园环境创设中，使幼儿园环境创设也具有全面性的特点，让环境的每一部分都有利于幼儿体、智、德、美各方面的全面发展，对幼儿身心发展产生整体效应。

(2)依据幼儿园教育目标，对环境设置做系统规划

为了保证环境的教育性，在创设环境时应目标明确，而且要把目标落实到月计划、周计划、日计划以至每个具体的活动中，以目标为依据，与教学内容相结合来创设环境。在制定学期、月、周、日及每一个活动计划时，根据教育目标、任务和幼儿当前的兴趣与需要以及幼儿身边的人或事等课程生成来源进行规划，考虑为了达到目标需要有怎样的环境与之配合；现有的环境因素中，哪些因素对教育目标的实现是有用的，哪些环境因素还需要创设等，将这些列入教育计划并积极实施，围绕课程创设环境。幼儿园环境的创设要根据当前的教育目标和幼儿的现有水平做整体考虑，分期变换创设，使环境具有动态发展性，环境创设服务于课程的发展。

259

3. 适宜性原则

适宜性原则是指根据幼儿的年龄特点和能力、个性的差异，设计多层次的幼儿园环境，使其适宜于每位幼儿。同一年龄阶段的幼儿，其兴趣、能力、学习方式方面都存在很大差异，其发展的速度也具有一定的差异。环境创设要适应幼儿的这种差异，教师不但要从本班幼儿的知识基础和实际能力出发，在尊重幼儿共性的基础上，还要关注个别差异，既要考虑发展快的幼儿，又要照顾发展慢的幼儿，也要兼顾特殊需要的幼儿，要让每个幼儿的兴趣、爱好在不同的环境中得到提高和发展，促使每个幼儿学会适应环境，并能在适宜的环境中获得不同程度的发展。因此，环境创设的内容、形式和材料投放都要体现层次性、递进性和适宜性，其难度在小、中、大各年龄班的分布呈螺旋形连续上升状态。各年龄班之间应有承上启下的过渡联系，才能满足不同年龄阶段幼儿的需要。此外，幼儿园环境应联系幼儿的实际生活，强调更多地通过幼儿对生活中实际问题的探究来获得直接经验，提高幼儿解决实际问题的能力，为幼儿的自我教育创造一个有效的平台。

4. 引导性原则

幼儿园环境创设应强调环境的引导性、支持性、启发性和丰富性，支持幼儿和活动材料间的相互作用所形成的动态的、能诱发幼儿主动发展的氛围。由于幼儿不是消极被动地接受外界环境的影响，他们总是按照自己的兴趣、需要、知识经验、能力和意愿对客观环境作出选择性反应，并主动地与这些环境进行交互作用。因此，园所创设的环境应适宜幼儿的年龄特点、身心发展水平、兴趣、能力、幼儿的知识经验和认识水平，充满童心童趣。环境中所提供的信息刺激无论是形式上还是内容上，不仅要能引起幼儿观察，还要能诱发幼儿利用这些信息进行积极思考和探索，引导幼儿的行为和发展。

5. 参与性原则

幼儿园是以幼儿为主体的活动场所和环境，因此幼儿园的环境创设必须以幼儿为主体，让幼儿感觉到自己是环境的主人，并主动参与到环境的布置中去，从参与过程中获得知识，促进幼儿的认知和操作技能的发展。环境创设的过程是幼儿与教师共同参与合作的过程，教育者要有让幼儿参与环境创设的意识，给幼儿创造条件，为他们提供机会，采纳和吸收幼儿的建议并请幼儿一起参与环境的创设，使幼儿主动参与到活动中，保证幼儿有充分利用环境的自由。通过幼儿集体构思、设计、制作和布置等过程，师幼共同讨论主题，共同设置布局，人人出谋划策，人人都来承担一份责任，真正发挥幼儿的主体性和参与性。使教师由环境的主宰者变成观察者、倾听者、合作者、决策者，幼儿由被动的依附者变成计划者、设计者、布置者，充分认识到自己的能力，意识到自己是环境的主人，真正展示和发展任务意识、责任意识、主动学习意识与分工合作、讨论、决策的能力以及发现问题、解决问题的能力，让幼儿在其中发现自己、了解自己、体验成功、找到自信。

6. 经济性原则

经济性原则是指创设幼儿园环境应考虑幼儿园自身经济条件，勤俭办园，因地制宜办园。我国近年来经济发展速度较快，但由于人口多，底子薄，经济水平仍相对落后，所有的幼儿园都应当发扬艰苦奋斗的精神，勤俭办园。民办幼儿园普遍为投资办园、办园资金比较紧张，幼儿园环境创设要坚持低费用、高效益的经济性原则，以物质条件对幼儿发展的功能大小和经济实用性为依据，勤俭节约，根据本园实际、本地实际，因地制宜、因时制宜、就地取材，充分挖掘、利用已有条件并开发各种可利用的环境资源，使环境的创设都必须服从于内容和需要，充分利用环境设备发挥教育效应。在保证清洁、卫生的前提下，废物利用、一物多用，不浪费宝贵资源、不盲目攀比、不追求设备设施的高档化和装修的奢华浪费，充分发挥环境的综合功能和内在潜能。

(二)幼儿园园舍建设规范要求

幼儿园在确定园址或新建分园前必须充分考察和分析周边环境的情况，确保幼儿园外部环境对幼儿的熏陶和影响是积极的、有益的。基于此，幼儿园坐落地的选择，除了符合有关卫生保健要求以外，其周边环境还要保证达到以下要求：

1. 空气纯净、清新

严禁在污染源附近设置幼儿园，如化工厂、化肥厂、皮革厂、农药厂、灰沙加工厂，以及污染气体排放下风口的地方都不可以办幼儿园，以防空气污染对幼儿健康造成损害。

2. 周围环境干净、卫生，安静、低噪声

幼儿神经脆弱，对外界噪声敏感，同时，睡眠对幼儿肌体和神经系统的发育都有重要作用，因此，选址要考虑远离铁路线、强噪工厂(轧钢厂、木材厂)、建筑工地、农贸市场等。此外，幼儿园周围环境也要清洁、优美或接近绿化带，不宜在垃圾堆放场、饲养场、回收站等附近建幼儿园，这些场所在夏季蚊蝇成群，易滋生有害病菌，也容易威胁幼儿园内部环境的清洁。

3. 选择有充足日照、有通畅排水设施的地方落址

落址宜考虑无高层楼房及建筑物遮挡，保证室内采光和充足的日照，以满足幼儿骨骼和智力正常发育的需要。另外，要选排水设施完备的地方，如夏季多雨，如果雨后积水不能及时排掉，也很快滋生蚊蝇病菌，影响幼儿园环境卫生，妨碍幼儿健康。此外，还要注意远离易燃、易爆工矿所，如煤气站、酒精厂，以免工厂发生事故危及幼儿生命安全。

4. 交通便利

幼儿园落址也要考虑交通的便利情况，最好设在居民区和治安机构附近，既方便家长接送，若发生紧急情况，也能及时报警和得到援助。不要将幼儿园建在过于偏远、治安差或临近监狱、精神病院的地方。

此外，幼儿园还要从社区内幼儿数量，社区内家长的职业、经济能力和对孩子教育的期望，学区内潜在的变化或政策规划，区域经济环境，同行业的竞争情况等方面综合考虑大环境对幼儿园发展的影响。

(三)幼儿园内部环境的管理要求

1. 合乎安全、卫生与教育的要求

评价幼儿园环境最首要、最基本的就是其是否合乎安全、卫生教育的要求。首先，要保证园区内没有危险物品，确保幼儿在幼儿园生活、学习是安全的。其次，幼儿园经费有限，在建设或购置物质材料时，物质材料的安全是前提。再次，幼儿年龄小、抵抗力低，物质条件还应该符合卫生标准，否则会直接影响到他们的身体发育。最后，还要考虑物质条件具有教育性，这是环境育人的客观要求，也是幼儿园文化的体现。

2. 房舍安排与使用科学合理，室内环境舒适有序

根据国家对幼儿园的消防及其安全要求的相关规定，幼儿园的建筑最多不应超过三层。有条件的幼儿园应为每个班配备活动室、卧室、专用厕所和盥洗设备。

活动室面积一般在60~80平方米，人均活动面积应达到1.5~2平方米。以向南或向东为宜，这样能保证自然采光好，最好双面开窗，保证空气流通，也可以设气窗或安装排风扇，便于换气；活动室应该有降温取暖设备，要注意设备安全；条件有限的幼儿园活动室也可以兼做卧室，使用活动式床铺，如折叠床、抽屉式床，既可以节省空间，又可以充分利用场地。

幼儿的厕所应通风、清洁、明亮，蹲位要适合幼儿的需求，盥洗设备应使用流动水，水龙头的高度要便于幼儿使用。此外，教职工用房和其他用房，如办公室、厕所、厨房、教具室、药品室、隔离室、仓库等应尽量远离儿童活动的场所，避免不安全因素对孩子的影响。

3. 室外场地布局要合理

幼儿园的生活区、办公区、学习区、活动区既要相互联系又要相对独立。同时，场地的区域划分方面，要注意运动区、器械区、种植区、饲养区、沙水区科学规划、合理布局。幼儿园的户外活动场地要体现教育环境的保护性，部分地面、墙面可作软化处理。此外，户外场地应该是鼓励运动的环境，应该有足够的空间供幼儿锻炼身体、发展能力和亲近自然。每个班都应有位于活动室附近的户外活动场地，班与班之间最好有区隔，这样一旦传染病流行，也便于管理。户外共用的活动场地以人均3平方米为宜。

4. 幼儿园内环境应符合绿化、美化的要求

一般来说，幼儿园的绿化用地(包括垂直绿化)面积应占户外活动场地面积的50%左右，绿化可以减少尘埃，降低噪音，也有利于改善局部气候。一个好的幼儿园园长应该非常清楚自己的幼儿园里有多少种树木，有多少种花草，并能保证幼儿园内四季有花，一年四季都能花开不败。幼儿园环境的美化包括室内室外的布置和装饰，所有的布置和装饰都可以按照对称、均衡、和谐、变化与统一规律，让幼儿感受到美的熏陶。比如，活动室主题墙面的装饰要主题突出、构图不散、形象可爱、色彩鲜艳，室内的窗帘、墙裙、地板、桌椅及玩具柜色调要注意协调；幼儿寝室的装饰要少而精，内容和形式都要以轻松的摇篮曲式的画面为宜，色调要淡雅。在美化环境时，要注意力求根据实

际情况，渗透社会、自然、品德等方面的教育内容。

5. 重视园所精神环境建设

在注重物质环境创设的同时，不能忽视了精神环境的建设。物质环境的创设具有直观性、生动性、形象性的特点，其建设效果也是立竿见影的，所以很容易受到重视。教师在创设丰富多彩的物质环境的同时，还要注意营造融洽、和谐、健康、自由的师幼关系、同伴关系，让幼儿在良好的人际环境和精神环境中获得健康持续的发展。

二、幼儿园资产管理

幼儿园资产是保证教学、研究、服务工作的重要物质基础，有效的资产管理有助于保证幼儿园资产的安全与完整，规避漏洞，防止资产流失，提高资产的使用价值，确保幼儿园保教任务的完成和幼儿园的良性发展。在资产管理过程中，容易存在或出现很多问题，比如：管理意识淡薄，管理制度缺失或不健全；管理体制不顺，管理职责不清；固定资产管理的基础工作不够规范，家底不清，账实不符；重建设、轻管理，游离于账外的资产很容易导致固定资产失控，处理过程不透明，处理结果不公开，最终导致资产的流失；或者存在闲置浪费严重，使用效率低下。因此，加强日常工作中的资产管理，重视幼儿园资产的精细化管理显得尤为必要。

(一)幼儿园资产的分类

根据使用年限和原始价值，可以将幼儿园的资产分为固定资产和流动资产两大类。固定资产主要是原始价值较大、可以使用多年的劳动资料，包括房屋建筑、土地、家具、(电化)教具、办公设备、大型玩具设备、公用车辆、电器设备等；流动资产主要是原始价值较小、使用年限较短的材料和低值易耗品。材料是指一次性使用或不能复原的物品，如玩教具材料、建筑材料等。低值品是指既不够固定资产标准，又不属于材料范围的用具设备，如低值的幼儿玩具、教具、餐具等。易耗品是指经常使用的消耗性日用品，如毛巾、纸张、肥皂等。幼儿园的资产管理即对幼儿园固定资产和流动资产实施管理，是对物的管理。

(二)幼儿园资产管理方法

1. 固定资产的管理

固定资产的管理首先从建制和建账开始。建制即建立完备的资产管理制度，明确固定资产管理人员的工作职责，固定工作流程，对资产管理者的工作任务及可能出现的工作失误或事故进行具体的规定，而且要从制度上、人员上予以保证。建账即对所管理的资产进行分类入账，做到物物有账、账账相符、账物相符，确保实物资产的安全、完整，方便资产核算。固定资产的购置要走必要的审批程序，并保证财务部门的参与。固定资产还应有资产账，由保管员分类登记保管，每学期至少查账两次。查账要做到账物相符，对已损坏的物品要把原件保存好，经上报察看后，根据指示再进行处理。园长要督促保管员经常对全园资产进行清点核对，遇有丢失，要查明原因，追究当事人责任。部分固定资产像电器设备、玩教具等要有专门的库房来保管，要定期做好物资设备的检查、维修工作，防止损坏丢失，延长使用年限。

2. 材料和低值易耗品的管理

幼儿园的材料和低值易耗品应由专门的库房进行储存，若没有专用库房，可以和部分固定资产合用一个库房。材料和低值易耗品应设两账，即购入账和领物明细账。购入账和领物账要与出入的物品相符，每日盘存，并做到两账相符。对盘盈盘亏的物品，要认真查清原因，报请园长批示后按规定手续处理，管理员不能私自处理物品，对不经批准擅自处理幼儿园物品的人员要严肃处理。

生活、文化用品，即与幼儿吃、喝、拉、撒、睡有关的各种物品，节日布置装饰品、表演服装，教师用品等，它们的数量虽不多，但品种繁杂，应分类保管，库存的数量和种类要科学确定，合理控制，要避免不必要的储存或过量积压，确保供应好、周转快、消耗低、费用省就可以了。

日常生活用品每月领取 1 次，教具每周领取 1 次，不在计划内临时所需的各类物品可以随时领取。物品领取人应按物品品种、数量验收，并签字领具。教具管理应做到每周小整理，每学期末大整理，缺少的教具或购置或配合教师动手制作，保证教育工作顺利进行。

3. 幼儿食堂食品、物品的管理

为保证幼儿膳食、生活和教师执行保教工作计划的需要，幼儿园食堂需储存一定数量的食品、生活日用品。对于食堂储存的物品，为了使用和管理的方便，应按照物品特性分类储放，并由专人负责保管。一般来说，幼儿园食堂需设立食品库房、生活用品库房等，所有库房都应建立完善的管理制度，防止损坏或丢失。库房管理制度一般包括下三方面内容：

首先，验收入库。各类物品入库时应有严格的验收制度。新购入物品凭发票入账，保管人员按发票对物品品种、数量、质量进行验收。验收时应注意数量准确、质量无缺损或变质，并对购入食品是否符合要求作出评价。在购置物品时，通常容易存在的问题，一是图省事，不考虑经济和需要，一次采购大量物品，把库房堆得满满的，长时期用不完，造成积压、变质或浪费；二是缺乏计划性，忙于零星购买，急需用时又不能保证供应。因此，必须有计划地根据需要进行采购，既保证供应，又不积压浪费。

其次，物品分类储存和保养。各类物品验收入库后，应分类定位存放。米、面、油、盐、酱、醋、杂粮、糖果、水果等，均应整齐放在固定位置，并有适当容器存放。注意库房清洁、通风，保持食品不坏、不霉变、不被虫鼠咬。

再次，严格领物制度。为提高总务工作效率，应按照物品特点规定领物周期和确切的时间。在一般情况下，食品可每日领取一次，物品领取人应按物品品种、数量验收，并签字领取。幼儿园的食品管理应做到每日食品支出有领物人签字的出库单，每月结算收支账目,由主管园长签字,库存量应掌握既有剩余又不永存。

三、幼儿园设施设备的配置及其管理

幼儿园设施设备主要是幼儿园室内设备和幼儿园厨房设备。幼儿园要确保所有设施设备的安全性、实用性与环保性,标准的幼儿园设施设备的配置要求是:主要用具齐备,使用功能齐全。

(一)幼儿园室内设备的配置

活动室:活动室应配置适合幼儿特点的桌椅、玩具架、盥洗卫生用具及必要的玩具、教具、图书、乐器等。标准的幼儿园设施和设备配置的要求是主要用具齐备、使用功能齐全。其中,玩具可以根据需要配备符合各班年龄特点的结构游戏的玩具、智力游戏的玩具、大动作训练的玩具、精细动作训练的玩具、语言游戏的玩具、拼图游戏的玩具、角色扮演的玩具等,所有的玩教具应有教育意义并符合卫生、安全的要求。幼儿园还可以因地制宜,就地取材,自制玩教具,最大限度地为幼儿提供动手操作的材料。

表 9-1 幼儿园的活动室用具基本配置表

名称	要 求	件数
钢琴(电钢琴、电子琴)	以幼儿园经济条件而定	每班配一架
桌、椅	与幼儿身高比例协调,椅子的高度保证幼儿的腿弯度呈90°,桌子的高度保证幼儿的胳膊与身体的角度呈30°,这样才能保证幼儿的良好坐姿的培养。形状要求:形状一般以方形、圆形、三角形、梯形为主。	比幼儿人数多2~3套
橱、柜	不得高于幼儿视线,放置要稳,色调与环境协调、亮丽,便于区域的间隔,便于物品的取放。	以够用、不拥挤为宜
空调	置于安全位置,其大小与空间匹配。	1~2台
电视机、录音机、功放机、投影仪、电脑	以操作方便、适宜教师使用为宜。	以够用为准
备注	其他物品的配备按各园情况而定,以满足教学需要为准。	

幼儿寝室:应准备幼儿用床、床上用品、少量的橱柜、教师的值班座椅等。

音乐室:较规范的音乐室内应有钢琴、录音机和视唱、练耳的相关设施、设备。音乐室的隔音效果要好，尽量保证减少外界干扰。

游戏室：游戏室内应为幼儿准备结构游戏的玩具、智力游戏的玩具、大动作训练的玩具、精细动作训练的玩具、语言游戏的玩具、拼图游戏的玩具、娃娃家的相关玩具等。只要是幼儿喜欢玩，并能尽量与教育目标相一致的玩具，就是最好的玩具。

体育活动室：尽量为幼儿准备丰富的体育器械。

家长接待室：应放置适合谈话用的桌椅，并营造适宜的谈话气氛。

此外，寄宿制幼儿园应设寝室、隔离室、浴室、洗衣间和教职工值班室，并配备儿童单人床。

幼儿园可因地制宜，就地取材，自制教具、玩具，最大限度地为幼儿提供动手操作材料。幼儿园建筑规划面积定额、建筑设计要求和教具、玩具的配备参照国家有关部门的规定执行。

幼儿园生活、活动室用具的基本要求：幼儿园的生活用具应保证幼儿每人一套餐具，即一碗、一盘、一勺，并做到每餐消毒；每位幼儿一口杯、两毛巾，天天消毒。

(二)幼儿园炊事设备的配置

设有餐点的幼儿园要有符合卫生要求的常用餐具(如碗、勺、盘、杯等)、炊具(炉灶、锅、桶、盆等)、面案、菜案(生、熟分开)、冰柜、绞肉机、打蛋机、洗涮池、豆浆机、电饼铛、电烤箱、货物架、消毒柜等。所有的炊事设备应保证卫生、安全、环保，并能满足幼儿的生活需要。

表 9-2　幼儿园基本炊事设备一览表(参考幼儿人数 100~200 人)

设备名称	功能	可配备数量
燃气炉灶	烧菜、做稀饭等	2~5 台
冰柜	储存肉类、鱼类等	按不同容量配备 1~2 台
冰箱	临时储存食品	按不同容量配备 1~2 台
烤箱	制作点心	容量大的 1 台
食品柜	储存食品	普通规格 4~5 个
面案、菜案	切菜、做面食	各 1~2 个
绞肉机	绞肉	1 台
打蛋机	打鸡蛋	1 台
锅、桶、盆、筐	洗菜、放置食物等	若干

(三)幼儿园设备的购置与保管

幼儿园的设备种类繁多,功能各有不同,在购置时除了多方询价比较外,还需确定货物的品质,要选择耐用且售后服务好的产品,大宗物品购置要采用招标的方式进行。

另外,为了节省经费,基本教具应集中一次采购完整,之后则每年寒暑假开学前进行补充或对损坏的教具进行修理。若资金不能完全到位,也可以分批次购买。对于价格较高的设备,在采购时要有一套完整的流程,并建立一套完整的保管和维护制度,包括编号、登记、分类陈列、检查维修等。

由于某些教具的价格较高,因此在其他的设备采购上更需要慎重,而在采购这些设备时须有一套完整流程,并建立一套完整的保管和维护制度,包括编号登记、分类陈列、检查维修、寒暑假的整理以及指导幼儿正确地使用和培养爱惜设备的好习惯。

表 9-3　幼儿园设备购买申请表

品名	单位	数量	单价	总额	用途
申请人					
批示	签名公章				
备注					

表 9-4　幼儿园一般消耗品领用登记表

品名	领用单位	数量	用途	使用人	备注
发放人签名		批准人签名　公章			

表 9-5　幼儿园财产管理表

品名	型号	生产厂家	单位	数量	单价	购买日期	安置地点	保管人

第三节　幼儿园档案管理

幼儿园档案工作是保存幼儿园历史面貌的一项重要工作，它依托过去、服务现在、面向未来。档案资料不仅使幼儿园与过去的历史保持联系，也为现有工作提供决策参考，也是今后迎接各种评估验收的重要佐证和考察资料。做好幼儿园档案信息管理，是提高教育质量，使幼儿园走向规范化的重要保证。幼儿园档案通常以文字、图纸、音像资料等形式存在，它对日常的实际工作有很重要的参考利用价值。

一、幼儿园档案管理的价值

（一）档案管理是提高幼儿园品质的手段

幼儿园在发展的过程中会不断地积累很多资源，做好档案管理工作有助于积累优秀的保教资源，从而提高幼儿园办园质量。

首先，幼儿园档案是对幼儿园成长和发展的真实记录，是幼儿园成长的见证，可以说完整的档案信息就是幼儿园的发展史。因此，将幼儿园各个阶段所发生的大事、行政领导的变动、党务管理者的变动等信息进行及时、妥善的记录，对于幼儿园意义重大。

其次，幼儿园档案信息是幼儿园各项工作保留的原始资料，也是第一手参考资料，对于领导层的决策来说，是不可缺少的参考依据。科学地分析和处理档案信息，可以找到本园工作的规律，更好地总结经验、规划未来，提高工作效率和工作质量。如有的幼儿园将每次发生的家长投诉事件进行详细记录，每年都进行一次总结，并查看往年投诉事件档案，居安思危，不断总结、反思，进而改进工作避免重蹈覆辙。

再次，幼儿园档案是实施园本培训的好教材。幼儿园的档案资料集中体现了幼儿园各项工作的成败得失，尤其是富有特色的信息资料，更是开展园本培训的好教材。通过学习、思考和研究幼儿园长期积累所形成的历史资料，有助于积累保教经验、探索保教规律，启发当前工作，深化幼儿园管理；同时，幼儿园日积月累所形成的优秀教学案例经过提炼总结也容易开发成特色鲜明的园本课程，这对于幼儿园教师来说无疑是专业成长上的一笔宝贵财富。

最后，幼儿园档案还可以为人员的合理分工和奖优罚劣提供依据和参考。从各个部门所提供的档案信息中可以比较清晰地考察到全体教职工的工作态度、工作能力和工作绩效。因此，档案管理也是记录保教工作人员行为的一种载体，是教职工每月考核、学期考核、年终考核的重要依据，这些信息能为幼儿园合理调配岗位提供参考，是幼儿园行政管理的重要手段，同时也可以为制定奖惩提供宝贵的线索。

(二)档案管理能为各类评估考核做铺垫

幼儿园经常会遇到各种各样的评估,评估的一项重要内容是查看以往材料。如各省在评估省级示范幼儿园时,一般会认真查阅一些档案资料,这些资料往往包括账目材料、教师培训材料、儿童健康检查材料(如每日晨检记录、定期体检材料等)、食谱材料、安全排查材料、自制玩教具材料、教学反思材料、幼儿成长观察记录材料、教师自编教学案例材料、承担课题材料、园本教研材料、论文成果材料、开放日活动材料、家长工作材料等。如果平常没有做好相应材料的归档管理工作,评估时便缺乏必要的佐证材料,势必会影响考核评估的结果。

(三)档案管理为对外宣传积累了宝贵素材

幼儿园的发展需要对外做好宣传工作,如招生时对家长的宣传,与其他幼儿园进行友好交流以及向社会宣传等。宣传需要平时有意识地收集一些材料,尤其是照片、图片、音频等材料,如"六一"儿童节文艺演出、教师公开课、幼儿园去军队参观等活动的视频和照片都是对外宣传的宝贵资料,有助于为幼儿园赢得一定的经济效益和社会效益。

二、幼儿园档案的基本分类

档案的来源很广泛,幼儿园保教工作、卫生保健工作、家长工作、安全工作、财务工作、重大庆典活动等都会产生档案。档案整理尤其要注意把反映园所特色的一手资料及时归档。按照档案记录的内容,幼儿园档案可以大致分为以下几类:

(一)园务管理档案

园务管理资料比较宏观,政策性较强,主要包括管理体制档案、目标档案、规章制度管理档案、财产物资管理档案。

其中,管理体制档案主要包括园长负责制实行情况以及所形成的资料信息,还包括园务委员会、家长委员会等工作机构的各类资料以及幼儿园实施民主管理的系列资料。管理体制档案资料比较宏观,政策性强。

目标管理档案是将幼儿园在不同时段、各项工作中设置的各具特色的发展目标,以及为了全面落实目标所提出的详尽实施方案。将幼儿园不同时段的目标体系和实施方案进行汇总整理,可有效推动幼儿园层层递进地制定更切合本园实际的发展目标和活动措施,也对促进幼儿园不断向更高目标迈进,具有推动作用和启发意义。

规章制度管理档案主要是将幼儿园的工作制度、岗位责任制度、学习与会议制度、教研科研制度、考核奖惩制度、财务制度、财产管理制度、安全制度、幼儿园与家庭联系制度、卫生保健制度等汇编成册,并将各项制度的落实情况所形成的信息资料整理归档，为以后的工作提供有价值的参考。

财产物资管理档案主要是对幼儿园现有的各类财产进行登记造册，并对各种物资的分配和发放留下的记录，同时还有便于检查验收的账目资料。

（二）保教管理档案

1. 保教队伍管理档案

保教队伍管理档案主要包括人员配置资料、教师简明情况资料、教职工身体健康档案三类。

其中，人员配置档案主要包括各个时期教师、保育员、后勤行政人员及其他管理人员的配置情况，还包括不同时期的班级数量、在园幼儿数量等信息。

教师简明情况资料主要是全园教职工的年龄、职称、学历、阶段性工作任务和业绩、职业道德、思想水平、业务进修、考勤等方面的简明情况。

2. 保教工作管理档案

保教工作管理档案主要包括教育教学常规管理档案、卫生保健管理档案、儿童发展管理档案。

教育教学常规管理档案主要涉及教育教学工作的计划、总结和活动实际实施情况资料；园长对教育教学定期、不定期检查和指导形成的档案；业务园长每周对教师备课笔记、教育笔记、反思日记进行批阅或指导的资料；幼儿园对公共活动场地、专用活动室的安排；教师对全体幼儿所做的幼儿成长档案记录，教师对个别特殊儿童的过程性教育等。

卫生保健工作管理档案主要包括幼儿园卫生保健工作的计划、总结以及相关工作的实施情况；卫生保健制度的落实情况；对幼儿健康检查情况的登记、分析、跟踪治疗、向家长的反馈、缺点矫治情况；幼儿的生活卫生用具配备及消毒情况；幼儿的饮食及营养分析、膳食调整情况；幼儿园安全教育、安全设施、安全检查情况；幼儿园的环境卫生、计划免疫、疾病预防、传染病隔离情况；幼儿良好的卫生习惯的教育培养工作情况等。

儿童发展管理档案主要包括对幼儿身心发展状况进行的科学评估，对工作中采取的措施、方法和效果等方面进行的记录等。

（三）物资设备管理档案

物资设备管理档案主要包括房舍资料管理档案和设施设备资料管理档案。幼儿园的规划设计图纸是对房舍进行维护、检修和改造的第一手资料，应当加强管理，以方便查找。此外，这类资料还包括每学期房舍的使用情况、户外场地的划分和使用情况、绿化面积、公共活动面积、人均活动面积等。幼儿园的全园设备、班级设备、各种功能场所的设备应逐年或逐学期进行登记，同时对全园设施设备的使用情况也要进行登记造册管理。

三、幼儿园档案管理的流程与要求

幼儿园的档案管理是一项经常性的工作，需要在平时做好档案的收集、整理、保管和利用工作。利用是档案管理工作的最终目的，能否有效利用，需要建立在合理的收集、整理和保管工作基础之上。

（一）档案的收集

档案收集是指按照档案形成的规律，把分散的材料接收、征集、集中起来。通过建立和健全归档制度，将需要上交的档案材料及时上交到档案室，实行统一管理。归档的材料由谁负责收集以及由谁上交档案室都要分工明确，不能出现活动开展得轰轰烈烈，而档案资料收集工作却无人问津或者相互推诿的局面。什么材料有价值、需要归档，要有明确的规定，具体收集的材料可以列出清单，明确告诉收集人，让收集人做到心中有数，以免丢失遗漏。归档的材料什么时间上交，上交的材料要达到什么标准也要明确规定，一般来说，材料上交要及时，上交的材料要保证其整洁度、清晰度、完整性等。

幼儿园的档案收集工作是一项非常繁杂的工作。首先，要向各部门宣传档案的作用，使大家对保留档案有一定的了解和认识。其次，要经常到教师中去了解，将教师在教学活动中最需要的资料完整地收集在档案室里。最后，要善于利用各种有利时机收集档案材料，如幼儿园举办大型活动、毕业典礼后，及时到幼儿、教师、领导、家长中层层收集第一手真实材料。只有这样，档案室的资料才能不断完善而且富有时效性，真正起到为教学服务的作用，档案室的重要性也自然会被教职工所认可。

（二）档案的整理

档案的整理是指按照一定原则对档案实体进行系统分类、组合、排列、编号和基本编目，使之有序化的过程，上交的档案比较零散，档案管理人员需要进一步将这些材料条理化。平时积累的档案材料不要随手丢弃，应及时归类保存。首先，档案人员要具备过硬、扎实的专业知识，提高档案管理能力，使管理者知识结构从单一型、封闭型转化为综合型、开放型。其次，档案人员应掌握现代化管理工具，熟练掌握电脑操作，以方便、快捷的方法对所有档案进行分类、管理，同时还要具有快捷搜取的能力。最后，设有专门的档案管理人员，兼职档案管理人员若不能及时归档，也要完整保存档案资料，另找时间及时进行系统的归类整理。

（三）档案的保管

档案的保管，是指根据档案的成分和状况所采取的存放和安全防护措施。档案保管工作的任务，就是了解档案损坏规律，通过经常性工作，采取专门的技术措施，最大限度地防止和减少档案的损毁，延长档案的寿命，维护档案完整性。具体方法如下：

第一，设立专门的档案库房，库房布局建设和规划科学合理。房间、柜架及搁板从左到右、从上到下依次编排序号，并在此基础上制成库位索引号。

第二，保持库房的环境和库内卫生，科学地控制温度和湿度是做好档案保管工作的重要措施。为有效地完成这些任务，必须按照档案保护的技术要求建立库房管理制度，坚持进行各种测定和防治，采取一系列必要的具体措施。

第三，库房应建立健全防盗、防火等防灾制度，必须避免一切可能失窃的漏洞。非库房管理人员，未经批准，不得随便入库。珍贵的、绝密的档案应放入保险柜，在专门的地点保存；出入库房的档案应进行仔细的清点和登记；要定期检查电气设备，库房内应严禁吸烟，忌用移动式的火烛，规模大的库房一般应安装避雷针；在档案工作部门要经常进行防火教育，一般均备有灭火工具、沙箱和充足的水源，这些都应设在便于取用的地方，有条件的地方可安装自动灭火设备或消防栓。

第四，注意档案在搬动中的保护，由于种种原因，库内档案有时需要搬动，在搬动过程中常常遭到不同程度的机械磨损和污染，因此，应注意档案在搬动中的保护措施，如在库房内搬动数量较多的案卷时，必须准备一定的工具，如小型手推车、案卷托板等。

第五，档案的安全检查。定期和不定期地对档案进行检查，是档案管理工作中的一项重要工作，只有细致地检查，才能确切地了解档案安全保管的程度，从而及时采取有效措施改善保管条件，防止档案被继续损坏。

（四）档案的利用

档案的利用是指档案利用者通过档案利用工作系统查找、利用档案信息满足其利用需求的行为过程，也是档案的利用价值得以实现的过程。如通过网络互相传播信息，将最新的资料传递给领导和教师，使他们能够迅速获取详尽的第一手材料，充分掌握信息，在前瞻性信息基础上做出有预见性的正确决策，形成先进的教育理念，从而提高管理能力和教育教学水平。

四、幼儿园档案管理的注意事项

幼儿园档案是教师开展教育教学必不可少的好帮手，也是幼儿园相互学习、相互借鉴的桥梁，做好档案管理工作，可以为幼儿园的建设发展提供有效平台，因此，幼儿园要重视并建立健全档案管理的规章制度，以确保幼儿园档案工作的规范化、有序化，同时在档案管理中还应注意以下几方面：

（一）档案管理要做到及时和准确

档案信息的基本职能就是方便查阅者及时快捷地查阅到所需要的信息资料，为其研究、分析提供依据。因此，档案管理人员应及时、准确、全面地搜集整理、分类汇总各种信息资料，为幼儿园建设和发展提供翔实全面的档案资料。同时，档案管理人员也应与各职能部门密切联系、相互合作，以确保及时搜集各类信息。

(二) 档案要专人负责，管理要规范、到位

学前教育的发展要求幼儿园档案愈来愈标准化、规范化，高标准的档案管理水准要求幼儿园的档案管理应有专人负责，管理人员应当具备扎实过硬的专业知识，掌握现代化管理工具，能及时收集、归类、整理园内信息，能妥善保存和管理资料档案，为幼儿园提供及时、有效的信息资料服务。有条件的幼儿园可以专设一人，人员紧张的幼儿园可以设为兼职，但不能指派多人负责，以避免造成不必要的混乱。园长要经常过问档案工作，经常翻阅档案，督促管理人员做好资料、信息收集工作。

档案信息管理人员应有规范意识，能够细致、耐心地做好这一工作，收集资料要有预见性与计划性、针对性与及时性、系统性与完整性，能够敏锐捕捉各种有效信息，更好地服务于幼儿园的发展。如收集归档的材料有破损应予修整，字迹模糊或褪色的文件应予复制或进行字迹加工处理。另外，文件应按事由结合时间来排列。如同一年度的材料按时间顺序来排列，跨年度材料可以按不同阶段分为事由(如可分为筹备、调研等)来排列。

档案管理制度

1. 建立专门档案室，设档案管理员1人，负责幼儿园的档案管理工作。

2. 成立幼儿园档案管理领导小组，由副园长任组长分管档案工作，教学主任、档案管理员和相关人员为小组成员。

3. 每年的6月底为档案移交时间，各部门档案材料都要交送档案室归档。

4. 各类文件材料的归档范围和保管期限，要根据区档案局印发的关于企事业单位文件材料归档范围和保管期限参考表进行归档。管理要根据最近国家颁布的档案管理法的规定和要求管理，严格保管，不得丢失。

5. 不论本园或外单位借阅档案，都必须经园长批准，履行借用手续并定期收回。

6. 档案管理人员要对收进、移出、销毁等情况进行登记，并做好记录。

7. 做好档案室的防火、防盗、防潮、防尘、防鼠、防高温工作。

8. 档案管理人员要熟悉业务，准确、及时地为使用者提供方便。

9. 档案室内要保持清洁卫生，档案柜要摆放整齐、有序，便于保管和使用。

（资料来源：王海霞. 幼儿园经营与管理［M］. 济南：山东人民出版社，2013：121。）

（三）实行电子和纸质资料共存制度

随着信息技术的普及，档案信息的储存形式也实现了质的飞跃，幼儿园在档案信息管理中必须适应新的变化。日常资料的电子化处理是今后幼儿园档案管理的发展方向。使用计算机技术存档不仅方便、快捷，而且存储质量高、易于查找。计算机技术在幼儿园日常管理和保教工作中的普及已是大势所趋。但是电脑存储资料有利有弊，虽方便快捷，但一旦感染上病毒，相关文件就可能被删改或损坏。因此，一般来说，档案应有纸质和电子两种储存方式，这样更能抵御风险，确保万无一失。

 本章小结

幼儿园总务后勤工作是幼儿园管理工作的重要组成部分，其管理内容涉及幼儿园财务管理，幼儿园环境（空间）、资产与设施设备管理，幼儿园档案管理等。总务后勤工作对多方资源的协调管理对幼儿园一线保教工作具有保障作用、驱动作用和协调作用，它是促进幼儿园办园条件不断改善及保教质量不断提高的关键。总务后勤工作管理涉及面广，综合性强，这就要求在管理上要树立全局观念，加强工作的计划性、预见性，减少盲目性、随意性，强化队伍建设，规范管理程序，提高工作效率，在确保幼儿园有序运转的前提下，助力幼儿园优质高效地发展。

思考题

1. 幼儿园财务管理的主要任务是什么？

2. 幼儿园档案管理的具体内容是什么？档案管理的程序有哪些？

3. 请你为某幼儿园设计一个班级物资统计表，要求包含班级所有物资，且能方便每个学期的核查与交接。

4. 到幼儿园会计室、资料室、档案室见习，了解幼儿园在财务、物资管理、档案管理方面的实际情况，完成一篇见习调查报告。

1. 吴邵萍. 幼儿园管理与实践[M]. 南京：江苏教育出版社，2012.
2. 王绪池，郑佳珍. 幼儿园总务管理[M]. 重庆：重庆大学出版社，2013.
3. 曹秋良. 实战打造智慧幼儿园[M]. 北京：新华出版社，2018.

1. 王海霞. 幼儿园经营与管理[M]. 济南：山东人民出版社，2013：110-121.
2. 时松. 幼儿园管理[M]. 北京：北京师范大学出版社，2015：203-211.
3. 何树宇，朱媛、邹永志. 现代幼儿园经营管理[M]. 北京：新华出版社，2017：54-61.
4. 张晓焱. 幼儿园管理[M]. 北京：航空工业出版社，2014：180-181.

第十章　幼儿园管理实践的指导与探索

本章提要

　　为了实现管理的目标，我们在管理活动中必须遵守一定的行为准则，即管理原则，幼儿园管理作为管理学和教育学的交叉学科，既要遵守管理的规律，又要遵守教育的规律。幼儿园管理应遵守方向性、整体性、民主性等管理原则。幼儿园管理方法是开展管理活动的各种措施、途径和手段。

　　目标管理在实践活动中得到广泛的应用，作为从国外引进的管理模式，五常法管理和园本管理也逐渐进入人们的视野，集团化连锁管理是幼儿园快速发展和扩张的重要途径，近来尤其在民营幼儿园的实践中得到广泛推广。

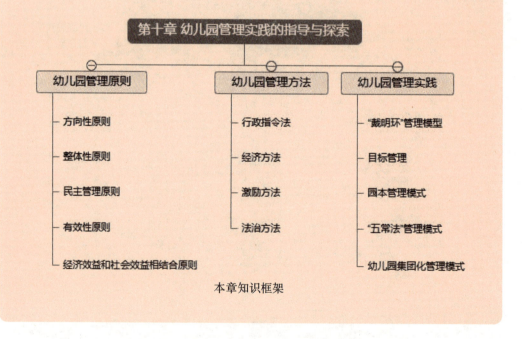

本章知识框架

【认知目标】

1. 什么是管理原则？幼儿园实践需遵循的管理原则有哪些？

2. 什么是管理方法？幼儿园实践常采用的管理方法有哪些？

3. 当今幼儿园管理实践模式有什么？

【能力目标】

1. 能够运用幼儿园管理原则和方法分析解决幼儿园管理实践问题。

3. 能够分析结合幼儿园管理实践，分析其管理模式。

【教学重难点】

1. 教学重点：(1)幼儿园管理原则

　　　　　　　(2)幼儿园管理方法

2. 教学难点：幼儿园管理原则

【教学学时】

4 课时

王老师被扣奖金

王老师业务能力强，刚刚结束产假回园上班，但由于住得远，孩子年幼，时有迟到早退现象。有一次，离下班时间还有20分钟，王老师又要提前离园了，刚走到门口，被园长撞个正着。园长严肃地问："还没到下班时间，你怎么提前走？"王老师笑眯眯地说："不就提前一会儿吗，值得您生这么大的气，要不您扣我奖金好了。"说完转身就走了，园长看着她的背影，噎得说不出话来。园长按规定扣了她的奖金，此后，大家觉得王老师的工作积极性好像也大不如前了。

（资料来源：改编自张燕等，《幼儿园管理案例及评析》，北京师范大学出版社，2002。）

思考问题：从管理方法看，单纯依靠扣奖金能管理好职工吗？你认为应采取何种措施才能充分发挥王老师的业务优势，调动其工作积极性？

第一节 幼儿园管理原则

一、管理原则的含义

对于"原则"一词，《现代汉语词典》的解释是：（1）说话或行事所依据的法则或标准。（2）指总的方面；大体上。依据第一个解释，本书中的"原则"指的是基本的行动准则、规则、基本的要求。原则是人们对客观规律认识的反映，是观察、看待、处理问题的准绳。管理原则是指导管理工作的行动准则，是对管理工作提出的基本要求。任何组织要有效地运行，实现管理的目的，就必须遵循一定的管理原则。

幼儿园管理的原则是幼儿园管理活动所必须遵守的准则和基本要求，是正确处理幼儿园管理过程中一系列问题与矛盾的指导原则。管理原则不仅仅是抽象的理论，更具有实践的价值，它可以将幼儿园管理工作条理化、系统化、具体化为幼儿园管理工作中的具体要求，可以全面指导幼儿园管理过程各个环节的工作，并指导各种管理方式的运用、各项组织机构的建立。管理实践中，管理者遵守这些基本的原则就可以达成理想的管理效果，指导管理者少走弯路，减少盲目性，避免管理工作中的"试误"，为幼儿园管理目标的实现保驾护航。

二、确立幼儿园管理原则的依据

总的来说，制定科学合理的幼儿园管理原则，既要考虑幼儿园作为一种社会组织的特殊性问题，又要考虑社会组织管理的一般问题；既要遵循教育科学的基本规律，又要遵循管理科学的基本规律，并考虑如何使二者有机地结合，慎重、全面地予以分析和把握。

（一）教育的基本规律

教育是人类社会一种特殊的活动，是一种培养人的活动，具有一定的阶级性。一方面，教育是上层建筑，要为政治、经济、社会的发展服务，对于促进社会公平以及和谐社会的构建具有重要意义，同时，教育的发展也必然会受到社会政治、经济、文化发展的制约，这体现了教育和社会生产力与社会政治经济的关系；另一方面，教育要满足其促进教育对象身心健康发展的需要，这反映了教育活动与年轻一代身心发展的关系，教育活动要研究教育对象，为年轻一代的健康成长服务。教育管理原则的制定要二者结合，即以教育的本质为准绳，把教育活动的本质特性作为制定教育管理原则的基础，既要符合社会发展的需要，又要符合学生个体的发展需要。

（二）管理的基本规律

对幼儿园管理具有重要指导意义的管理规律包括整体优化原理、合理组合原理、开放与闭合统一原理、动态平衡原理、效益原理和人本原理等。

1. 整体优化原理

管理主要是相对于组织而言的，任何一个组织，要实现理想的管理目标，就需要把组织管理的各类要素，如人力资源、资金状况、固定资产、时间、信息等排列组合成为一个有机的组织整体系统。也即组织是一个整体，一个整体系统是由相互作用和相互依赖的若干个有区别的子系统组合而成，并具有特定功能和共同目的的有机集合体。组织的整体性质、功能不是各个部分的简单相加，组织整体的功能要远远大于多个部分的简单代数和。整体既要不断调整整个组织以适应对外界社会大环境的变化，也要不断通过调节内部组织系统使整个组织更好地运行，提高管理效率，以顺利实现整个组织的管理目标。作为管理者，在考虑问题时，应比普通员工考虑得更全面，站得更高，在管理组织机构时，要有整体意识、组织意识，把组织的整体目标作为所有管理活动的出发点，作为考量管理绩效的依据。

组织作为一个整体，有整体的管理目标，作为整体的各个部分，也应有各个部分的岗位职责、岗位目标，正是组织的各个部门目标的有机结合，才构成了整体目标。因此，作为普通员工，要了解自己在整个系统中的地位与作用，认识到相对于总体目标来说自己的从属地位，要有为整体目标服务的意识，有大局观，能够从整体出发，和其他部门相互协调、通力合作，而不是各自为政，各行其是。

2. 合理组合原理

所谓组合，是指组织是按照何种结构、何种方式将各个部分要素形成一个整体。同样的管理对象，由于不同的组合方式，就会形成各个要素之间不同的组织关系，导致不同的管理效应。合理的组合能使组织结构更严密，运行更加有序；可以使各个要素之间更具聚合性和团队精神，形成一个有机的整体；可以使各个要素之间具有更好的适应性，具有自我调节、自我控制、自我完善的功能。合理的组织安排还可以充分发挥每个员工的特长，人尽其才、物尽其用，使不同的员工之间扬长避短、互相补充；而不合理的组合往往导致员工之间相互斗争拆台、相互推诿，陷入内耗之中。

为了更好地提高效率，幼儿园在组建领导班子，以及选择配班老师时，就需遵循合理组合原理。比如，为避免矛盾，选择配班老师时，既要考虑配班老师的业务水平、不同特长，也要考虑年龄、气质、性格等，合理组织班级老师。

3. 动态管理原理

任何事物都是在不断地发展变化的，作为一个组织所处的外界环境和自身因素都在变化运动，组织内部和外部环境的任何变化，都可能打破原有的组织系统的平衡，带来一系列新的问题。作为管理者，要与时俱进，不断调整自己的管理活动，针对可能或已经发生的变化，不断地对组织管理进行调整，以期达到新的平衡，而不是故步自封、墨守成规。

其实，时代的不断发展决定了管理方式必然也要发展，而不是一成不变的，比如20世纪五六十年代，人们思想单纯，思想政治教育曾被作为一种最主要的管理方法，而在社会主义市场经济时期，管理者仍然只停留在高谈思想教育，而不给予以一己之长作出较大贡献的员工合理回报的话，很可能导致人才的流失。同时，在组织的不同发展阶段，组织的运行具有不同的特点，管理者所扮演的角色也有很大的不同。比如，在组织的初创时期，百废待兴，管理制度不甚完善，管理者更多地运用行政指令的管理方式，管理者多是身先士卒、以身作则；而到了组织发展相对成熟、稳定的时候，组织已形成了一套完整的规章制度，管理过程更多的是"照章办事"，以组织管理和制度管理为主，日常管理更多的是一种"例外管理"。这时，高层管理者的任务更多的就是作出决策，而不是事无巨细，亲力亲为。

4. 人本原理

人是生产力中最活跃的因素，也是管理活动中最核心的要素。幼儿园所拥有的人、财、物等都是管理的基本要素和管理对象，但是，人是唯一具有能动性的资源，财、物等资源都需要由人来掌控和使用，才能够发挥作用。人是第一生产力，现代管理的核心就是调动人的积极性，以调动和激发人的积极性为根本，管理的成效如何也取决于人的能动性调动、发挥得如何。在管理工作时，管理者要充分考虑到被管理者是具有独立人格的个体，要和被管理者建立和谐的人际关系，而不仅仅是一种上下级的关系，更不能把被管理者当作"会说话的工具"。人作为一种特殊的资源，从某种意义上讲，既是管理的手段、工具，更是管理目的。

另外，在制定幼儿园管理原则时，管理者也应当考量幼儿园本身的特点，协调处理好各种关系，如幼儿园和社会的关系、幼儿园内部不同工作之间的关系、幼儿园不同教职员工之间的关系、投入与产出之间的关系等。以这些关系为出发点，以事实为依据，遵循教育的基本规律，科学地运用管理理论，管理者就能实现对幼儿园的有效管理。

三、幼儿园管理应遵循的基本原则

依据管理学的一般原理和教育的自身规律，结合幼儿园管理的特点，我们认为，幼儿园管理应遵循以下基本原则。

(一)方向性原则

所谓方向性原则指的是幼儿园必须坚持社会主义办园的方向，要坚持以教育婴幼儿、服务家长为目标的办园方向。

1. 坚持方向性原则的意义

一方面，作为教育机构，幼儿园的天职就是要保育和教育婴幼儿。学前教育是基础教育的基础，儿童是祖国的未来、社会主义事业的接班人，学前教育质量直接关系着婴幼儿的健康成长，以及中华民族的兴旺和发达。《幼儿园工作规程》明确指出："幼儿园是对三岁以上学龄前幼儿实施保育和教育的机构，是基础教育的组成部分，是学校教育制度的基础阶段。"其任务是"施行保育和教育相结合的原则，对幼儿实施体、智、德、美诸方面全面发展的教育，促进其身心和谐发展"。另一方面，《规程》还规定，"幼儿园同时为家长参加工作、学习提供便利条件"。这就要求幼儿园要尽可能地服务好家长，为家长的工作和学习提供更多方便。纵观目前世界范围内的学前教育，无论是社会主义国家还是资本主义国家，无论是发达国家还是发展中国家，都把保育和教育婴幼儿、服务家长作为幼儿园最主要的任务，服务性和福利性也因此成为幼儿园的基本特征之一。

2. 贯彻方向性原则需要注意的问题

（1）明确教育目标和树立正确的办园思想。教育是上层建筑，要为一定的政治、经济服务，所以，管理者必须要明确幼儿园管理是一种有目的的活动，总是以一定的目标为方向的。在管理实践中，管理者首先要考虑幼儿园是为谁服务的，要办什么样的园所，培养什么样的人。

在举办幼儿园的过程中，管理者既要考虑经济效益，更要考虑教育效益、社会效益，尤其是公办园所，应把教育效益和社会效益放在优先位置，以教育婴幼儿、服务家长作为办园方向，以有利于婴幼儿的健康和发展，实现和满足人民群众的需要为出发点，做好幼儿园管理工作。对于民办幼儿园来说，虽然要考虑经济利益，但也只有把"教育婴幼儿、服务家长"作为办园的指导方针，切实贯彻一切以儿童的发展为核心的教育理念，处处体现为家长提供更方便的服务的立园之本，才能得到政府和家长的认可。民办幼儿园只有为婴幼儿提供高质量的教育，为家长提供更需求化、个性化的服务产品，才有可能在激烈的竞争中站稳脚跟，不断打造自己的品牌。

（2）加强思想引导和优良园风建设。幼儿园是培养教育人的场所。为了更好地教育婴幼儿、服务家长，幼儿园要加强保教人员的职业道德建设，注重政治思想工作，建设优秀园风，提高教职员工素质，体现良好的精神风貌，不断激励全体保教人员为实现全面育人目标、完成双重任务而奋发努力。

（二）整体性原则

幼儿园是社会系统的一个组成部分，其本身也是一个系统整体，是由相互作用和相互依赖的各个部门、各项工作、各方面人员所组成的。整体性原则是指要实现幼儿园的教育目标，需要以保教工作为中心，全面规划，统一指挥，合理组合各个部门、各个层次、各种因素，全面发挥幼儿园的教育功能，以达到最佳的教育效果。坚持整体性原则可以帮助我们正确处理幼儿园管理工作的中主要工作和次要工作、主要矛盾和次要矛盾、整体利益和局部利益、教育工作和管理工作之间的关系。

贯彻整体性原则要注意以下几点。

1. 保教结合、全面安排

保教工作是幼儿园的中心工作，这是由幼儿园的性质和任务所决定的，学前教育区别于其他阶段的教育最主要的特征之一就是"保教结合"。学会生活自理和劳动是一个人能够生存和发展的基本条件，一个人只有先学会生存，才有可能学会学习、学会做事、学会做人，成为有用之才。幼儿园开展各种活动时，必须以保教工作为，并注意二者的结合和相互渗透，坚持保教并重。

长期以来，学前教育实践中存在着"重教轻保""重智轻德""重智轻体"的现象，"小学化"问题突出。一些家长过于急功近利，错误地认为幼儿园的主要任务就是教孩子读书、识字，而为了迎合家长的心理，一些园所过分强化对学龄前儿童的读写算训练，忽视了对他们进行良好生活习惯、行为习惯和良好性格的培养，违背了保教结合的理念。作为幼儿园管理者，应力戒此种现象，以保教工作为中心，全面安排幼儿园的教育教学工作和卫生保健工作。

2. 重视幼儿园内各种因素的整体协调

幼儿园各组织部门虽然承担着不同的职能任务，但是他们的最终目的都是为了教育婴幼儿、服务家长，所以食堂、医务、保卫等相应人员都要密切配合一线教师的保教工作，始终以保教工作作为各项工作的中心。管理者要加强对园所各类工勤人员的教育，提高员工素质，能够以教师的标准来要求自己，做到管理育人。同时，幼儿园还要善于整合各种资源为保教工作服务，如在环境设置、教室装饰等方面也要体现出自己的教育理念、园所文化等。

3. 协调家庭、社区各方面的力量

幼儿园作为社会大系统的子系统，必然会受到社会环境等各种因素的影响，随着时代的发展，幼儿园和家庭、社区的关系也会越来越密切。虽然学前教育在儿童成长的过程中占据主导地位，但是，家庭教育和社会教育在孩子成长过程的作用是学前教育不能替代的，这就要求幼儿园管理者在发挥教育机构主体作用的同时，还要善于整合园内、园外资源，形成教育合力，以达到最佳的教育效果，更好地完成教育婴幼儿、服务家长的双重任务。

(三) 民主管理原则

民主管理原则指的是在幼儿园管理过程中，要处理好完成管理目标和建立良好人际关系的问题，管理者要善于处理和群众的关系，调动下级基层人员的积极性，力求全员参与，发挥管理的激励机制，为更好地实现管理目标而服务。

民主管理是现代管理的精髓，是人本管理思想的具体体现。人是管理中最积极的因素，管理的核心要素是人，人既不是工具人，也不是经济人，而是社会人。幼儿园实行民主管理，可以使教职员工参加园所的决策和管理过程，发挥教职工的主人翁作用，从而最大限度地调动大家的积极性。同时，坚持民主管理的原则可以指导管理者正确处理管理过程中领导与群众、集中与民主、组织与个人之间的关系。

贯彻民主管理的原则要注意以下问题。

1. 管理者从思想上要重视走群众路线，不能高高在上作为管理者，要明白"水可载舟，亦可覆舟"的道理，应从群众中来，到群众中去，处理好完成工作任务和关心下属的关系，要善于听取教职工的意见和建议，通畅下级员工反映问题的渠道，切忌高高在上，目中无人，脱离群众。管理者如果过分强调自己的领导地位，只会拉大自己和群众的距离，导致其丧失群众基础、威信，甚至成为光杆司令，降低管理的效率。相反，越是谦虚的领导，往往更能得到大家的尊重，其民主作风有利于园所形成亲密、和谐的人际关系氛围，使大家相互尊重、相互信任、相互支持，为实现园所的目标而共同努力。

2. 要为群众参与管理提供组织保证、正规渠道

在幼儿园管理中，仅有民主的思想意识还远远不够，民主管理必须要以一定的组织和制度作保证，必须为群众参与管理创造组织条件，而不是有问题后就必须或只能找园长反映。为此，幼儿园应定期召开职工大会、园务委员会、党政联席会议等，使教职员工对园所的重大决策有知情权、审议权、投票权，有机会参与讨论和做出决定；畅通日常工作中教职员工反映问题的渠道和途径，使教职工通过正当的方式能维护自己的合法权益；重视工会在民主管理中的作用。工会是教职员工自己的组织，代表着基层的利益，可以配合园所行政工作，发挥桥梁作用。

3. 要注意民主和集中相结合

民主和集中是相对的，没有绝对的民主，在充分发扬民主管理的同时，幼儿园管理者还必须用好自己的决策权，把握正确的办学原则和方向。对于不同岗位的基层员工来说，由于所处的岗位位置不同，看问题的立场和认识观点也就不同。有时，基层教师看待问题往往只从自己的立场出发，缺乏高度，甚至是失之偏颇。作为管理者，则要高屋建瓴、站在全园所，甚至更高的角度审视具体的问题，要从大局出发、着眼于长远，不能一味地充当老好人，也不能将所有的问题都通过教职工投票来解决，只有通过充分的沟通和权衡才能真正作出符合集体利益的决定。

(四) 有效性原则

管理的根本目的在于提高效率，以最小的投入创造更多的经济效益和社会效益，充分发挥管理的生产力职能，为社会作出更大的贡献。对于幼儿园来说，就是以较少的投入为培养出更多符合社会要求的高质量人才奠定坚实基础。

幼儿园管理的有效性原则是指，幼儿园管理要树立正确的效益目标，通过合理计划、科学组织、有效监控、及时反馈等措施，充分挖掘潜力，经济、合理、高效地完成幼儿园管理和教育目标。作为管理者，不能满足于做一个忙忙碌碌的事务主义者，也不能只讲动机，不讲过程，成为不讲效果的原则领导者，而要讲求管理工作的效益。为此，幼儿园的管理者就必须研究人力、物力、财力等方面投入带来的效能，既注重发展速度，更要讲究质量，既关注机构自身的经济效益，更要追求管理活动的整体效益、社会效益，全面提高保教质量。

贯彻有效性原则需要注意以下两点。

1. 建立合理的机制，促进幼儿园管理的制度化、规范化、程序化

幼儿园要科学、合理地设置组织机构，做到层次清楚，职责分明，既统一领导，又分工协作，尽可能地做到机构简、人员精，避免多头管理。各部门和人员要有职、有权、有责，要因事因责设岗，而不是因人设岗，造成多头管理现象，导致相互推诿，出现"三个和尚没水吃"的现状。为此，幼儿园管理要以有效性为最终目标，建立、健全以岗位目标责任制为核心的各项管理制度，规范各组织部门的权力和责任；形成稳定、正常的工作程序和制度，包括全园性制度、部门性制度和各种奖惩制度等，通过对各类人员的考核、评价，奖优惩劣，实现制度规范和组织规范的完美结合。

2. 实现人力、物力、财力的合理配置

幼儿园的人力、物力、财力都很有限，要最大限度地发挥各种资源的作用，必须做到合理配置，有效利用。首先，管理者对全体员工的整体状况要进行全面的了解、分析，建立员工档案，包括学历、职称、工作年限、工作业绩、能力特长、业余爱好、兴趣特征、性格、气质等，在使用各种人才时，做到知人善任，用人之长，在干部提拔、配班组合等方面通盘考虑、合理搭配。同时，对不同能力和不同水平的教师与保育员、新教师与老教师都要有不同的要求，采取不同的管理方式。

幼儿园要坚持自力更生、勤俭办园的方针，开源节流，实现经济效益的优化。无论对于公办园，还是私立园，都要考虑如何节约开支，降低成本，力求少花钱，多办事，把有限的经费用到最需要的地方。同时，园所要加强对教学仪器和设备的管理，延长其使用寿命，防止不应有的损耗，实现物尽其用。

作为管理者，还要重视对幼儿园的时间和信息的有效管理。园长要合理安排工作，讲究统筹方法，分清主次、轻重、缓急，提高时间的利用效率，尤其是要减少不必要的会议，把更多的时间留给基层教师，防止时间浪费。信息作为一种特殊的资源，既是管理者进行计划和决策的依据，对管理过程进行有效调控的依据，也是管理者加强和教职员工相互沟通的纽带，所以加强信息管理对于幼儿园也具有重要的意义。

（五）经济效益和社会效益相结合的原则

幼儿园作为一个社会组织，是国民教育体系中的一环，应该为社会主义现代化建设服务，尤其是在当前很多地区面临"入园难"的情况下，应该为维护社会公平，构建和谐社会服务。为此，幼儿园管理理应兼顾经济效益和社会效益。

贯彻经济效益和社会效益相结合的原则需要注意以下两点。

1. 坚持学前教育的福利性和普惠性

我国学前教育的性质决定了幼儿园要为国家、为人民服务，尤其是公办园所，更要以满足社会需要为出发点，以社会效益为根本。党的十九大提出"幼有所育"，将学前教育事业发展作为重要民生工程，坚持公益普惠办园方向，积极扩大普惠性学前教育资源，努力构建学前教育公共服务体系。管理实践中，一些幼儿园适当提高收费，以改进园所条件，提高教职员工的待遇福利本无可厚非，但是，管理者如果一味地追求经济利

益，盲目跟风涨价，抬高收费价格，就会造成社会不公，丧失了幼儿园所应有的福利性和普惠性的本质属性，这与当前我国政府大力倡导教育公平及构建和谐社会的要求是背道而驰的。

全国普惠性幼儿园已超幼儿园总数八成

截至 2021 年年底，全国幼儿园数量达 29.5 万所，全国学前三年毛入园率为 88.1%，2021 年全国普惠性幼儿园达到 24.5 万所，占幼儿园总量的 83%。其中公办园 12.8 万所。农村普惠性幼儿园覆盖率达 90.6%，每个乡镇基本有一所公办中心园，基本满足了幼儿在家门口入园的愿望。

优质的学前教育服务离不开高素质的教师队伍。2021 年，全国开设学前教育专业的本专科院校有 1095 所，毕业生达 26.5 万人。

（摘自"中华人民共和国教育部官网"。http://www.moe.gov.cn/fbh/live/2022/54405/mtbd/202204/t20220427_622577.html）

2. 采取多种措施确保经济效益和社会效益并重

目前，我国优质学前教育资源依然不足，不同种类幼儿园保教质量和管理水平参差不齐，为更好地发挥优质园所的引领示范作用，教育行政主管部门创造各种条件加强园所之间的观摩、交流、研讨，鼓励那些条件较好的公办园所对一些刚刚起步的私立园所提供帮助和指导，尽可能地注重社会效益。对于私立园所来说，服务社会和追求利润二者之间并不是矛盾的，而是相辅相成的，在追求合理回报的同时，也要考虑学前教育的社会性，积极为国家和政府分忧，通过达成社会效益体现其办园品质和声誉，由此也能够得到政府更多的优惠政策和资金支持，有利于私立园所的良性循环发展。

以上原则之间是相互联系、相互制约、不可分割的，共同作用于幼儿园的管理过程之中。幼儿园自身是一个整体系统，同时又是社会大系统的一个小系统，其管理过程非常复杂，管理者既要处理好园所内部的事，也要处理好园所与社会环境之间的关系，以上五个原则只是一些最基本的、最基础的原则，还需要幼儿园管理者在管理实践中不断地学习和探索、丰富和发展。

第二节　幼儿园管理的方法

管理方法是在管理原则指导下的具体方法。相对于管理原则，方法更为具体，管理原则对管理方法具有方法论的指导意义。

教育管理方法既反映管理的一般规律，又与一定社会文化现象密切联系。教育管理方法包括国家、教育行政机关管理教育的方法和学校具体的管理方法。从教育机构内部具体的管理方法来看，教育管理的方法是指教育管理者为完成一定的教育任务和实现教育目的所采取的形式、手段和措施。

幼儿园管理方法是幼儿园管理者为实现教育目的，完成幼儿园的教育任务，开展教育管理活动所采取的各种措施、途径和手段的总和。举办和管理幼儿园，不但要有正确的办园思想，明确的管理目标，优良的师资和设施设备，也离不开科学的管理方法。管理实践活动中，一些园长虽然有管理好园所的美好愿望，也有不怕吃苦、脚踏实地的实干精神，事无巨细、事必躬亲，但是由于忽视管理工作的客观规律，缺乏科学的管理方法和艺术，管理效果大打折扣，所以研究和运用科学的管理方法对于实现园所的管理目标具有重要的意义。

在幼儿园管理实践中，所运用的管理方法主要有行政指令法、经济方法、激励方法、法治方法。

一、行政指令法

(一)行政指令法的含义

所谓行政指令法又叫行政方法，是指幼儿园管理者依靠上级组织机构及其所赋予的权利，通过发布行政指示、命令的方式，对被管理者产生影响的一种管理方式、方法。

行政指令法是管理实践中运用得最多、最为普遍的一种管理方法。行政管理中的管理者和被管理者之间职责、权利和所属关系明确，管理者是被管理者的上级，被管理者是当然的下属，必须服从上级领导，处于管理者地位的人或组织有职位、有责任、有权利、有能力支配下属的行动。任何一种管理活动，如果没有一定的权威做后盾，都是无效或低效的，所以行政指令法隐含着上级对下级的某种强制性，从某种意义上说，行政指令的方法就是上级对下级有指挥和控制的权利，下级对上级有绝对服从的责任和义务。

(二)行政指令法的特点

1. 快速有效

行政指令法是上级对下级的直接指示、命令，对象明确，渠道直接通畅，不需要第三方的介入，指示、命令由管理者直接以书面或口头形式传达给被管理者，这种管理措施发挥作用比较快，能够帮助管理者集中、统一、快速地调动人、财、物等资源，要求参与任务者行动一致、目标明确。

2. 强制性

行政指令法是以上级组织及其管理的权威和下级的服从为前提的。由于园所管理者和被管理者之间的所属关系明确，在管理过程中，管理者有权对下级的行为、活动进行干预、指挥。对于被管理者不服从指令的行为，管理者具有强制制裁的权利和能力，强制性是行政管理效力保障的必然要求。

3. 无偿性

由于行政指令中上下级的所属关系存在，运用行政指令法进行幼儿园管理，园所内所进行的上级对下级的人、财、物的调配和使用一般不考虑价值补偿，一切根据上级的需要进行统一调配。有时候，管理者虽然也会对交付给被管理者的工作任务给予一定的酬劳，但这并不是必需的。

（三）运用行政指令法应注意的问题

行政指令法运用广泛、快速有效，在日常管理中有着不可替代的作用，但是，这种管理方法的缺点也十分明显，需要我们在运用的过程中对此有更深的认识。其缺点表现为：第一，由于行政指令是上级单方面作出的决定，大多与下级缺乏有效的沟通，过分强调上级的权威性和集中统一，容易导致官僚主义和长官意志。第二，很多时候，这种方式是一种"临时决定""领导拍板"，缺乏工作制度和长效体制，易朝令夕改，随机性较大，如果没有形成制度，领导的变更就会引起相关指令的变化。第三，容易打乱下级的工作常态，使下级处于被动地位，疲于应付，他们的愿望和要求容易受到忽视。第四，这种管理方式强调园长的管理主体地位，强调的是上下级之间的纵向关系，在执行的时候缺乏下级之间的横向联系，容易影响同事关系的和谐。

为此，要有效地运用好行政指令法，需注意以下几点。

1. 管理者要加强学习，提高自身素质，正确认识和对待权力

目前，幼儿园实行园长负责制，园所领导被赋予了较大的权力，如果其自身管理水平有限，不能很好地认识"园长负责制"的内涵，简单地认为自己是一园之长，谁都应该听自己的，到处发号施令、瞎指挥，随意强制下级员工服从自己的主观意志，打乱工作制度，滥用行政方法，缺乏管理艺术，结果往往适得其反，极易挫伤下级员工的工作积极性，使自己丧失威信，并导致管理效率的低下。因此，园所管理者不要只是靠权势（力）要求下属，而要通过展现自己的管理及专业上的才能，让教职员工心服口服。

2. 灵活有度地运用行政指令的方法

在运用行政方法时，园所管理者要根据不同时期、不同背景的具体情况，把行政方法限定在一个必要和可行的范围之内，除非特殊状况，只对下一级的直属部门的人员交代事项，不跨级指挥；下达指示时，着重要求目标的完成，对过程不要有太多的限制，多给副职和下级以施展的空间；分配工作任务时，管理者可以多花点时间与教职员工沟通，了解其对工作的想法，引导其理解工作的重要性与意义，想办法唤起其内心执行的意愿，调动工作积极性。

二、经济方法

(一)经济方法的含义

幼儿园管理的经济方法是指幼儿园管理者运用各种经济杠杆，指导、调节、影响教育活动，对教职员工进行管理，以实现管理活动目的的方法。具体地说，就是根据教职员工不同的工作表现和实际成绩，采取措施、制定标准进行薪酬分配的方式。比如：运用绩效工资、各种福利、奖金、罚款等经济手段的方式，引导和调节教职员工的福利待遇，以调动其积极性，提高工作效率，促进教育目标的实现。

正如一位伟人所说的"我们不能饿着肚子去明理宣道"，物质利益是人们工作的最基本和主要的动因。作为社会一员，一个人要生存和发展，必须以一定的物质基础作保障。运用经济手段调节各方面的利益关系，把个人利益、集体利益和国家利益结合起来，实现个人工作业绩和个人利益的联结，从而能够提高全体教职员工的积极性和责任感。

现代社会的管理，不能单靠口号、政治热情和行政命令，还要借助于经济方法，如果不承认经济利益的调节作用，无异于掩耳盗铃、自欺欺人，是不现实的。尤其是在社会主义市场经济形势下，经济方法在幼儿园管理中的广泛运用是一种客观要求，它是调动广大教职员工的积极性，提高园所管理成效的一种行之有效的方法。经济利益的不同不仅仅是反映一个人薪水的多少，从某种意义上说，薪金等级也是对一个人工作水平、工作价值的肯定和区分。

(二)经济方法的特点

1. 间接性

经济方法最突出的特点就是不直接干预人们的行为，只是通过制定一系列和经济利益相关的措施、标准，不同工作的绩效、层级等来对人们的工作状况进行区分，工作绩效级别高的，获得的经济利益多，反之就较少，通过调整教职员工所获得的经济利益间接影响其行为。

2. 有偿性

经济管理的方法承认个人工作效益和个人收入的差异，把教职员工的工作业绩和个人经济利益直接挂钩，遵循按劳分配的原则，多劳多得、优劳多得、少劳少得、不劳不得，每个人依据其不同的劳动结果，获得不同的经济报酬。

3. 平等性

在经济管理方法中，所制定的经济利益的标准是公开、公平的，在同一价值尺度下，达到相同的标准，每个人所获得的经济报酬都是一样的，也即较高的工作效益获得较高的经济利益，对于每个人而言是平等的。

(三)运用经济方法需要注意的问题

经济方法的最大作用就是把个人利益与他们的工作业绩,以及园所的整体利益结合起来,使教职员工看到努力工作的利益,有利于激发大家的工作积极性;有利于在园所内部形成有效的竞争,消除平均主义、吃大锅饭的现象,能够给园所发展带来一定的活力。但是,经济方法的运用也具有一定的局限性。心理学研究表明,人既不是工具人,也不是经济人,而是社会人,人们的需要是多层次的,除了物质需要之外,还有更高层次的精神需要和自我实现的需要等,为此,在运用经济手段时需要注意以下几点。

1. 管理者要认识到经济方法并不能解决一切问题

虽然钱很重要,但钱绝不是万能的。管理实践中,过度的经济导向容易导致金钱至上的错误倾向,过分的使用经济手段还容易出现相互攀比,人际关系紧张等不良现象。

2. 运用经济手段时,要坚持奖励为主的原则

经济手段有自身的特殊性,要坚持以奖励为主的原则,慎用惩罚。经济性惩罚直接关系到被惩罚者的经济利益,容易伤人自尊,负面影响较大。奖励和惩罚都只是一种手段,对别人的奖励,就是对未奖励者的惩罚,宜多奖少罚或者不罚,以正面鼓励为主,经济惩罚需慎重使用。运用经济方法奖得太滥,无人珍视;罚得太滥,则无人畏惧。奖惩的目的都是为了搞好工作,不能为罚而罚,为奖而奖。

3. 要统筹兼顾,既要有稳定的基本工资,也要有可浮动的绩效工资

管理者要考虑到人与人之间的能力差别是客观存在的,所以,在运用经济的方法时,管理者既要考虑不同工作水平的经济报酬的差别,也要提供给每个员工最基本的物质保障,保护教职员工的合法权益。

三、激励方法

(一)激励方法的含义

激励方法又叫思想政治方法,是指在教育管理活动中,管理者运用思想政治工作有关理论和行为科学的激励理论,提高教职员工的思想认识,激发、调动教职员工的工作积极性的方法。这种方法又叫思想政治教育方法。

管理的核心就是要调动人的积极性,人的积极性的本质特点就是自觉性和主动性。幼儿园管理实践中,运用激励的方法,可以帮助教职员工认识到学前教育对于社会发展和儿童个体发展的奠基意义和价值,产生一种神圣的工作使命感,从而能够调动其积极性,创造性地开展工作,以提高园所的工作效益。在当前市场经济的背景下,学前教育行业工资待遇不高,幼儿教师的付出与其社会地位和经济待遇不甚相称,基于这种社会现状,思想政治教育的方法对于激发幼儿教师工作的积极性具有不可替代的重要作用。

(二)激励方法的特点

1. 启发性

激励的方法并不直接干预被管理对象的具体行为，而是通过对其世界观、价值观的引导，改变其思想意识，进而影响其工作状态。

2. 长期性

人的思想意识的提高和改变是一个长期的、复杂的过程，所以激励的方法是一个长期的过程，不能一蹴而就。

(三)运用激励方法应注意的问题

1. 把深入细致的思想工作和满足教职工的合理需要结合起来

为调动教职员工的积极性，管理者要注意发挥物质生活需要对形成教职员工良好职业道德的促进作用，从物质上和精神上全面着手，一方面，要满足教职员工基本的物质生活需要；另一方面，要营造良好氛围，可以经常主动地找员工聊天谈心，激励员工士气，为其提供成长空间和机会，这样才能取得良好的管理效果。

2. 教育的内容要讲究科学性

管理者在对教职员工进行思想政治教育时，内容一定要符合马列主义和我国社会主义的实际情况，紧密联系学前教育领域内的方针、政策；要针对教职员工思想和工作实际，实事求是，不回避现实问题，不讲大话、空话；要掌握人性的理论，能够切中要害。行为科学的激励理论认为，人们对需要的满足感，不仅与自己付出劳动后所取得的报酬的绝对值有关，而且还与和他处于同等情况下的其他人相比较，是否感到公平有关。为此，管理者要从思想和物质两个方面满足员工的合理要求，力求切实打动、激励教职员工。

3. 谈话方式要讲究艺术性

对教职员工进行思想教育的激励工作既是一门科学，更是一门艺术。这种方法能否奏效，关键在于管理者能否按照思想活动的规律，针对教职员工的实际情况，因时、因地、因人灵活运用。因而，管理者在运用此方法时，不可生搬硬套，要选择合适的地点，创造适当的环境，营造良好的气氛；要充分认识到教职员工思想问题的长期性、复杂性，不能操之过急；要着眼于教职员工积极的一面，即使是对于犯错的教职员工，管理者也要给出整体的正面评价，肯定其优点，不可将其说得一无是处，一棍子打死。

四、法治方法

(一)法治方法的含义

法治方法指的是管理者运用各种法律、教育法令、条例、决定、指示、规章制度等对园所工作进行指导、调节和影响的方法。

法治方法对于促进幼儿园管理事业的规范化、制度化，保障我国学前教育事业的健康发展具有重要的作用。中华人民共和国成立 70 年以来，随着社会主义各项事业的发展，党和政府相继颁布了一系列与学前教育相关的法律法规，如《中华人民共和国义务教育法》《中华人民共和国教师法》《中华人民共和国教育法》等；一些专门的学前教育法规、条例也相继出台，如《幼儿园工作规程》《幼儿园管理条例》等，通过各项法规文件的颁布执行，实现了党和政府对我国学前教育事业的领导，及时端正了学前教育工作的方向，明确了我国学前教育的宗旨，调整和引导学前教育行政中各方面的关系，对于推动学前教育工作的全面展开起了决定性的作用。

（二）法治方法的特点

1. 规范性

法治的方法是利用相关的法律武器，以相关法律为准则对学前教育活动进行指导、控制。相关法律是由国家和相关部门制定的，对所涉及的各种教育活动行为都进行了明确规定，所以，学前教育相关法律、文件是规范学前教育活动的统一准则，各级组织机构部门和个人在从事学前教育活动时都必须依法办事，在执行过程中产生疑问时，由相关部门给予解释。

2. 强制性

法律的制定是以国家强制力作后盾的，相关法律文件明确告诉人们什么是好的、什么是不好的；什么可以做、什么不可以做。法律一旦颁布实施，所有人都要按照法律行事，任何违背相关法律的行为都应受到纠正和惩罚。

3. 稳定性

由于法律、法规适用于所有相关人员，具有普遍的约束力，对人们的相关活动具有重大影响，所以它的制定、修改和废止都非常谨慎，在正式的法规颁布之前，都要向社会公布，广泛征求意见；一些重要的法规还需经过试行，从而保证其规范性、稳定性。

（三）运用法治方法需要注意的问题

1. 做好教育立法工作，健全教育法规，做到有法可依

实现法治方法的关键是相关法律的制定。一般而言，法律的制定具有滞后性的特点，这就要求各级行政及管理部门与时俱进，针对学前教育发展的实际情况，及时出台相关文件，并对一些过时的法律法规进行修订；要借鉴国外教育立法的先进经验，建立一套适合我国国情的学前教育法规体系。

2. 做到依法办事，有法必依

如果不能依法办事，再好的教育法规也是一纸空文。因此，在学前教育教育管理领域，教职员工要认真学习和领会各种法规文件，切实履行自己的权利和义务，社会各界也要维护幼儿教师的合法权益，做到依法办事，有法可依、有法必依。

3. 彰显人文关怀

法治的方法并不是万能的，其对人们行为的约束只能在有限的范围内。同时，法治

的方法也有局限性，比如刚性过强、缺乏灵活性，管理者不能过分地生搬硬套。另外，法律的惩罚并不是终极目的，在执行法律、法规时，管理者应抱着惩前毖后、治病救人的态度，在依法办事的同时，彰显人文关怀。

以上几种方法是幼儿园管理实践中常用的基本方法，任何一种方法的作用都有其优势和局限性，在具体幼儿园管理实践活动中，它们也不是孤立存在的，而是相互联系，相互补充的，需要管理者综合采用多种管理方法，取长补短、有机结合、灵活使用。尤其要强调的是，幼儿园管理学方法的运用之妙存乎一心，需要管理者用心去揣摩、实践、研究，才能获得理想的管理效果。

第三节　幼儿园管理实践的新进展

20 世纪 80 年代以来，随着我国改革开放的进一步发展，西方一些新的管理理论不断传入我国，与蓬勃发展的学前教育事业相融合，迅速获得了本土化的发展，幼儿园管理呈现出多元化、个性化的发展局面。本节重点介绍几种对幼儿园管理实践活动影响较大的几种管理实践模式。

一、"戴明环"管理模型

(一)管理过程

管理作为一种活动，它的运行和各种职能的展开和实施具有一定的顺序性和次序性，也就是说管理具有特定的过程。早在 1916 年，法约尔就提出管理是以计划、组织、指挥、协调与控制等职能为要素组成的活动过程。这个关于管理的早期定义，揭示了学者们最初是从过程的角度来认识管理的。作为过程，应该有始有终，有一定的环节和步骤，因此管理过程就是组织为实现预定目标，由管理者引导成员共同活动的步骤、程序以及与之相对应的观念和运作方式。即为实现预定管理目标而进行管理的客观程序，是对管理规律的综合性揭示。

管理作为一个过程，是由不同的阶段构成，每个阶段都有其突出的职能。尽管管理过程是一种宏观的、纵向的运作方式，管理职能是一种微观的、横向的运作方式。但二者又是相互联系的，管理过程要在管理职能有效支持下才能顺利展开，管理职能的运作是蕴涵于整个管理过程之中的。

从纵向的管理过程来看，仁者见仁智者见智，从而形成了不同的管理阶段理论[①]：

---

①　屈玉霞. 幼儿园经营与管理[M]. 北京：科学出版社，2007：43.

七阶段说：美国的管理学者曾把管理过程划分为计划—组织—用人—指导—调整—报告—预算 7 个阶段。

六阶段说：日本管理学者把管理过程划分为计划—信息—预算—分析—评估—复始 6 个阶段。

五阶段说：苏联管理学者把管理过程划分为提出目的—获取信息—制订计划—建立反馈—结束总结 5 个阶段。

四阶段说：美国管理学家戴明把管理过程划分为计划—实行—检查—总结 4 个阶段，该阶段说最具有代表性，在众多国家、众多领域受到人们的广泛认可。

(二) "戴明环"

戴明(W. E. Deming)是美国管理学家、统计学家，他因对世界质量管理发展作出的卓越贡献而享誉全球。以他名字命名的"戴明品质奖"，至今仍是日本品质管理的最高荣誉奖项。

戴明于 1950 年提出了 PDCA 循环的概念，又被称为"戴明环"。该循环最早应用于质量管理领域，但逐渐的管理实践证明，这是使任何一项活动有效进行的一种合乎逻辑的工作程序，后来成为管理学中的一个通用模型。戴明环包括四个基本环节：计划(Plan)、执行(Do)、检查(Check)、总结(Action)，四个环节循环往复，螺旋上升，构成一个完整的管理过程，推动管理活动的持续发展。

PDCA 四个英文字母及其在 PDCA 循环中所代表的含义如下。

P(Plan)——计划目标，确定方针和目标，确定活动计划。

D(Do)——执行，实地去做，实现计划中内容的细节。

C(Check)——检查，总结执行计划的结果，注意效果，找出问题。

A(Action)——行动改进，对总结检查的结果进行处理，成功的经验加以肯定并适当推广、标准化；失败的教训加以总结、以免重现，未解决的问题放到下一个 PDCA 循环。

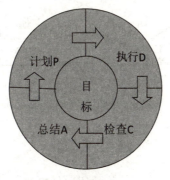

图 10-1 戴明环循环图

（三）"戴明环"各个环节之间关系特点

1. 大环套小环，小环保大环，推动大循环

PDCA 作为管理过程基本方法，不仅适用于幼儿园整个系统的管理，也适应于各部门、各班组的子系统管理。各级部门根据机构目标，都有自己的 PDCA 循环，层层循环，形成大环套小环，小环里又有更小的环。大环是小环的母体和依据，小环是大环的分解和保障。各个部门的小环都围绕着总目标，朝同一方向运转，通过循环把各项工作有机联系起来，彼此协同、相互促进。

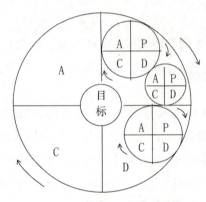

图 10-2　戴明环内部循环图

2. 环环相扣，相互渗透

戴明环的诸环节之间存在着相互联系、相互渗透、相互制约、相互促进的关系。在实际工作中，各个环节间存在着反馈回路。

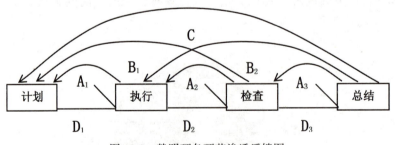

图 10-3　戴明环各环节渗透反馈图

3. 循环往复，不断前进

PDCA 循环就像爬楼梯一样，一个循环运转结束，进入下一个循环，再运转和提高，不断前进和发展。

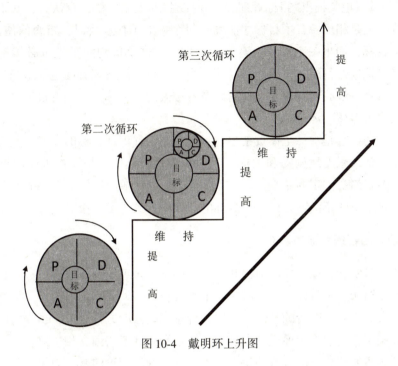

图 10-4　戴明环上升图

　　由于戴明的管理过程理论把复杂的管理环节划归为简单符号和图像的表达形式，十分清晰易懂，也具有很强的操作性，从企业管理到科研管理和学校教育管理等领域都得到了普遍应用，对改善组织管理起到了积极作用。戴明环理论给幼儿园管理最大的贡献主要在于提供了一种科学的管理思想方法和管理工作程序，推动着幼儿园管理向科学化方向迈进。

二、幼儿园目标管理

　　从某种意义上说，人的一切有意识控制的行为都是有目标的，它是人们活动的动机，对人们具有导向和激励的作用；管理活动本身就是一种有计划、有目标的活动，可见，目标无论是对于一个人，还是对于一个组织都具有十分重要的意义。

(一) 目标管理的含义

　　目标管理，又称 MBO（Management by Objective），是以目标为导向，以人为中心，以成果为标准，而使组织和个人取得最佳业绩的现代管理模式。目标管理亦称"成果管理"，又称责任制，是指在全体成员的积极参与下，自上而下地确定工作目标，并在工作中实行"自我控制"，自下而上地保证目标实现的一种管理实践模式。

　　美国管理大师彼得·德鲁克于 1954 年在其名著《管理实践》中最先提出了"目标管

理"的概念，其后他又提出"目标管理和自我控制"的主张。德鲁克认为，并不是有了工作才有目标，而是相反，有了目标才能确定每个人的工作。所以，组织的使命和任务，必须转化为目标，如果一个机构没有目标，那么，这个机构的工作也必然被忽视。因此，管理者应该通过目标对下级进行管理，当组织最高层管理者确定了组织目标后，必须对其进行有效分解，转变成各个部门以及各个人的分目标，管理者根据分目标的完成情况对下级进行考核、评价和奖惩。

目标管理的内容是动员全体员工参与目标的制定并保证目标的完成；其目的是通过目标的激励，最大限度地调动和发挥员工的积极性；其核心是注重工作成果和成果评价，强调"自我控制"；其标志是"组织目标与个人目标融为一体"；其特点是以"目标"作为各项管理活动的指南，并以实现目标的绩效评价其贡献大小。

(二)幼儿园管理目标的确立

园所目标是实施目标管理的前提和基础，科学、合理的园所管理目标是目标管理的关键。在制定园所管理目标时，要考虑以下因素：第一，要体现出园所作为教育机构应该体现出的方向性，即园所的管理目标要符合党和国家的方针政策，当今，园所管理目标要与党和国家大力倡导的促进社会公平，构建和谐社会的理念相一致。第二，园所管理目标的确定既要符合学前教育的特点，也要符合管理理论的基本规律。第三，园所管理目标的确立要从实际出发，结合本园所的实际情况，包括人力、物力、财力等，不可好高骛远、不切实际。第四，园所管理目标的确立要体现出特色，尤其是在园所课程管理方面，只有明确定位，打造品牌，才能在激烈的竞争中立于不败之地。

(三)幼儿园岗位目标责任制的实施

岗位目标责任制又叫岗位责任制，是指根据组织各个工作岗位的工作性质和业务特点，明确规定其职责、权限、目标，并按照规定的工作标准进行考核及奖惩而建立起的管理制度。实行岗位责任制可以将所有职责一次划分到岗位，消除管理效率低下、扯皮推诿、责任真空，是实现"人人有事做、事事有人管"的不二选择。因此，岗位目标责任制已被广泛运用于社会管理的各项活动之中，目前，绝大部分的幼儿园也在实行岗位目标责任制。其实施步骤包括如下几点。

1. 建立一套完整的目标体系

实行目标管理，首先要建立一套完整的目标体系。作为幼儿园的主管单位或者投资者要有一个总的园所教育目标和管理目标，然后由上而下地逐级分解，确定目标，上下级的目标之间通常是一种"目的-手段"的关系；某一级的目标需要用一定的手段来实现，这些手段就成为下一级的次目标，按级顺推下去，下级的目标为上级的目标服务，直到最基层的活动目标，从而构成一种锁链式的目标体系。

目标的制定和分解要符合 SMART 原则，S 即 Specific——具体的，即目标一定要是具体的、明确的，尽可能细化，如对教师工作态度的考核可以分为工作纪律、服从安排、工作态度、对待家长、家长投诉等；M 即 Measureable——可以量化的、测量的，也就是说目标应该是可以量化的，而不是模棱两可、含糊其词；A 即 Actionable——执行力强的，即目标是符合组织和员工实际情况的，是通过努力可以完成的，既不可太高也不可太低；R 即 Relevant——相关的，即和其他的目标有相关性，下层员工的目标为上层目标服务；T 即 Timed——有时间期限的，即目标考核一定要有时间限制。

2. 明确责任

目标体系应与组织结构相吻合，从而使每个部门都有明确的目标，每个目标都有明确的组织部门负责。然而，组织结构往往不是按组织在一定时期的目标而建立的，所以，管理实践中，两者之间时常会存在偏差。比如，一个重要的分目标在组织结构中找不到对此负全面责任的管理部门，或者是对于组织中的有些部门、岗位、某个人，管理者很难为其确定具体的责任和目标。从这个意义上说，目标管理有助于厘清组织机构的作用，合理地调整组织结构。

3. 组织实施

园所总体目标确定下来并分解到各个部门以后，主管人员就应放手把权力交给下级成员，自己去抓重点的综合性管理、例外管理，如果上级主管人员不放权，事必躬亲，便违背了目标管理的主旨，不能获得目标管理的效果。当然，这并不是说，上级在确定目标后就可以撒手不管了，上级的管理应主要表现在指导、协助、发现问题，提出问题，提供情报以及创造良好的工作环境等方面。

4. 检查和评价

对各级组织目标的完成情况，要事先规定出期限，定期进行检查。检查的方法可灵活地采用自检、互检和责成专门的部门进行检查。检查的依据就是事先确定的目标。对于最终结果，应当根据既定目标进行评价，并根据评价结果进行奖罚。经过评价，使得目标管理进入下一轮循环过程。

三、园本管理模式

(一)园本管理的含义

园本管理是从校本管理(School-Based Management)演变而来的。校本管理起源于 20 世纪 60 年代的澳大利亚，是以学校为本位或以学校为基础的管理，强调教育管理重心的下移，学校成为自我管理、自主发展的独立法人实体，从而提高学校管理的有效性。它的核心在于致力推行以学校为中心的教育，将教育的责任与权力转移到学校层面，合理地分配和管理学校资源。把学校视为自行管理系统从而使每所学校拥有自由度和灵活性，创造性地适应教育目标，尤其适应学生的需要。校本管理模式的产生反映了西方教育管理哲学从"外控式管理"向"内控式管理"的转变。

园本管理是一种以园所自身为本位的自主经营、自主管理的新型管理模式，教职员工不再是被动地接受管理，而是共同参与事关园所发展的决策之中。目前，我国公办幼儿园是由政府及其教育职能部门进行管理的，对于事关园所发展的重大决策均由政府作出，对于园所内部的管理则实行园所长负责制；对于私立幼儿园来说，则是谁出资谁负责。但无论是公办园所还是私立园所，推动园所发展的力量应来自园所本身，所以，园本管理体现着幼儿园管理的发展趋势。

(二)园本管理的内容

1. 灵活、有效的民主管理体制

园本管理是一种内控式的决策管理，通过园长、教师、家长、社区等部门联合组成园务委员会进行集体决策，政府等外部的力量也会参与其中，但已不再是决定性的因素，这种管理模式的最大优点是它的民主性。园本管理重视每个管理参与者的感受，提倡自我管理，人人都是管理的主体，倡导和谐的人本管理理念。为保障园本管理的实施，园所需形成一套完整的管理组织机构，以确保各种制度的顺利运行。

2. 园本化的课程设置

幼儿园课程的园本化是园本化管理的核心、关键，是园所得以体现自身特色的最主要的标志。园本化的课程应既能体现园所特色，也反映园所的教育质量和教育目标，关注婴幼儿的个性差异和每个教师的积极参与，考虑婴幼儿成长的自然环境和人文环境，充分挖掘园所和当地的课程资源，与婴幼儿现实生活建立联系，建设本土化、个性化、多样化的课程体系。

3. 个人取向的园本教研

园本教研与传统教研是两种不同的教师成长方式。传统的课程定义主张课程即学科，强调的是教师对学习目标、学习结果、学习材料的把握和运用；而园本教研主张课程即经验，强调情境中的经验，强调对课程个性化的理解和发展。因此，园本教研注重在保持个性化前提的基础上的每个教师在原有水平上的提高，每个人的教研都具有不同的内容和侧重点，强调的是一种个性化的发展。

4. 相对成熟的园本管理文化

园本管理文化凝聚着自己特有的、为园所组织内部所有成员认可的儿童观、教育观、价值观，以及由园所倡导的、成员共同遵守的行为模式和准则，其形成和发展需要一定的历史积淀，是一个长期的过程，园本管理文化的建设需要结合本园所的实际情况和发展目标，挖掘本园所的文化底蕴，需要全体员工的身体力行。

四、"五常法"管理模式

"五常法"管理模式起源于日本，又称"5S"管理法，包含五个方面：整理(Seiri)、整顿(Seiton)、清扫(Seiso)、清洁(Seiketsu)、自律(Shitsuke)，这些词的第一个字母都是 S，由此简称"5S"。

（一）"五常法"管理模式在教师日常工作中的运用

（1）常整理。工作场所的任何物品区分为本周有必要与没有必要的，除了有必要的留下来，其他的都清除掉，目的是腾出空间，空间活用。

（2）常整顿。把留下来的要用的物品依规定位置摆放整齐，加以标示，目的是使工作场所一目了然，消除找寻物品的时间。

（3）常清扫。将工作场所内清扫干净，清除污垢，保持工作场所干净、亮丽的环境。

（4）常规范。即坚持上述三个步骤，维持成果，形成制度，不断实施，并检查评比。

（5）常自律。通过宣传、培训、监督、激励等，提高教职员工素质，将外在的要求转化为自身的要求，养成良好的习惯，彻底改变每个教职员工的精神面貌。

鉴于安全教育在幼儿园中的重要地位，有人在"5S"的基础上又提出了园所管理的"6S"管理方法，即加入了安全（Security）管理的内容，重视对教职员工进行安全教育，树立"安全第一"的观念，防患于未然。

（二）"五常法"管理模式运用于婴幼儿的日常管理

教师和家长也可借鉴"五常法"管理模式，帮助婴幼儿学会自理，提高自我管理能力。第一，常组织，可以分配给孩子一个摆放自己物品的空间，放他们自己的衣物、学习用具等，把不需要的物品及时收取存放。第二，常整顿，让孩子自己学会收拾、打理自己的物品，比如如何摆放、分类等。第三，常清洁，保持自己的物品清洁，养成良好的卫生习惯等。第四，常规范，对前三个步骤进行巩固提高，形成一定的制度，待人接物规范化。第五，常自律，让孩子学会自我管理、独立思考，每天或者每周安排一定的时间让孩子对近来的生活和学习进行反思、自我评价等。

五、幼儿园集团化管理模式

集团化管理的园所又叫连锁式园所，它们在总部统一的政策和控制管理下运行，通常有相同的名字、典型的建筑和外饰，相同的组织文化、课程内容、统一对外发布的标语、教育理念、宣传册子等。

集团化管理的幼儿园可分为两种形式，一种是直营模式，由总部出资或者部分出资建立并统一管理，各出资方风险共担，集团方面负责主要管理。

另一种为特许经营、特许加盟的形式，如某幼儿园作为一个独立的法人组织，欲加盟某品牌幼儿园，必须经过特许，向品牌机构缴纳一定的费用，包括加盟费、管理费、保证金等，并签订协议，规范双方的权利和义务。品牌机构一般允许加盟机构使用自己的商标、课程等，给予加盟机构一定的技术支持，包括师资的培训、教材开发等，同时，监督加盟机构，以保证其符合品牌机构所要求的质量标准。

标准化、集团化管理适应了社会化大生产的趋势，更加集约化，经济化。对于集团来说，通过连锁、加盟可以迅速扩张、占领市场、扩大品牌认知度，更快地把研发成果转化为生产力。对于加盟者来说，加盟标准化管理是目前最快速、有效的发展之路，尤其是对于新建园所来说，是园所快速地提高档次、提升品质的捷径，现成的管理理论和实践指导也可以帮助管理者很快走上正轨，少走很多弯路。

 本 章 小 结

　　幼儿园管理应遵循的原则有方向性原则、整体性原则、民主管理原则、有效性原则、社会效益和经济效益相结合的原则，管理者要理解这些原则的含义，防止在处理幼儿园管理实践活动中出现这些方向性、原则性的错误。幼儿园管理的方法有行政方法、激励方法、经济方法、法律方法，这些方法各有优缺点，实践中一般是几种方法的结合。目标管理是以目标为导向、以成果为标准的现代管理模式，管理学家戴明提出了"戴明环"的管理理论，五常法管理模式在幼儿园管理中得到了推广。

 **思 考 题**

　　1. 什么是方向性原则？联系现实举例说明幼儿园管理实践遵循方向性原则的意义。

　　2. 如何较好地运用经济方法管理幼儿园？试举例说明。

　　3. 什么是"戴明环"？

　　4. 幼儿园如何进行目标管理？

　　5. 案例分析：

　　A 老师是从地方转来的年轻老师，年纪不大，业务能力强，尤其是钢琴弹得非常好。她在业余时间不是教学生学钢琴，就是去歌厅伴奏，创收搞得不亦乐乎，因此经常迟到早退，趁领导不在就提前开溜。

　　有一次离下班时间还有半个小时，A 老师又打扮得漂漂亮亮准备去歌厅挣外快。刚走到门口，被园长撞个正着。园长严肃地问："还没到下班时间，你怎么提前走？"A 老师笑眯眯地说："不就提前一会儿吗，值得您生这么大的气，要不您扣我奖金好了。"说完转身就走了。园长看着她的背影，噎得说不出话来。此后，园长按规定扣了她的奖金，但 A 老师仍我行我素。

　　思考：(1) 单纯依靠扣奖金能管理好教职工吗？

　　(2) 幼儿园管理中，硬性管理与柔性管理的关系是什么？

　　(3) 结合本案例，你认为应采取何种措施才能充分发挥 A 老师的业务优势，调动其工作积极性？

6. 案例分析：

又是做操时间，园长发现中一班的明老师还是穿着高跟鞋带操，不免有些气恼：已经说过她三次了！园长欲上前立即制止她这种行为，转念一想，还是等她做操出现闪失或活动不方便时再指出其错误，针对性会更强。然而整个带操过程中，明老师做得极其自然、顺畅，穿着高跟鞋的她跑、跳、转也很到位，仿佛脚下是一双平底鞋。但幼儿园已有制度明确规定：教职工上班时间不准穿高跟鞋。为了保持制度的严肃性，园长当面与她说明其行为已经违反幼儿园规章制度，要按规定接受一定的惩罚。不料明老师嘴巴一撇："罚就罚呗，我懒得换鞋。"

事后，园务委员会找她做思想工作，她还振振有词，说："我穿高跟鞋带班已相当习惯，从来没有发生过踩小孩或自己扭脚等情况；况且从树立幼儿园教师形象上考虑，我这么矮，穿高跟鞋才显出气质和风度……"明老师私下还与其他同事说："我就是不想听领导的话，她们上班可以穿高跟鞋，我们却挨罚，这不是明摆着领导整职工吗？"一时间，这件事在园里议论纷纷。

思考：(1)园长如何才能用好行政指令法？

(2)如果你是园长，你会怎么办？请给出你的建议。

1. 网络资源：中国大学 MOOC《幼儿园组织与管理》精品在线开放课程

2. 菲利普·M. 里克. 托幼机构管理[M]. 北京：北京师范大学出版社，2007：6.

1. 杜燕红. 学前教育管理学[M]. 郑州：郑州大学出版社，2012：7.

2. 哈罗德·孔茨，等. 管理学[M]. 北京：经济科学出版社，1998：2.

3. 张燕. 幼儿园管理案例及评析[M]. 北京：北京师范大学出版社，2002：1.

4. 张燕. 幼儿园管理[M]. 北京：人民教育出版社，2009：7.